JN090695

思考を哲学する

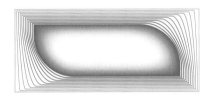

森川亮 著

ミネルヴァ書房

まえがき——黄昏時の思考の前に

本書は、私がこれまで近畿大学で一〇年ほど講じてきた「思考の技術」という講義の内容を大幅に膨らませて整理したものです。講義の発展版のようなものなので、本書でも架空の学生たちを前にして講じている形式にしてみました。話し言葉風の講義口調になっているのはそうした理由からです。

イントロダクションにおいて述べる通り、この講義を引き受けて、自らの講義として行うにはかなりの心理的抵抗と困惑を感じました。それまでに行われていた講義内容は、論理思考系のビジネス書の縮尺版のような内容だったからです。そこで、まずは講義に先立って、そうした類いの本（ロジカルシンキング本、クリティカルシンキング本など）を大量に買い込み、片っ端から読みました（今でも気になるものはとにかく買って読みます）。ところが、こちらもまた、読めば読むほど私のイライラと疑念、そして失望を深めるばかりでした。なぜならば、そのほとんどがハッキリ言って「考える方法」などと称したノウハウを伝えるもので、どうしても安っぽくて薄っぺらな感じを拭えなかったからです（もっとも、思考は型なのですが、本書では、これについては論じません）。そのうちに、そうしたものが書店のビジネス書のコーナーに大量に並んでいるのを見ると、暗澹《あんたん》たる心持ちになることを押さえられないほどになってすらいました。

もちろん、一部に非常に読み応えのある本があったのは事実です。その中でも飛び抜けてしっかりした内容であったのが波頭亮氏の『思考・論理・分析——「正しく考え、正しく分かること」の理論と実践』（産業能率大学出版部、二〇〇四年）と『論理的思考のコアスキル』（筑摩書房、二〇一九年）の二冊です。それ以外は、ほとんどが似たようなノウハウ物か、自分の経験や具体的なビジネスの事例を挙げているものがほとんどで、どうにも大学で講じられる類いのものではないと思われて仕方ありませんでした。

それにしても、なぜこうした類いの書物がこれほどまでに大量に出版されるようになったのでしょうか。なんとも不思議で、しかしながら、よくよく考えてみると大変なことが起きていることに徐々に私は気が付き始めました。端的に述べれば、生じていることは、思考の標準化に他ならないのです。これに気が付いた時、ハッキリ言ってゾッとしました。意図してか、意図せずしてかは別にして、われわれの頭は「考える方法」なるソフトをインストールされて標準化され、「皆が同じことを同じように考える状態」に画一化されてゆこうとしているのです。

一九世紀ヨーロッパの最大の発明は「方法の発明」であった、と述べたのはホワイトヘッドですが、それは、思考の方法化であり道具化であって、人間の思考を画一化させる結果をもたらすこととなりました。特に、この方法化が科学にもたらした力はきわめて絶大で、特別な才能などなくとも、言い換えれば、さして深く思考する必要もなく、決められた手順に沿って作業しさえすれば有意な結果を得ることができるようになったのです。科学の拡大と進展には、科学研究の方法化という科学的思考の、あるいは広く思考の画一化があったのです。そして、その画一化が科学を今日の姿にまで発展させたのです。

例えば、数学と自然科学、特に物理学との関係を考えてみましょう。この場合、数学はたしかに思考の道具であり、思考の技術です。物理学専攻の大学生・大学院生がひたすら学ぶことは、この道具である数学でもっていかに物理現象を表現し、どのように数式を扱うか、そして、その数式をどう解釈するか、ということです。この道具と思考対象である物理学の問題群という対応関係を思考全般にまで拡張しようと試みるのが「思考の技術」、あるいはロジカルシンキング系、クリティカルシンキング系の書物の意図するところなのだとすれば、なんと恐ろしくも末期的なことなのでしょう。

たしかに、数学が数理的対象に対して有するのと同じ立ち位置で考える方法が確立されれば、そしてそれを習得すれば、誰もがスイスイと高度で適切な解答に到達できるかに思われます。一面でそれはきっと事実でしょう。しかし、そうしたお仕着せのような標準的な思考の結果として作り出される人間や社会とはいかなるものか、と問うてみれば本当にゾッとする他ありません。それは、ジョージ・オーウェルが『一九八四年』（邦訳 早川書房、二〇〇九年）で描いた管理社会よりも管理度が進んだ超管理社会と言う他ないからです。

当初、私は、私以外のほとんどの人もそう考えているものだと思っていました。しかし、どうもそうではないらしい、ということが朧気に分かってくるにつれ、私は唖然としました。まず、ほとんどの人が思考の方法化が思考の空洞化をもたらす、などと考えてみることなどなく、それどころか、少なからぬ人が、それも知識人と呼ばれる人ほど、思考の技術のような「考える方法」を若者が（あるいは多くの人々が）習得することは有益だとすら思っているようなのです。あまりの単純さにほとんど絶望的だ、と思いました。それは、学問の死亡宣告そのものであり、社会の死亡宣告であり、ひいては人間の自殺宣言そのものでもあります。

それにしても、なぜこんなことになったのでしょうか。なぜこんな世界になっていったのでしょうか――こう問うてゆくと、問題の根っこは近代そのものにあるということに行き着きます。近代とは端的に言ってしまえばグローバル化ということでしょう。そして、このグローバル化とは昨今はやりの多様化ならぬ一様化をもたらし、あらゆるものの標準化をもたらします。その結果、世界の一部で生じた何かが遍く世界を覆い尽くし、世界中のどこでも同じような生活、同じような物品、同じような食べ物、そして同じような価値観になってゆくのです。この全体的な運動は結局のところ、人々の思考までも同じものにしてしまうのです。

こうした流れの中で、おそらく人間は一様化されて、金太郎飴のようになってしまうことでしょう。規格化された標準的なのっぺらぼう人間の大量生産ならぬ大量出現とでも言うべきところでしょうか。ただし、この段階に至っても、人々は自分が金太郎飴で、のっぺらぼうであることに気が付かないことでしょう。なぜならば、思考までもが標準化されているからです。つまり、より深いレベルで思考が奪われてしまっているのです。

かくして、思考することすら忘れた恐ろしく従順な群衆は、何の疑問も抱かずに、じつに易々と国家の言う通りに自らの体内に最新の薬物を注入しさえするでしょう。頭も身体もいわば規格の通りに標準化されるのです。もちろん、ここに述べたことはいくらか、いや、かなり大げさな表現ではあります。しかし、世界は確実にそうした方向へと向かっています。私はそれに非常なる違和感を覚えますし、怒りすら覚えます。なんとか、人間であり続けたいと切実に願うからです。しかし、なんとも絶望的だ、とも思っています……。

本書は、この絶望的な気分の中で産まれました。本書に記された私の言葉の数々はほとんどがこの絶望感の吐露なのかもしれません。誰も何も考えなくなる前に、ほんのちょっとでも思考した証を残しておきたい、という想いが本書の根っこにある動機なのかもしれません。

われわれは残念ながら没落してゆくことでしょう。文明ははっきりと黄昏時を迎えています。本当にシュペングラー[1]の述べる通りなのです。そしてまた、その西洋の精神を接ぎ木され培養された日本がほとんど真っ先に没落の兆候を見せていることは、なんと皮肉なことでありましょう。

没落の、その黄昏時の、真っ暗闇になる前に、私なりに考えて学生を前にして話してみたのが本書の原型です。お恥ずかしくも不器用で不十分だし、もはや時遅しなのでしょうが……。しかし、そんな絶望感を、共感できるごくごく少数の学生たちと、あるいはどこかにはまだいる、きっと少数派の読者と、ひっそりと共有することを願ってやみません。おそらくは、この絶望感の共有しか救いはないのでしょうから。では、黄昏時のささやかな思索の一服をご一緒いただければ幸いです。

本書は以下の構成となっています。
まず、最初に思考とは何かという問いを哲学的に問うてみます。そこで、思考の核であるもの、思考の最小単位のようなものがどうしてもハッキリしないこと、哲学的な分析からは思考の核を取り出せないことをクリアーにします。また、人間とコンピュータの差異についても議論します。ここまでが、「第Ⅰ部　思考とはなにか？——第1講義から第4講義」までの概要となります。

「第Ⅱ部　どうやって思考するか——第5講義と第6講義」では、どのように思考していると考えられているか、ということについて論じます。ここでキーポイントとなるのは「区切る」「分ける」「言語化する」ということです。そして、その区切りの最初であると目される「私の出現」がいかにして行われるかについても論じます。ここで、思考を身体という核であり基盤となるものにしっかりと立脚させるよう試みたいと思います。

その後、第Ⅲ部と第Ⅳ部では、第Ⅱ部までに展開してきた議論が現代の思潮とどのように関連しているか、について講じます。特に、これらが、物理学の理論とパラレルな関係にあることを示し、われわれのここまでの議論も、科学も、そして昨今の潮流までもが、西洋哲学の思潮傾向と驚くほどパラレルであることを論じてみようと思います。

特に第9講義から第12講義までの四回は、より具体的な話へと展開させ、われわれ現代人の思考の傾向があたかも思考しない、あるいはできなくなった人間であるかのように、つまりは、前半に思考とは何かを問うために扱った思考実験であるチューリング・テストや中国語の部屋、そしてそれらのデフォルメされた誇張版のような様相を呈していることを論じます。われわれは、中国語の部屋の人物に思考がないのとほとんどパラレルな状態にあるのではないか、ということです。ここでの議論から、中国語の部屋の人物が思考しているとしても（そう解釈することもできる）、それはわれわれの現在の姿を極端に誇張したにすぎないかに思われてくるでしょう。

終盤の二つの講義（第13講義と第14講義）は、思考を奪われた状態の人々が、いかに支離滅裂な行動をとるか、ということの具体例でもあります。もちろん、全体の文脈とは独立に環境問題やエコが抱える根本的な問題を考える議論としても成立するように話は構成されています。

なお、ちょっと気まぐれに「コラム」が付け加えられています。本論中に入れるとさらに話が拡散してしまうと思われたものですが、是非とも本論と同様に通読いただければ幸いです。

註

（1）オスヴァルト・シュペングラー（一八八〇〜一九三六）はドイツの哲学者・思想家で、主著は『西洋の没落――世界史の形態学の素描』〈第一巻〉〈第二巻〉です。五月書房から翻訳（村松正俊訳）が出ています。シュペングラーによれば、文明には春夏秋冬があり、ヨーロッパは没落期にあるとされます。シュペングラーの論考はヨーロッパを念頭においたものですが、日本の状況は彼の予言を実現するかのごとくです。

思考を哲学する——目次

イントロダクション

近年、世に論理思考系の書籍が氾濫しています。このイントロダクションでは、こうした現象の背景を考察することで思考に関連する問題の数々を列記するように提示することにします。それは、純粋に哲学の問題にも、社会の問題にも、あるいは科学上の問題にも関連する問いとなってさらなる議論を行うための準備でもあります。

また、ここでは、思考が文化的で歴史的な出自を有し、それ故に身体的であることにも言及します。そして、この思考が近年、いかに奪われ、失われていっているかについて、いくつかの事例を概観することで考えてみることにしましょう。

1　論理思考としての「思考の技術」?

そもそも「思考の技術」っておかしくないですか?

さて、「思考の技術」なる講義の始まりです! と言いつつ、僕はどうにも居心地が悪いのです。何に居心地が悪いのかというと、この「思考の技術」というタイトルに対してです。

端的に申し上げましょう。このタイトルはおかしいのです。このおかしさは徐々に論じてゆくとして、まずはこのタイトルを付けた側の思惑を推測してみましょう。おそらく、これは、二〇二一年にお亡くなりになった立花隆氏の同名の大ベストセラーが、このタイトルを付けた人にはあったのではないか、ということです[1]。次に考えられるのは、このタイトルから、ここのところ乱立気味のロジカルシンキング系の本や講座の類いを連想するのです。本屋のビジネス書のコーナーに行ってみてください。論理思考系、考え方系の本が必ず幾種類か平積みになっています。もちろん、こうした本の中にも面白いものや質の高いものはあるにはあるのですが、なんだか陳腐なハウツー本が少なくないですよねぇ（……と少なくとも僕は思ってしまいます）。あるいは、ビジネス講座とか、ネット上の講座とかでロジカルシンキングなるものを教えているところもかなりあるようですよね。これらも玉石混交といった感じです。

もちろん、立花氏の同名の本は含蓄深いものなのですが、やっぱり後者、つまり近年、乱立しているビジネス書のこうした類いの書物の数々……、と言うよりも、そうしたものを学ぼうとする人々の傾向なんかに、僕はなんだか違和感があるのです。「このタイトルはおかしいのです」といういきなりの根本否定とも言える言辞も基本的にはこうした書物へ向けてのものです。そして、こうした類いのものがえらく重宝されたり、それなりの数の読者を獲得したりしている現状などが、僕から言わせるとすごく不思議に映るのです。これが僕の違和感です。

どういうことでしょうか？

色々と申し上げたいのですが、まずは、こうした書物がえらく流行るようになった背景を考えてみましょう。これには、ビジネスパーソン諸氏、そして日本人全般の自信喪失があるのではないか、ということです。特に、二〇〇〇年代に入ってからの日本の低迷はこうした自信喪失を加速させているのではないでしょうか。そして、そうした自信喪失の深層には抜きがたい欧米崇拝（という欧米コンプレックス）も横たわっているのではないか、とも思います。事実、こうしたロジカルシンキング系（論理思考系）の本（ビジネス書）の原本というか原典を探ってゆくと、たいていアメリカのコンサルタント会社に行き着くのです。アクセンチュアだったり、マッキンゼーだったり、ボストンだったりと、まあ、色々とあるじゃないですか……。名前を出すとまずいのかしら。

ビジネスはこうしなきゃならない、こんな風にプレゼンしなきゃならない、こんな風に問題を整理しなきゃならない、こんなソリューションで問題を解決しましょう！　などなど、そこにあるのは、まさしく「考え方」の色んなスキルであるところの方法です。とにかく、こうした本にはそういう方法が色々ともっともらしく紹介されていて、あたかもそれは彼の地の企業や人々がそのようにして、そして、そのように考えて日々のビジネスをしているからうまくいっているのであって、そうでないから自分たちはうまくいっていないのだ、と思い込んでしまっているのではないか、ということです。あるいは、そこまでいかずとも、彼の地の方法論が最先端で正しくて、すべからくビジネスパーソンたるもの、そうした最新の方法論を学んで最新の知識に日々アップデートしないと激変するビジネスの現状についていけないのだ、と言わんばかりなのです。

問題はもちろんビジネスパーソンだけじゃないのです。かなり多くの日本人、そして大学生諸君（大学生予備軍である高校生や中学生までも）なども、ある種の思考パターンにすっかり染まってしまっていて、自ら進んでこうした方法を身につけようとしているようなのです。で、これからは、そうしたものが必要で、グローバルに生きるためにはそうした方法を身につけないとダメなんだと思っているようなんですよ……。

そして、これらに付随してくるのがなぜだかビジネス系の言葉、ビジネスの現場で使われそうな言葉や直接・間接的にそれらの現場で使われそうな言葉の数々です（あえてビジネス用語とまでは言わないけれど……）。ちょっと具体的に述べておくと、数値目標、顧客、ＭＥＣＥ、フレームワーク、○○ツリー、ＰＤＣＡサイクル、So What?/Why so?、見える化……、などなどです（論理思考系の本に出てきますよね！　というか、出てくるんですよ……。で、申し訳ないけれど、ほとんどがツッコミどころ満載のしょーもないツールだったり、概念だったりなんです、ホントに……。これらは、引き続き以下の「衰退の原因」の項で論じます）。

ところで、こうした知識や思考方法などに馴染んでいないと本当にダメなのでしょうか？　僕が問いたいところ、不思議でしょうがないところはそういったことです。あたかも皆で思考や行為、言動の様式やフォーマットをそろえるかのようにこれらを学ぶとはどういうことなのでしょうか？　これは随分と根深い問題なので、深入りすると一冊の本が書けてしまうくらいです。これは、結局のところ、アメリカ流の経済学の理論、グローバル化、そして戦後の日本社会のあり方までも問わなければならない、かなり深刻な問題につながっています。そんな大問題につながってしまいますので、ひとまずは、これらのビジネス書の類いとその周辺あたりに問題を限定して進めていきましょう（こうした大問題を本書ではチラチラと顔を出すように論じることにします）。

こうしたビジネス書には初歩的なものから発展的なものまで様々なノウハウが紹介されています。で、皆、それらを頑張ってお勉強しているのです。あるいはお勉強しようと試みるのです。皆さん、それらをお勉強するとよりよく考えることができるようになって、一流のビジネスパーソンや社会人になれるかのように思われるでしょう？　ある意味で、それは多分その通りです。しかしね、それは本当に考えているのでしょうか？　本当は考えてなどいなくて、結局は、逆の事態に陥りますよ、というのが僕の率直な見通しです。この種のことをやればやるほど、身につければ身につけるほど人は考えなくなりますよ、ということです。考えなくなる、というのが言い過ぎであれば、先にフォーマットをそろえる、と言いましたが、結局のところ、おそろしく金太郎飴のように一律で多様性とはまったく逆の一様な規格化されて標準的な思考パターンにはまり込んでしまいますよ、ということです。そして、それはグローバル経済が、あるいはアメリカ流の経済学、さらに大きく述べればアメリカ文明が施す一種の洗脳なのです。

基準を外してみる

本章の最後の方で述べることになるかな、とも思うのですが、人間って何か基準がほしいワケですよね。大枠の基準であれ、日常的な基準であれ、何かがないと不安になってくる、というのも大きく影響しているのでしょう。近年のその基準が日本にあってはアメリカのものだった、ということで、それが行き着くところまで行ってしまって「思考するための道具」までアメリカ流のアメリカ基準にそろえようということのようなのです。さらには、「欧米のやってることが正しいんだ」、ということになってしまっているようなのです。

とにかく、あえて当たり前だと思っていた物差しを外してしまうこと。数字だって本当は客観的ではありません。どの場面でどんな数字を出すかによって意味が変わってくるからです。あるいはどういう物差しで測るかによって値すらも変わってきます(2)。こうしたことをしっかりと内省してみることは、昨今の日本とわれわれにとっては、とりわけ重要なことでしょう。そうすることで自分が何者であるか、何者であったか、そして何者でありたいか(何者であり続けたいか)を初めて人は自分に問うことになるからです。自らの内面に基準を創り上げなければならないのです。それは思考のエンジンを作動させるはずなのですが、ここで挙げた例に限らず、どうにも戦後の日本はそういうことができなくなってしまっているのです。これも洗脳の結果と言えるでしょう。

衰退の原因

洗脳などというキツイ言葉が出たので、もっとハッキリと申し上げることもしておきましょう。
この種の論理思考系の本に紹介されている方法の数々が拡大・拡散していって、ほとんどのビジネスパーソン、大学生が知っているようなものになっていったことと、日本経済、ひいては日本の衰退はリンクしているのではないか、と僕は穿っているんです。

正直に申し上げますとね、僕は一〇年くらい前までこんな言葉は一つも知りませんでした。で、いちおう勉強したのですが、先にもちょっと申し上げたのだけれど、勉強して知ってみて率直に感じたことは本当に「しょーもなっ！」の一言に尽きます。ここまで深みのないものが、なぜこれほど氾濫しているのかがさっぱり理解できないほどでした。で、次に気づいたのが、いつの間にか、多くの大学生、多くの会社員、多くの経営者や、さらには多くの経営学者にこうした言葉や概念が深く浸透してしまっていることです。この現状はハッキリ言ってビョーキです！　異常としか言いようがないのです。今しがた、「概念」と言いましたが、ハッキリ言って概念でもなんでもないので、ここで概念などという大仰な言葉を使うことに抵抗があるほどにこれらは薄っぺらなのです。がしかし、この薄っぺらなものがかくも人口に膾炙《かいしゃ》し、拡大し、皆が皆、こうしたものである種の語りを行っているのであってみれば、その対象たるものも薄っぺらになってしまい没落と凋落をはじめて当然だ、とハッキリと感じました。

もっとハッキリと申し上げましょう。端的に述べると、なんの含意も深みもない一見すると格好いい感じの言葉でペラペラ喋っているけれど、あるいは論じているツモリになっているけれど、さして中身などありません！

で、何が生じていたのかが徐々に分かり始めました。まずは、皆が論理思考系の諸々をちょっと学ぶのです。するとちょっと日本経済の状態が悪くなる……。で、「あれ？　おかしいぞ」ということになって、「これじゃあダメだ、もっとしっかり学ぼう」となって、前よりもしっかりと学んでみて、その結果、さらに落っこちてゆき、あせってさらに必死に勉強してさらに決定的に落ちる、という結果になっているのです！ なんとアホなことか！

僕は言ってみれば不要不急のヤクザな学者です。ビジネスの世界は見たことも覗いたこともありません。完全な部外者です。(3) しかし、だからこそハッキリと見えるのだ、と申し上げたい。皆、どうかしちまったのか？ と。何をワケの分からん言葉をブツブツつぶやいてるんだと。僕が若い頃、二〇〜三〇年前に、こんな言葉をブツブツ呟いているヤツなんていなかった！ あるいはいたとしても随分とおかしなヤツと認識されていたことでしょう。ところがこれがおかしくもなく異常でもないような、それこそが異常な状態へと逆転したのです。この異常な状態が凋落の原因です。つまり、ここで問題にしているような思考法を学ぶように強いた力こそが原因なのです。ほとんどの人がこれに気が付かないとしたら、本当に末期状態としか言いようがないのです。で、気が付かないし、さらに加速する傾向にあるから、残念ながらこのままこの国と人は堕ちるところまで堕ちるだろう、と確信します。

2 思考の歴史的・文化的基盤

さて、本来、思考——考えるということは、突き詰めればとても感情的で文化的なものなのです。皆さんは、思考という行為は非常に論理的で人間の感情や文化などが入り込むものとはあまり思わないでしょう。しかし、この講義の中で論じようと思いますが、思考というのも一連の身体行為であって、身体性に基づく行為なのです。身体というのも歴史的なものです。(4) 例えば、江戸時代の人と現代のわれわれでは走り方から歩き方、日常の所作までが異なっています。われわれの身体にはその動作から意識に至るまで社会性が刻み込まれています。そして、その社会とは営々と辿ってきた歴史を背負ってあるものなのです。われわれの身体が歴史的・文化的なものであってみれば、思考の根幹もじつは文化的で感情的、あるいは情緒的な基盤に依って立っているものなのです。

それこそ、単純な三段論法や、ちょっとした高校レベルや大学の学部レベルの数学の問題を解くという程度のことなら文化的な違いや感情のレベルに起因するようなことはもちろん現れません。しかし、こうしたレベルから離れて、より基礎的で深い思考であったり、誰も考えたことのない何かであったりを思考する場合などには、確実にその考えている当人の文化や感情、そして情緒のあり方が決定的に重要な役割を果たすことになるのです。

藤原正彦という数学者がいます。彼は、高度に数学的な思考の根幹には美意識があって、その美意識はその数学者の生まれた文化の美意識なのだ、ということを述べています。数学者ラマヌジャンの故郷インドの美しさ、あるいは数多の数学者を生み出したロシアの美しさ、そして日本の原風景の美しさなどを挙げています（日本の数学は和算という独特な歴史を持っていて、この歴史と伝統の上に日本の現代数学や理論物理学があるのです）[5]。こうした情感がより高度で論理的な思考を醸し出すのであり、その基盤にあるものなのです。荒廃した地域や文化圏からは卓越した学術や思想が現れてこないのは、思考が結局はその土地に根ざした文化的な行為であるということです。何を美しいと感じ、何を良きものと感じるか、といった、そういうより根本的な基盤から思考が出現しているということは事実なのです。

そこで、先述したロジカルシンキング系のビジネス書の類いのお話です。

これらは、ある特定の文化の産物であって、その構築物を身につけるということはその文化を身につけるということで、その文化の衣を纏《まと》うことです。しかしながら、その衣の下には生身で裸の本来の自分があるわけですね。つまり、いつまでたっても本当は借り物にすぎないということです。もちろん、こうした特定の文化の産物・構築物を身につけることがまったく悪い、あるいは無駄だというわけではありません。それどころか、おおいにそうした学びは奨励されてしかるべきでしょう。しかし、こうした背景を知っておくということは非常に、そして決定的に重要ではあるでしょう。ましてや、それが「思考する方法」であるならなおさらです。

われわれは、いわば西洋文化・西洋文明に浸食されているのです。こういう物言いをするといかにも反動的な保守っぽい感じが濃厚になるのだけれど、これは事実です。例えば、われわれは、洋服を纏っていて、和服じゃないですよねぇ。今では和服を着ている人をほとんど見なくなってしまったくらいで、われわれが洋服を纏ってもう一五〇年ほどの年月を閲《けみ》しています。だから、すっかり忘れてしまって、気が付かなくなってしまっているけれども、これはわれわれのモノではありません。

洋服を纏うことでわれわれの生活様式は変わりました。住空間だって変わりましたし、仕事の仕方だって変わったはずだし、もうありとあらゆるモノがそれとは気が付かない変化の度合いで徐々にゆっくりと変わったのです。なぜならば、様式が変われば行動が変わるからです。行動が変われば思考もそれに伴って変化します。

思考が変わるから行動が変わると人は思いがちです。もちろん、そういう側面だってあります。しかし、ここで申し上げていることは、ちょっと質的に異なったことです。行動を変えることで（あるいは変えられることで）世界との対峙の仕方が、それとは気が付かぬうちに変わってくるのです。より深いレベルにおいては、本当は行動が変化することで思考が変わるのです。[6]

江戸時代と現代を比べてみてください。その変わりようは、何から何まで、ほとんど別の文化、別の国になったかのような変わりようです。[7] それに対してヨーロッパはどうでしょうか？　アメリカは？　変わったとはいえ、その変化は緩やかで連続的な変化です。ヨーロッパの町並みは一〇〇年前も二〇〇年前もほとんど変わっていません。ということは、彼の地の生活や文化はわれわれが経験したほどには変わってはいないということを傍証するのです。

3　奪われた思考

金太郎飴と化す思考

洋服はいわばわれわれの表面です。社会学的にはそう考えられます。表面の変化でこれだけの変化があるのであれば、思考を外来の借り物にしたらわれわれはどうなってしまうのでしょうか。ほとんど根無し草のように、確固たる基盤を持たない、何者かも分からない、文字通りの文化的コスモポリタンとなって浮き草のように漂うこととなってしまうでしょう。

さて、そこで再度、ロジカルシンキングであったり、論理思考であったり、その種のビジネス書であったり……、つまりは「思考の技術」なるものについてです。昨今のこの種のものの興隆の背景には、浸食されつくしたわれわれが、ついには思考までも進んで自ら外来のものと化そうとする、ほとんど病的で異常な傾向性があるのだということです。さらには、こうしたものを後天的に学んだ者は、やはり決定的に弱いのです。というのは、彼の地の人々は、こうした方法論の出自を文化的な暗黙知の次元で了解するのに対して、これを知識として、いわばお勉強して学んだ側は、いつまでも知識の階層で理解するにすぎないからです。つまり、身体性が伴わない。そしてまた、それゆえに、臨機応変にこれを時と場合によってはあっさりと捨て去ったり、例外を認めたりすることが簡単にはできない、という自縄自縛の状態（精神状態）に陥るのです。おおよそ、部外者ほど原理主義に走りやすいものです。(8) あるいは、それを知識として学んだ人はとかくそれを絶対視しがちなのです。簡単に捨てたり例外を認めたりがなかなかできない。しかも、これらの方法論の原点は先に述べたようにアメリカのコンサルあたりにいきつくとなれば、誰も彼もが同じように考え、同じような言葉を発するという事態と相成り、かくして思考の金太郎飴の完成というわけです。

これが僕の居心地の悪さや違和感の概要です。ここのところ、どうにも皆が皆、同じようなことを同じように口にするようになってきてはいないでしょうか？　あるいは同じような単語と同じような概念に端を発する言葉の数々に僕なんかは辟易としているのです（これが先に述べたところのビジネス系の用語や言葉の数々だったりします）。この異様な同質性はあまりにも度が過ぎています。この原点を探ってゆくと、われわれの思考が借り物の外来品の数々で一杯になっていて本当には誰も思考してはいないのではないか、という違和感――いや、確信に至ります。われわれは思考などしていない。それどころか、思考を奪われていると言えるのではないでしょうか。

考えているのか、考えさせられているのか

われわれは、あたかも自発的に自分の頭で考えているかに思っています。それは表面的には事実です。私がそう思っているから、そう考えているから、そのような行為・言動を為すというのはたしかにその通りなのですから。しかし、ではなぜ私はそう思って、そう考えているのでしょうか？　それは自分で考えているかに思っているけれども、じつはそのように考えさせられているのではないか、ということです。先述したことのくり返しになりますが、思考とは社会的なものである、ということです。思考と社会・環境は独立ではないのです。これらは互いに従属な関係にあって、つまり、思考するという行為は、文化的な行為なのです。で、その文化はいかに形作られているかというと、例えば現代のわれわれであれば、科学であり、民主主義であり、市場の原理原則であり、人権であり、グローバリズムであり、

経済原則であり……、といったものが優勢になってきて、こうしたものからなる社会にわれわれは生きているのだ、ということです。もちろん、歴史的なものも依然として力を保ってはいるでしょう。しかし、ここ二〇~三〇年、急速にわれわれの行動原理となってきたのは、経済原則であり、市場の原則であるでしょう。で、これらの原則はアメリカ流の経済学理論によって基盤づけられており、それはグローバルに妥当するものであって（少なくともそう信じられ）、そうしたものがわれわれの生活の隅々にまで入り込んできたのが昨今の社会の姿なのです。われわれの文化は（社会は）そうしたものに晒されて、浸食されている、ということはたしかなことです。

外側からこうした理論や理念が最初は洋服を着るように纏《まと》わされ（あるいは望んで纏い）、それが徐々に中身を侵食してゆくようなイメージです。正解たる解答はこうした理論や理念、大きく述べれば現代の優勢な社会の傾向性の中にあって、つまりは言い換えれば外在していて、われわれがこれらを内在化したのです。いくらかは自発的に、そして大半は自覚のないままに内在化されているのです。そして、これらに矛盾しないように思考するのです。つまり、前述のように自ら自発的に思考しているつもりでも、さらに深い層から、操られるかのように、そのように思考させられているのです。その最たるものが件のビジネスパーソン諸氏が、あるいは学生諸君が積極的に学ばんとする論理思考であったり、ロジカルシンキングだったり、クリティカルシンキングだったり、というワケです（もちろん、これのさらなる源流に遡ってゆくと、経済学や近代性や、といったものにたどり着くのですが、ひとまずここではこの程度ということで……）。特に学生諸君は、学生なのに（学生なら学生にしかできないことに頭を使えばいいのに、と僕なんかは思ってしまいます）、会社員や経営者のような思考をしたり、ビジネスパーソンのような言葉を口走ったりといった、本当にここのところ顕著になってきている傾向の真相（深層）には、こうした潮流（おそらくは世界的な潮流）があると思われます。(9) で、先にも述べたことですが、最近は多くの大学の教員までもが、こうした学者らしからぬ薄っぺらな言葉の数々に完全に洗脳されてしまっているのです。

4　思考の放棄

なんでもAI任せでいいの？

もう一つ近年になって急速に進行している問題についても述べておきましょう。ここまで述べたことは、いわば、近代のフォーマットのような思考のパターンについてでした。これも極端化すると問題なのですが、まだある基準に沿ってではあれ、こちらで（自分で）考えているのではありましょう。しかし、近年は、それすらもする必要がなくなってきているということです。どういうことか？　ビッグデータなるものを用いたAIの登場です。あるいは、とりたてて、ビッグデータなるものを用いなくとも、ある種のアルゴリズムを用いたAIによる判断です。結論から述べてみれば、これらは結局のところわれわれが自らの思考をアウトソーシングすることに用いられるのです。しかもそれとは気が付かないところで結果的にアウトソーシングされている場合もあります。

例えば、ものすごくよく言われているのは、アマゾンなどの通販サイトに現れる〝お勧め〟ってやつですよね。アマゾンだけじゃなくて、もうほとんどどこのサイトを見ても宣伝がもれなく表示されます。僕なんかはアマゾンでよく本を購入するのですが、毎度毎度、「これを買った人は～」といってお勧めの本が表示されます。そりゃー、確かに便利なのだけれども、これは自分で探すという手間をAIがかわりにやってくれているわけです。本来なら、次に何を読むべきか、――ということは、何をどのようにして思考を進行させてゆくべきかを自分で考えるべきなのですが――これをアマゾンが独自のアルゴリズムで答えを出してくれているわけですよね。でも、だいたいそれは多数決の原理であって、ある本を購入した人は、こういう本も購入している、あるいは、その人の過去の購入歴から統計的に推測して次はこういうもの、と表示しているにすぎないわけです。便利だなあ、と思う反面で、たしかにわれわれは考えなくなりますね。本や資料といった膨大な世界を探し回るという行為そのものが本当は知的な営みなのです。そこから思わぬものを発見したり、予測してもいなかった展開が生じたり、といったことも生じるはずなのですが、アルゴリズムに従っていては、ほとんど予測通りの当たり前の結果、当たり前の思考しか展開されません。さらに述べれば、そこまでＡＩがやってくれるのであれば、原理的にはそれらの本や資料から結論までも引き出してくれることは可能なのです。本当に何もしなくてもいいような事態となってもおかしくありません。で、繰り返しますが、原理的にそうなっても不思議ではないのです。

しぼり込む能力とカンの衰退

事例を挙げ始めたらキリがないのですが、個人的に僕が徹底的に忌避しているのがカーナビです。僕は、町を歩いている場合でも滅多なことではスマホの地図を見ません。まあ、僕はかなり天邪鬼なのですが、それを差し引いても、あんなんダメですよ。あれは、人間の空間把握能力を著しく衰えさせます。僕の場合は新しい町に車で行く場合は、まず前日に地図を眺めます。で、だいたい、高速道路をどこで降りればいいか、それから国道何号線をどこまで行って、どの交差点で右折して、それからどのくらい走れば（時間的にも距離的にも）目的地に着くかを頭に入れます。その際、目印となる大きな建物や会社などの名前が分かればそれも頭に入れてしまいます。それから地図など開かないで出発しますね。一発で、まったく迷わずに行ける場合もありますが、だいたい目的地の半径一〜二キロあたりで迷います。個人的にはそこからが勝負なんです。そこらあたりから緊張度が高まってきて、町の様子、雰囲気、自分が行こうと思っている目的地などすべての情報を頭の中でシャッフルして必死に考えて、だいたいのあたりをつけて適当な信号で曲がったりして目的地が見えてこないか様子を伺います。こういうことを二、三回繰り返すと確実に「ここだ！」となるんです。それで、ここが強調したいところなのですが、このようにして行った場所はその後、絶対に忘れません！　その町に独特の感覚も自ずとしっかり把握します。人の車に乗せてもらってどこかに行く場合もあるんだけど、だいたい以前に行った場所でも僕の友人たちはカーナビなしでは行けないですね。なぜか？　お分かりのことと思うのですが、思考をアウトソーシングしているからです。自分を持ち上げるような言い方になって小っ恥ずかしいんだけれど、この違いは非常に重要です。

たかが道の話じゃないか、と思うなかれ！　これは一種の思考力なのです。僕は、元来が、岐阜の田舎者だからかもしれませんが、地方の町へ行くとなんとなく、こっちへ進むと中心部で、こっちへ曲がると商店街などがありはしないか、などということがホントにな〜んとなく分かるのです。ところが、学生とゼミ旅行なんかに行くと、最近の二〇歳前後の若者がこういう能力をまったく持ち合わせていないことに驚くのです。旅館に着いて、商店街や飲み屋街へ行こう、などと話して旅館を出るとまったくトンチンカンな方角へ行こうとする学生を「おーい！　どこ行くねん〜！」と止めたことがホントに何度あったことでしょうか。なんでそっちへ行っちゃうんだろ、という感じなんです。

で、そう言うと、だいたいスマホで地図を見ますね、学生は。でも僕は何も持たないし、見たりもしないでスタスタ行っちゃう。スマホなんてほとんど宿に置きっぱなしです。それでも、だいたいトンチンカンな方向には行かないのです。歩いている場合だとほとんど半径五〇〜一〇〇メートルくらいまでは地図なしでもたどり着くもんです。

町というのは独特な雰囲気があるものなのです。で、日本の町だとそれぞれ違いはあれども、どこか共通している。そういう町を自分の目で見て、「あっちかな？」「こっちかな？」と考えるという経験が豊富にあるとこうした能力は明らかに鍛えられます。あるいは、もともと場所を特定したり推測したりする能力は備わっている（いた）はずなのですが、その退化がつとに顕著なのです[10]。「だいたいこんな感じ」というところから徐々に絞り込んでくる能力こそ思考力なのですが、これがスマホによる（ということはアルゴリズムによる）思考のアウトソーシングでもって恐ろしく、そして致命的に毀損されてしまっています。アバウトな推定ができなくなっているのです[11]。

冗談のような話ですが、カーナビの通りに走ったら崖から車ごと落ちそうになった、という話まであったり、最近では就活で自分の適性を示してくれるAIを頼ったり、――本当にそんなことが当たり前になってすらいます。どこかの本で読んだのですが、小学校のあるクラスで先生が「今日はタブレットなしで授業するよ～」と言ったら「先生～、（タブレット端末）なしだと考えられないよ～」といった反応が返ってきたとか……。

もっと専門的な話でも似たようなものです。ＰＣに方程式を放り込んで特定のプログラムでデータをゴチャゴチャといじくり回している専門家と称する人々も、そのプログラムの中身はほとんどブラックボックスという場合が本当に多い！　若い研究者ほど多い。プログラムの中に潜んでいたバグ（絶対にある）が顕在化して、非現実的でおかしな結果が出てきたらどうするんでしょうか？　さして考えることもなくコンピュータの出力したものを鵜呑みにしているのでしょうか……。というか、個人的にはそのプログラムを信じて、そのプログラムで研究するという神経がもうすでに僕には分かりません。よしんば、それが絶対に間違わない完璧で完全無欠であったとしても、いや、そうであるからこそ僕ならアホらしくてやってられません。というのも、もしそうであるならば、誰がやっても同じことになるんですから。ということは、僕から言わせれば「アンタがやっても、アンタじゃない誰かがやっても同じなら何が面白くてやってんの？」ってことになって、意味不明としか言いようがありません。

実際には、おかしな結果が出てくることは本当に、十分にあり得ることです。ところが、それをおかしいと思えなくなっている人々が着実に増加しているとしたら、ほとんど文明の末期症状です。だって、それこそですねぇ、適切な例かは分かんないけれど、算数の問題で「何人ですか？」って聞かれているのに、計算してきて出てきた結果が三・五だったからといって、三・五人と答えたら「おい！」ってツッコミたくなるじゃないですか。「〇・五人ってなんだよ」って。これに類するようなことがもっと複雑な過程で大きな規模でもって生じかねないということです。いや、多分もうすでに生じているのです。皆が（そして誰も）気が付いていないだけで。

びっくりするような話も紹介しておきましょう。『アルゴリズムの時代』（ハンナ・フライ著、森嶋マリ訳、文藝春秋、二〇二一年）という本にコンピュータを無視したソビエトの軍人スタニスラス・ペトロフの事例が紹介されています。

昔、米ソ冷戦の時代にプログラムが誤作動を起こしてアメリカの核兵器がソ連に向けて発射された、と警告音が監視ルームに鳴り響いたことがあったそうです。即座に報復攻撃を行わなければなりません。しかし、ここで、ペトロフは何か雰囲気がおかしいと感じて、その違和感から本当なら即座に押さなければならない警報スイッチを押しません。どんどん時間が経過します。もう報復攻撃などできないほど時間が経過しても「何かがおかしい」という感覚からペトロフは緊張の中でただじっとレーダーを見つめているだけです。……結局、彼の直感は当たっていました。着弾の時間になっても何事も起きなかったからです。ここで、この直感を分析することは本題から外れるからやめておきますが、言ってみれば「カン」が働いたのです。そして、これもまた人間の持つ思考の力です。もし、ペトロフがプログラムを信じて、――ということは思考をアウトソーシングして――マニュアル通りにアラートボタンを押したら何が生じていたでしょうか？　おそらく世界は核戦争に突入したことでしょう。ということは、われわれはここにはいないかもしれないのです。

いささか劇的で恐ろしい例まで挙げてみましたが（逆に言えば結果的に恐ろしくない事例なのですが）、こうしたペトロフのような事例に代表される能力をわれわれはどれほどなくしたことでしょうか、あるいは毀損させたことでしょうか。経験的なものに裏打ちされる感覚としての「カン」などというものをいかに衰弱させてしまったことでしょうか。要するに、知らず知らずのうちにわれわれは自ら思考を放棄してしまっているのではないか、ということです――いや、結果的に放棄しているのです。あるいは、先に述べた言葉に対応させて言うと知らず知らずのうちに放棄させ、ら、れ、て、い、るのです。

パニックで思考がストップする

それから、イントロダクションの最後にもう一つ警告的な意味も込めて申し上げておきましょう。人は「怖い！」と思うと、あるいは思わ、さ、れ、るると考えることができなくなるのです。あるいは、広くパニック状態に陥ると思考が止まるのです。その結果として、今現在、われわれが急速におかしな方向へと突き進んでいるということです。端的に述べれば全体主義の兆候が濃厚に現れているのです。

歴史上、われわれが経験してきた全体主義に共通する特徴は、恐怖と嘘の情報で思考を停止させて（させられて）しまうということです。嘘の情報というのが言い過ぎであるならば、「どこまで本当か分からない情報の氾濫」と言い換えておきましょう――要するにフェイクニュース、あるいはフェイクニュースまがいのものの氾濫です。冷静な時には、当たり前に合理的・理性的に判断できたものが、恐怖とそれに伴うパニックで思考が停止してしまうのです。

ナオミ・クラインというカナダのジャーナリストが『ショック・ドクトリン』なる本を出して話題に

なったのが二〇〇七年でした。その概要は、この本の副題にもなっている「惨事便乗型」であるということです（クラインの本の副題は「惨事便乗型資本主義の正体をあばく」となっています）。つまり、何かとんでもないことが起きている間に（あるいは、とんでもないことが起きていると錯覚すらさせて）一気に過激な改革を進行させて社会を改変してしまう手法です。また、場合によっては、そうした惨事を意図的に起こさせることすら現実にあるのだ、ということです（陰謀論のようになってしまうのであえて事例はあげません）[12]。

ここでは、今現在、われわれの周りで、このショック・ドクトリンのようなことが起きてはいないか？　と述べておくにとどめましょう。「怖い、大変だ」と長期にわたって騒ぎになってはいまいか？　もしくは、なったことはないか？　ということです。

この他にも色々と思い当たることとってありますよね。で、また同じことが生じるだろうな、という予感すらするものだってあります。

例えば、二〇〇一年に生じた小泉騒動です。あえて騒動と言わせてもらいます。当時の小泉内閣の支持率は八五％とか、八六％とか、全体主義国家のような状態でした。いや、全体主義国家よりもタチが悪いでしょう。だって、専制君主の全体主義国家に本当に支持率調査を行ったらおそらく目も当てられない数字が出てくるのは必定だからです。つまり、本当は支持などされていない。けれど、二〇〇一年に生じたことは本当にそれだけの支持があったということです。実際にいつも通りの調査を行ったら、ほとんどの人が支持しているという「ホンマかいな⁉」と言いたくなるような数字が出てきたのです（不支持率はわずかに五％でした）。で、問題は、ここから数年ほど経過すると（おおよそ一〇年もすると）、大方の人が「あれはなんだったんだろう」とか、明確に「結局は、あの打ち壊しが昨今の停滞の直近の引き金になったんだ」と冷静に思考するようになります。つまり、しばらくして、こうしたパニック状態が過ぎ去ると（小泉騒動の時にはちょっとした陶酔感も混じっていると思います）、止まってしまっていた思考がようやくゆっくりと動き出すのです。まあ、でもまたすぐに止まっちゃうんですけどね……。[13]

ともあれ、われわれは、幾重にも思考を停止させられ、あるいは奪われ、結果的に放棄させられている状況下にあるのではないでしょうか。人間の人間たる所以は考えるということです。その根幹が揺らいでいるのではないか、との問いを最初に皆さんへの問いかけとして述べておきたいと思います。繰り返しますが、一つには、ある特定の方向に向けて考えるように考えさせられているのではないか、ということ。そしてもう一つは、テクノロジーに思考をアウトソーシングしてはいないか、ということ。そして、それにある種のショックが相まって、さらにわれわれの思考は停止してはいないか、ということです。いや、あえてもっと挑発的な言い方をすると、日本人は、戦後七〇余年このかた、ショックのあまり思考が乗っ取られて止まってはいないか、ということです。そろそろ動かさないとヤバイぜっ、と言いたいわけです、僕は……。

ここで述べた大雑把なお話は先々で行ったり戻ったりしながら論じてゆくことになると思います。

註

（1）立花隆『思考の技術』（日本経済新聞出版社、一九七一年）。新装版は『新装版　思考の技術——エコロジー的発想のすすめ』（中央公論新社、二〇二〇年）。

（2）例えば偏差値です。
私の所属する近畿大学には、スポーツ推薦で入学してきた学生が一定数います（近大だけではなく、全国津々浦々の大学にこうした学生は多くいることでしょう）。この学生たちは数学や英語、理科や社会、国語といった教科の偏差値は概ね低い場合が多いのです。もちろんこれに当てはまらない学生たちも多くいます。しかし、おそらくは、平均すると低いでしょう。

しかし、彼らの体育科の偏差値はまちがいなく七〇を超えています（体育科だって教科です！　当たり前だけど……）。人によっては八〇とか、九〇といった数字になってもおかしくないでしょう。つまり、これが偏差値の現実です。どの物差しを持ってくるかで様子が一変してしまうのです。

仕事の実績・業績の評価だってそうです。たいていはこれをやったら一点とか、二点とか、大きなものだと五点とか、会社によって決められているでしょう。しかし、まずはその点数は誰が決めたのか、ということです。ここに恣意性が入る余地は十分にあります。それどころか、点数化できないものはどうするんでしょうか？　強引に点数化するんでしょうか？　強引に点数化したら、その強引さがそもそも恣意的です。

その他、挙げてゆけばキリがないほどに数字のいい加減さはほとんど明らかです。多分、誰もがこんなことは知っています。しかし目の前に数字を示されると思考停止するのです。どうもわれわれにはそういう傾向（文字通りに思考傾向）がある、ということです。この傾向に抗うには、常に数字は決して客観的ではない、と意識的に自分に繰り返し言い聞かせておくこと、あるいは数字を見ることと「数字を絶対視するな」と頭に思い浮かべることをセットにしてしまうしかないでしょう。そこまでしないとわれわれの思考は数字の魔力に引きずられます。こうした事例は話題になったダニエル・カーネマンの『ファスト&スロー　あなたの意思はどのように決まるか？（上・下）』（早川書房、二〇一四年）に詳細な解説と共にかなりの数が挙げてあります。

（3）　こう述べると、「だからダメなんだ」と言うのです。「会社に勤めたこともないからダメなんだ」と。しかし、この論理はおかしくないでしょうか？　あたかも会社に勤めること、あるいはビジネスをすることが上で、それ以外は下であるというおかしな価値観になってはいないか、ということです。もしくはこんな言い方もされます。「教師なんて世間知らずだ」と。それは一面では事実でしょう。しかし、考えてもみてください。特にこんなことを言っている人、こんなことを思っている人は、じゃあ、あなたの世間はそんなに広いのでしょうか？　おおよそ人は自分の属している本当は限られた小さな世界を世界であると思い込む傾向にあります。つまり、あなたの世界（世間）も十分に狭いのです。こういうことが分かる人は（つまり、自分は自分の属する世界〔世間〕しか知らないということを知るだけ賢明な人は）、間違ってもこうしたことは思わないということです。というか、よく考えてみると、自分の世間を世間全般であると思い込む人こそが世間知らずなのです。であれば、いかに世間知らずが多いことでしょうか、あるいはこの論理構造に気が付かない人が多いことでしょうか。人は往々にしてまともに考えてなどいない、ということの傍証でもありましょう。

（4）江戸の幕末期に武士たちを西洋式の軍隊にするために招かれたお雇い外国人教師が最初にしなければならなかったことは、侍たちの走り方、歩き方（行進）の矯正であったと言われています。彼らは現代のわれわれのような走り方ではなかったし、歩き方でもなかったのです。近年、この走り方（歩き方）が「ナンバ走り」として脚光をあびました。

こうした身体の使い方の差異は微妙に現代にも受け継がれて残っています。こうしたものの極端な例が歌舞伎であったり、日本舞踊の舞であったりします。

よく私の周りの外国人が言うことは、「日本人女性の歩き方」についてです。気が付かない外国人も多いようなのですが、彼らが決まって言うことは、日本語で言うところの所作の独特さと違いです。おそらく、日本の男性よりも女性の方が社会的に歴史的なものを身体により多く保持しているのでしょう。きっとこれはジェンダー論の視点からも所作の文化的視点からもさらに研究されるべきものであるように思われます。

（5）例えば、明治期に活躍した国際的な数学者である高木貞治を育んだのは和算の伝統であったということはよく言われています。高瀬正仁『高木貞治とその時代 西洋近代の数学と日本』（東京大学出版会、二〇一四年）、同じく、高瀬正仁『高木貞治 近代日本数学の父』（岩波書店、二〇一〇年）などを参照のこと。

（6）ここらへんは、よく注意しないと混乱するので補っておきましょう。

先ほど例に挙げたように、「洋服を着る」と考えて洋服を着るという行動を取ったのだから、考えが先で行動が後である、というのは事実です。がしかし、ここで問題にしている「考える（思考）」は、こういうレベルのことではありません。「洋服を着る」と考えるのは、いわば思いつきのレベルでの考えるであるのに対して、洋服を着ることによって、あるいは洋服を着続けることによって間違いなくわれわれは（和服を着ている場合とは違って）身体動作を変えてゆくことでしょう。ちょっと大股で歩けるようになる場合がほとんどでしょうし（女性の場合は特にそうでしょう）、和服の場合には気になった着崩れは洋服の場合はほとんど気にしないで行動できそうですし、何よりも所作は決定的に異なってくるでしょう。ここで問題にしているのは、そうした行動の変化がわれわれの考え方をより根本的に変えてゆく、というレベルでのことを述べているのです。それはいわば、世界との対峙の仕方とでも言うべきものの変化なのです。

（7） 例えば、渡辺京二は『逝きし世の面影』（平凡社、二〇〇五年／初版は葦書房、一九九八年）で江戸とは一つの文明であり、その文明が滅び去ったのだ、といった主旨のことを述べています（つまり、江戸という文明〔世〕は逝ってしまったのだと）。

江戸という時代が終わって明治の世になる、といったように連続的に変化していったとわれわれは思いがちです。しかし、この両者は文明として切れているのだ、というのです。蓋《けだ》し晴眼です！

（8） 例えば、もともと武士ではなかった新撰組がもともとの武士より武士道に忠実でした。また、宗教の転向者ほど原理主義的となってゆくことは経験的にも知られたことでしょう。

（9） これらは、じつは個々の労働者にとっても深刻な問題を含んでいます。というのは、彼らの思考はほとんど企業側（言い換えれば雇用者側）の論理そのものでもあって、知らず知らずのうちにうまく洗脳されているなあ、という感がどうにも否めないからです。その典型的な例がいわゆる「意識高い系」の学生・若者であって、彼らはいわば異常適応なのです。ここまで異常に適応すると都合よく使われ、都合よく捨てられ（解雇され）、本人はそれでも自分に生じた事態の本質に気付くことなく「自己責任」と自己を責める結果になることでしょう（こうした事例については第10講義も参照のこと）。それにしても、これは程度の差こそあれ、現実に現在進行形で多くの若者が陥っている事態なのではないでしょうか。若者よ、目を覚ましなさい！

（10） 犬は迷子になっても帰ってきますよね。遠くで迷子になっちゃって、半年もかけて帰ってきた、という話はけっこう聞きますよね。健気でかわいいなぁ。

(11) これ以外にもたくさんあるのですが、指摘しておきたいことは、例えば外国語の能力です。文脈から推測するということがほとんどできない人が異様に多くなっています。これは英語以外の言語になるとさらに顕著で致命的です。文法があやふやでも辞書を引いてだいたいの意味をつかむことこそ外国語の能力（あるいは言語能力）であり思考力なのですが、単語の意味を調べて文法などすっ飛ばして意味を文字通り絞り込んでくることができないのです。カンが決定的に毀損されています。

「使える英語を」ということで会話重視の英語教育になってから、いかに日本人の（特に若者の）外国語の能力が毀損されたことでしょうか。英語教育の根幹が言語能力の涵養にあったことを今こそ思い返すべきでしょう。そして、言語能力の涵養こそ思考力の涵養に他ならないのですから。

(12) これらは「火事場泥棒的資本主義」などとも言われます。クラインの論旨は、基本的に何らかの惨禍に見舞われている隙に一気に過激な新自由主義的な改革が行われることを指しています。しかし、この手法はそれだけにとどまるようなものでないことは明らかでしょう。

なお、近年の事例としては震災後の東北で進められた改革などが挙げられます。詳細は例えば、古川美穂『東北ショック・ドクトリン』（岩波書店、二〇一五年）などを参考にしてみてください。

(13) 当時、小泉純一郎氏は「自民党をぶっ壊す！」と言って喝采を浴びたのです。その後、この「ぶっ壊す系」が幾度も熱狂的に支持され、そして飽きられ、を繰り返したことは記憶に新しいことです。当時、小泉氏を批判しようものなら罵倒されたり非国民呼ばわりされたり、それはもう散々でした。

今は、こうしていくらか冷静に物が言えるようにはなっていますが、多分、似たような現象はまた生じるでしょう。その際に、どれだけの人が冷静に事態を眺めることができるでしょうか。多分できません。ほぼ確実に洗脳された操り人形のようになることでしょう。というか、もう今すでにそうなっている、とあえて申し上げておきます。

第Ⅰ部　思考とは何か

第1講義　考えるプロセス

思考とはいかなる過程なのでしょうか？　われわれはどのようにして考えるのでしょうか？　思考について考えるには、こうした問いを避けるわけにはいきません。

ここでは、まずはコンピュータがどのようなことを行っているか、そしてそれとアナロジカルに人間がどういう過程で思考していると仮定されているか、ということについての議論をしましょう。もちろん、本当のところは分からないのです。しかし、まずは今現在、どう目されているかを知っておかなくては議論を進展できないのですから……。

1　考えるって何？

さて、そろりそろりと本題に入っていきましょう。まずは、そもそも思考とは何ぞや？　という問いから入ってみようと思っています。というか、まずは、その一連の議論の最初です。が、初っぱなから結論を言ってしまうと科学やいろんな学術が進歩して色んな知識が積み上げられてきた現代にあってもこれらはまったくと言っていいほど分かっていません。もう、ほとんどが謎で、ブラックボックスなのです。

「思考の技術」というくらいですから、思考が何ものかが分かっていて、あるいは完全には分かっていなくとも、少なくともその大枠は「こんな感じのようだ」とは分かっていて、それらを皆さんに開示して教示してゆくというハズだ、と思いたいところなのですが、本当にまったく、何も分かっていないというのが現実です。

もっとも、こういう言い方をしてしまうと、あらゆる方面の専門家・研究者から矢のように反論が来ることは必定です。事実、彼らは色んな方面・側面から人間の思考を研究しています(1)。で、それらが近年になって長足の進歩を遂げていることも事実です(2)。がしかし、それでも、やっぱり分かっていないのです。彼らの行っていることは、ある特定の仮定の下での研究開発であって、はたしてその仮定が本当に正しいかどうかも分からないのが現実です。で、この仮定とは何かというと、端的に述べれば人間の頭脳はコンピュータと同じである、というもので、要するに人間はコンピュータのように考える、というものです。個々に細かな違いはあれども、大雑把にはこれで間違いありません。とりあえず、このように仮定してどこまで思考の謎に迫ることができるか、というのが彼らの基本的な仮説（こういうのを作業仮説と言います）です。

なお、コンピュータが人間の思考パターンを真似たのだ、というのも事実です。コンピュータの出自からするとこちらの方が正解なのですが、これもまた「人間は〜〜のように考えている」という仮説なのです。事の真相は、そのような仮説のもとにコンピュータが作られ、基本的にはそこから何か特別な進展があったかというと何もない、というのが事実です。

さて、では以上を踏まえたうえで本題に入りましょう。

2　コンピュータの作動原理について

さて、では、人はどうやってモノを考えるのでしょうか？　繰り返しになるけれど、何も分かっていないのですが、まずは、どうやって考えていると考えられているかを紹介するところから始めましょう。[3]つまり、先ほど述べたところの仮説についてです。で、人間とコンピュータは同じように作動すると考えられる、というのですから、このコンピュータの作動原理についてです。

コンピュータといえば、二進法（0と1、つまりはオン－オフ）の計算なのですが、とりあえず二進法から説き起こすのではなく、要するに何をやっているか、ということを明らかにしておきましょう。

計算している

まずは、要するには計算だということです。次の「何であるかを判断する」の項で述べることも要するに計算なのですが、ここではもっとイメージしやすいレベルで計算だ、ということです。どういうことか？

ある特殊な計算のプログラムがあったとしましょう。なんでもかまいません。会計の計算だろうが、物理学上の計算だろうが、統計的な数値処理だろうが、原理的には同じです。この場合、コンピュータが行っていることは、入力されたデータに規則的な変形（変換）を施して出力する、という作業です。いわば、巨大な関数であると見なして差し支えないでしょう。つまり、以下の**図1－1**に描かれているようなことです（ここでは入力Aを出力Bへと変換しています）。

この場合のコンピュータの心臓部はプログラムです。プログラムはどういう変換を行うかを規定して

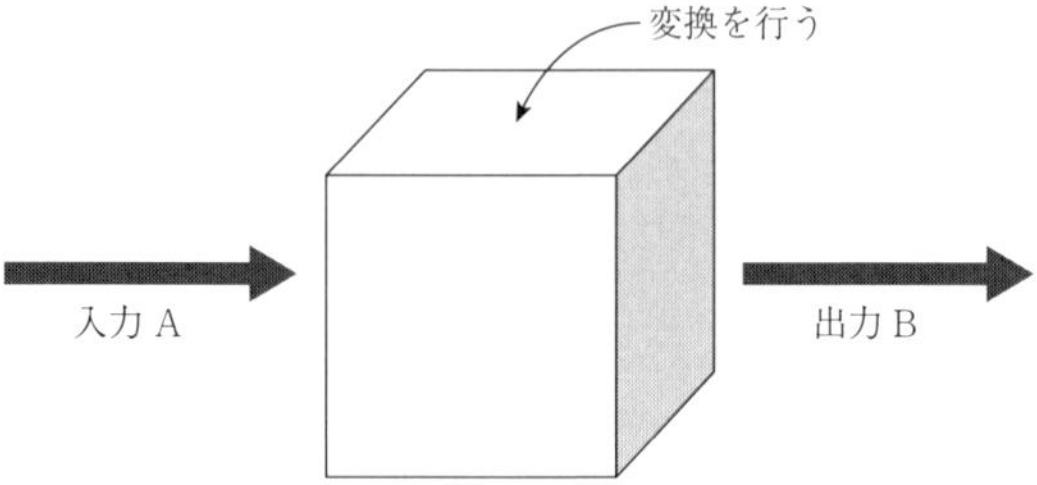

図1－1　コンピュータの計算過程

います。そして、ここで述べたことが基本であって、次に紹介する判断も計算に還元されるのです。がしかし、どういうことかを説明する前にまずはその判断の概要を述べましょう。

何であるかを判断する

もう一つ行っていることは、それが何であるかを判断することです。近年、この機能が目まぐるしく進歩して、われわれが日常的にお目にかかったり利用したりする機能になっているのはほとんどの人が実感していることでしょう。人の顔を判断したり、色を判断したり、温度を判断したり、といった具合です。列記しようとすればもっとあるのでしょうけど、まあ、こんなもんで大枠は伝わるでしょう。

なお、しつこいですが、これもじつは計算でして、これがどういう具合に計算になっているかの概要は後ほど述べようと思います――ということは、結局のところ全部が計算なのですが（コンピュータって compute＝計算する、なんだから当たり前なんですが）、とにかくそこらへんはちょっと脇に置いておいて後ほど、ということです。

さて、それで、計算という次元にまで還元しないで「判断する」とはどういうことを原理原則的に行っているか、というと「照合作業」なのです。入力された情報と膨大にストックしてある情報を照合して同一のものを選び出して出力するという作業です。例えば、私＝森川亮がエントランスに

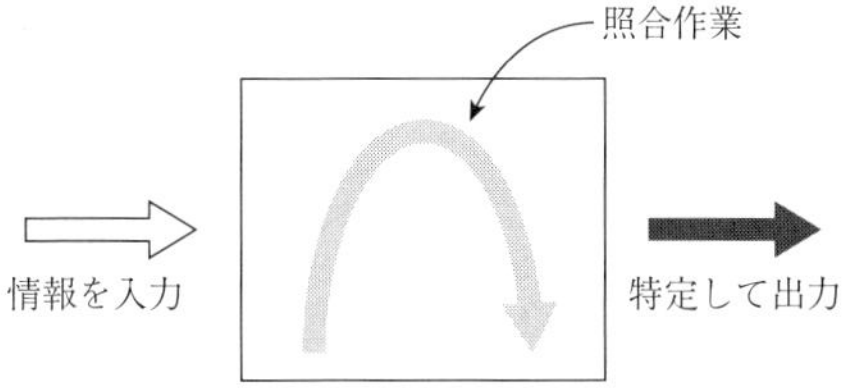

図1－2　コンピュータが判断する過程

立って入室を求めたとしましょう。私はエントランスに設置してあるカメラに自分の顔を映します。すると、この顔の情報はコンピュータに送り込まれ、コンピュータはストックしてあった膨大な顔写真と照合してゆくのです。それで、一致したものがあれば扉を開ける、一致しなければ扉を開けない、という動作をするのです。この一連の動作をほとんど瞬時に行ってしまうんですね。多分、人間だったら覚えられる数に限界があるのだけれど、コンピュータだったら原理的に無制限だということです。ちなみに、分かっていると思いますが、ここで、エントランスの扉を開けるとか開けないとかではなく、単にカメラの前の人物が「森川亮である」という情報を出力する（判断する）のも同じ行程ですよね。前者はストックにある人物だったら（ストックと照合したら）扉を開ける信号を出す（そういう出力をする）。後者はストックにある人物の名前を出力する、というだけの違いですよね。

基本的に何であるかの判断はこうしたことを行っているのです。温度だってそうです。人の表面だけ見て（見る、というか表面の状態の情報だけで）その人の体温を測定するシステムは、システムによって違いはあれ、例えばその人の顔が発する放射線をとらえてその波長とあらかじめ準備してあった温度と波長の対応表とを照合するのです。こうして、入力された波長を判断して温度を出力することができます。

図1－2を見てみれば何のことはない、原理的にはすごく単純なことだということが分かるでしょう。ここで図の四角の中の曲線の矢印はそうい

う照合作業を行っていることを示します。

この場合の心臓部は照合する際の膨大なデータであることは明らかでしょう。

結局、計算だ！

さて、最初の例は明白に計算ですよね。**図1‐1**は、データであるところの数字があって、この数字をある規則に従って変形（変換）しているわけです。この規則がすごく複雑だろうが、簡単で単純だろうが、やっていることは原理的に計算です。

次の**図1‐2**で説明したこともじつは計算です。あらかじめストックしてあったデータと入力データを比べるのです。この場合、例えば、写真を重ねるように比べる場面を想定してください。この場合、両者がどの程度の一致率かを見るワケですから計算です。細かく見比べる場合と荒っぽい場合で異なりますが、例えば、比べた箇所が一致していれば1としてカウントし、異なっていれば0とカウントするなどです。要するにオン‐オフに還元できます。真正面の写真とちょっと横を向いている写真（例えばこちらが入力データとしましょう）の場合も、横を向いている写真の方を統計的な偏差（要するにこういう感じの顔は横からはこのように見える〔同じだけど、こういう感じの横顔は正面からはこのように見える〕、という統計的なデータの平均）から正面を向いた状態に補正してそれと比較したらいいわけです（あるいは原理的にはストックしてあるデータの方を補正してもいいけれど、こちらの方が計算の手間がかかるでしょう。なぜならば、入力写真を補正する場合は、まず、「横を向いている〔～の角度で〕」と特定して、その写真を補正し、そして補正した正面を向いたものとデータを照合するということになります。が、後者の場合はストックデータのすべてをいちいち補正しなければ照合ができません）。あるいはプログラムによっては別の方法を用いるのかもしれませんが、いずれにせよ、これらすべての行程が計算ですよね。横を向いている度合いによって判

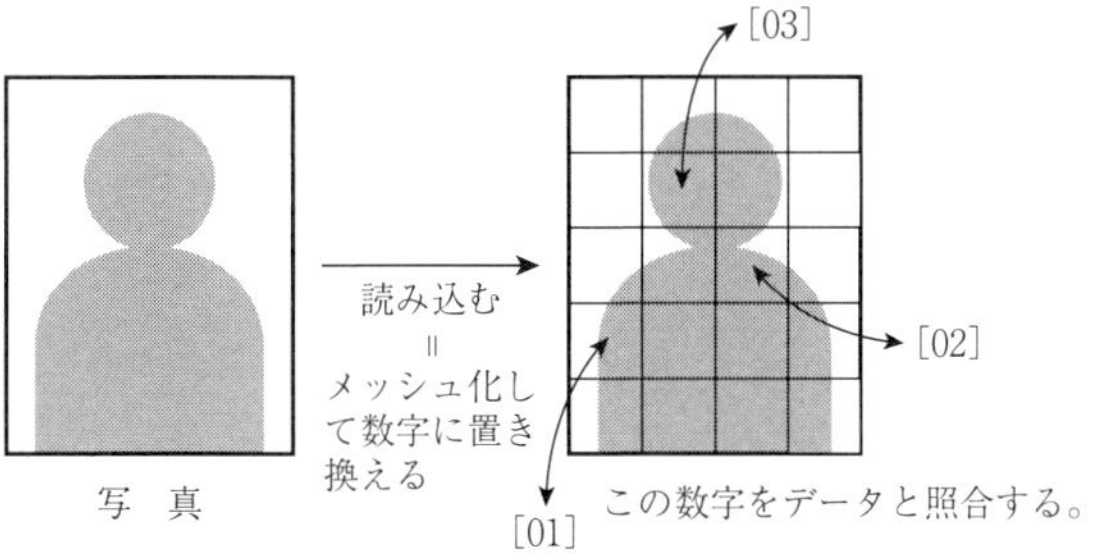

図1-3　写真の照合

定の精度が落ちるけれど、これも統計的な数字でもって補正・予測して相対的な一致度をはじき出すことで両者が同一か否かをあくまでも数値的に見積もることができます。で、どの程度の数値（例えば一致率九〇%なのか、八〇%なのか）で「一致」と出力するかは求められる精度によって異なっている、というワケです。

この写真のデータも数値化されて入力されます。ストックされている方はもちろん数値化されています。例えば、写真をすごく細かなメッシュ状の編み目の領域に分けて、黒なら[01]、白なら[00]、赤なら[10]とか……、どうするか決めておけばすべてのメッシュの領域を数値に置き換えられます。**図1-3**をご覧ください。

実際にはもっと細かく行っているのですが、原理的にはこういうことです。要するに、こうしてすべて数値的に置き換えてしまって照合するというわけで、これらを単純に照合するだけでなく、先ほど述べたように、横を向かせたり、関係ないところは省いたり、などなどの行程を経て（しつこいですが、これも数的な処理でいけますよね、前述の通り）判断を下すのです。

今、写真を比べることを例にしてきたけれど、原理的にすべて同じだということは了解できると思います。かくして結局はすべて計算だ、すべて計算に還元できてしまう、ということです。これも納得できます。

さて、ということで、コンピュータはおおよそここまで述べてきたようなことを行っているのです。あまりにも大雑把なので本職の情報工学やプログラミングの専門家あたりが聞いたら「そんなに単純化しないでくれよ」と言いそうですが、大枠では絶対に間違ってはいません。問題はこの種のことをいかに高速で行うかということでして、そのために色んな方法論や考え方が試行錯誤されているのです。

3　人はどうやって考えているのか

再三再四、述べてきたように、人はコンピュータのように考える、というのが作業仮説ですから、コンピュータの、ということは機械の作動原理を大雑把に紹介してきましたが、さて、では人間はどうなのだ？　ということです。しつこく、くり返すけれど、本当は分かってはいません。しかし、そう仮定しているのであれば、そしてまた、「思考の技術」というからには思考とは何かが分からなければどうにもならないのです。分からないけれど、とにかく現時点でどう目されているかを可能なかぎり明らかにしておかなければスタートラインにも立てないじゃないですか。

で、こうしたコンピュータの作動原理と同じように思考しているとして、非常に俊英なコンサルタントである波頭亮氏は以下のようなモデルを提示することから自著を始めています(4)――モデル、という言い方をすると波頭氏は嬉しくないかもしれないけれど、本当にそうなっているか分からないのだから仮説的であるという意味も含めてモデルとしておきます。

波頭氏は、思考とは入力された情報と人間の頭の中にある情報とを突き合わせて照合し、加工して意味合い（メッセージ）を得ることである、と述べています。例えば、目の前に得体の知れないものがあった場合、まずはこの情報を頭の中にストックされている情報と照合するのです。で、これが何ものかを判断して、例えばヒグマだったら逃げるという意味合い（メッセージ）として出力する、あるいは菜の花だったら近寄ってもっと見てみる（という意味合い〔メッセージ〕）として出力する、などです。一連の思考をフローチャートにすると**図1-4**のような過程となります。

このフローチャートをさらに単純化すると**図1-5**のようになるでしょう。ここで、フィルター1とフィルター2で行われていることは、先に述べた照合作業と基本的には同じです。つまり、入ってきた情報を持ち合わせている情報と照合して特定するのです。

波頭氏が述べる加工は、フィルター1とフィルター2で行われます（波頭氏はこうした単純化した図ではなくもっと詳細に述べていることを波頭氏の名誉のために急いで付け加えておきます）。フィルター1で照合してヒグマであることを特定し、フィルター2を通過させて「逃げろ！」という意味合いとして出力するのです。「逃げろ！」という意味合いを出力することも照合なのか？　という疑問はもっともですが、これもまた照合作業です。ストックしてある「逃げろ！」「近づけ」「食べる」……などという情報と照合して特定したらいいからです。で、この一連の過程が情報を加工する過程で、これが（情報を加工することが）、思考することであると述べています。人によっては、どうしても、フィル

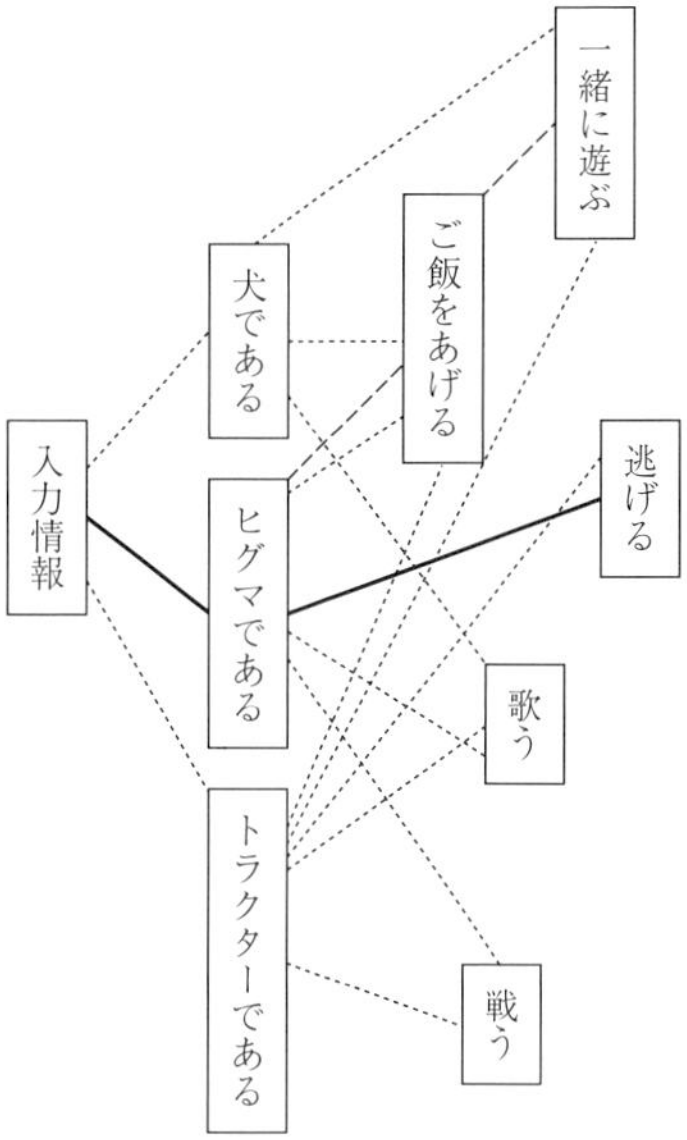

黒の太線が実際に選択されたもので，原理的には点線はすべて照合作業の対象となる。ただし，これはフレーム問題（70頁の註(8)参照）というまた別の問題を提起する。

図1-4　フローチャートの例

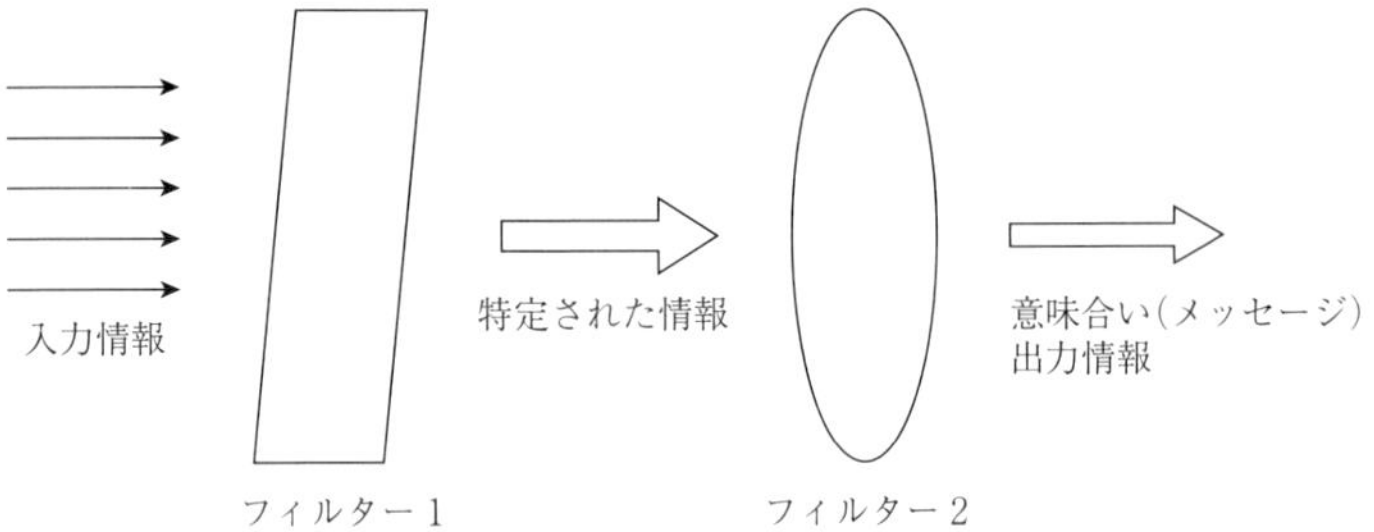

図1-5　一連の思考の過程

ター2では何らかの意思（という思考）が入り込まないと「逃げろ！」というメッセージにはならないと思うようなのですが、これも頭の中にある蓄積された知識との照合でいけることに注意してください。今度は身体に行動させるフィルターであるところの知識と照合すればいいのですから。**図1-5**では「特定された情報」とだけ記していますが、ここにも膨大な情報があって、これらをフィルター2で照合すると、細かな行動に意味合い（メッセージ）を出力させることができるでしょう。

ちなみに、僕もこの分析でまったく間違いないと思っています。で、僕の場合はフィルター1とフィルター2を集積回路のように一緒にして**図1-6**のように描くことにします（結局は同じことですよ～）。

さて、どうだったでしょうか？　たしかにそう言われればそのように感じるし、そのようなことを行っているということは事実であるように思われます。さらに波頭氏は続けて、この機構がコンピュータとまったく同じであることを述べています。この講義の順序とは逆ですが、言わんとする趣旨は同じですよね。人間の思考の過程（人間がどうやって考えているかが分からないために本当かどうかは分からないのだけれど）、とコンピュータの行っていることは同じである、あるいは相似していると仮定するということです。

で、ここから得られる結論も妥当であるかに思われます。すなわち、波頭氏も述べているように、データベースである知識のストックを増やさなければ深く考えることなどできない、ということです。これはたしかにその通りなのですが、だからといってわれわれは、こうした判別や判断を行っているだけなのか、というとどうもそのようには感じられない。もっと別のことを行っていなければ、つまり判断だけを行っていても思考できないのではないか、というより根本的な疑問がわいてくることを避けられないのです。じつは、ここからちょっと波頭氏の論点とは違った方向に行かざるをえないのです。

なお、少し遅れましたが、ここで（そして、前述の箇所で）「判断」と述べていることは、完全に自動的で機械的な動作で、入力された情報の照合が済んだらディスプレイにそれが何であるかを表示させるような動作という意味に限定しています。つまり、そういう情報を出力する、ということで、いちいちこのように述べるのも面倒なので「判断」と言っています。判断というより「判別」など他の表現の方がいいのかもしれませんが、このようなことなので、どういう言葉かを問うことは本質的ではないでしょう。まあ、そんなワケで「判断」でいこうと思います。要点は、この判断なる語には一切の思考が入り込まない機械的な自動動作だということです。（五五頁の註(2)を参照のこと）。

ここで完全に取り除いた「思考」ですが、これは、哲学やその周辺で意味とか意思とか意識とか、あるいは指向性とか、本当に様々な言い方をされて表現されているものと基本的には変わらないものです。まあ、これは、追々と説明していくことにしましょう。

さて、そこで、その根本的な疑問についてです――こうした根本的な疑問は、数多の哲学者が色々なことを述べていますし、これまでも述べてきました。その中でこの文脈に合致しそうな言説は、こうした判断の束が（要するに判断につ

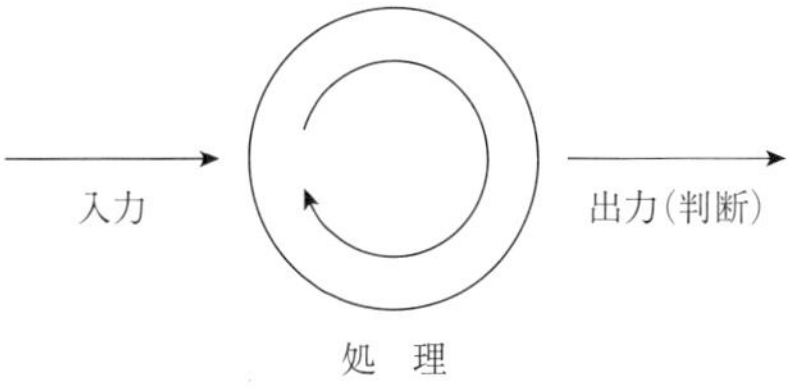

図1-6　コンピュータの行っていること

ぐ判断という判断の連鎖と集合体が）思考なのであり、こうした判断の連鎖と集合体が他ならぬ唯一無二の思考を出現せしめるのだ、ということです。ちなみに、この唯一無二の思考が究極的に私の唯一無二性に対応するのです（これも色々と後述しますが）——なんか、そんな気もしなくもないのですが、ここに重大な飛躍があることはちょっと考えてみれば明らかでしょう。特に上述のように判断なる語を自動機械のような動作に限定したのであればなおさらです。ただの判断はただの判断にすぎません。全部が全部、自動的ということで、意思など入り込みようがないのだから、判断をいくら重ねても判断以上のもの、判断以外のものが出てくるハズがないではないですか！　種類の異なったものがどうして出てくるのでしょうか？　なお、これは哲学の世界では「哲学的ゾンビ」などと言われておりますが、同様の問題は後々に、それこそ様々に触れることになります。

　で、種類の異なったもの、言い換えれば異質なものがどうやって別の種類のものの中から出てくるのか、という問いについてですが、これに対する有効な回答はありません。つまり謎のままなのです。そして、正直に言うと、ほとんどちゃぶ台返しのような話なのですが、じつは、ここで講じてきた方向で思考を考察研究することがはたして本当に正しいのか、ということすら分かってはいないのです。(5)

コラム1　人の話を勝手に聞いている Siri

早々に脱線の雑談です。しかし、脱線とはいいえ、このSiriの話には次々回あたりに触れることになるということを最初に言っておきます。

先日、PCを替えました。最新版のMacBookProです。嬉しいです！　けれども、先日、気が付いたのです、時にSiriが勝手に作動することに……。で、それは設定を変えることで作動しなくなったのだけれど、ここで考えてほしいことは、なぜSiriが勝手に作動したか、ということです。

僕は、その時にゼミ生と電話で話をしていたんですね。すると、いきなりSiriが起動して、僕の話し言葉を文字化しはじめたのです。びっくりしました。と同時に煩わしいなあ、と思いましたね、アップルさんには申し訳ないんだけれど。

なぜ勝手に起動したかというと、Siriは僕の声をずーっと聞いていた、ということです。もちろん、AIなので人間が聞くようには聞いていないのだけれど、潜在的に聞いていることは確かで、僕の言葉の並びに「Hey! Siri」という、つまり「……へいしり……」という音の並びがやってきて、あるいはそう聞こえる音の並びがあって、それを聞き取ったから起動したのです。ということは、Siriはいつもアイドリング状態にあって、ずっと僕の声を、そして背景に流れている音という音をいつでも起動できるようにスタンバイ状態で聞いている、ということです。で、意味は関係なく（文脈ももちろん関係なく）、「へ」と「い」と「し」と「り」がそれなりのアクセントとトーンで流れたら（流れたと判断したら）起動する、というわけです。今、考えても、この音の並びでどういう言葉が出てくるか分からないのですが、多分、背景に流れている音や諸々と混成してしまっても場合によっては、機械はこのような音としてキャッチするかもしれないので、その時に発した言葉はどうにも分かりません。

もちろん、Siriは設定で色々と変えられるし外しておくこともできるとはいうものの、僕の声や、その他の情報は、知らず知らずのうちにおそらくはクラウドの彼方へと飛ばされていると考えるべきなのでしょう（あるいは、そうできる、と考えられます）。Siriの設定を外してしまってもコンピュータは音を聞いているはずです。そうでなければSiriのオンとオフが意味をなしません。つまり二段階になっていて、まず、コンピュータはずっと音を聞いているのです。で、これは解除できないけれど、ここでコンピュータのSiriというソフトを有効にすると音声をあらわに表示できるようになるのです。

それにしても、なんともおっかない世の中になったもんです。今後は、PCの前で軽口をたたくこともできないのかもしれません。オーウェルの『一九八四年』では、朝起きるとモニターに映ったビッグ・ブラザーが話しかけてくるのですが、急に立ち上がるSiriは、もうほとんどオーウェルの世界そのものですらあります（第3講義も参照のこと）。こういう側面からもPCがまた一歩、人格的なものを持ったものへとわれわれの側の意識が変わってゆくのでしょう。

それにしても、根本的によく分からんのは、はたしてこんなもん本当にいるのか？　ということです。身体が不自由な人にとってはありがたいことでしょうが、それはそれでオプションで付けたらいいんです。どうも、別に皆が望んではいないにもかかわらず、いつの間にか勝手に変えられていって、こちら側が対応しなければならない状況になっているのです。例えば、これ以上コンピュータを高速化することを本気で望んでいる人がはたして何人いるのでしょうか？　たいていの人は「もうええわ……」と思っているのではないでしょうか？　にもかかわらずどんどん進化していって、その都度、対応を迫られて……、といったことを繰り返しているのです。で、気が付いたら余計なもんばっかりという現状になってはいないでしょうか？　挙げ句の果てに、PCに会話を聞かれている、どこかに声を送られている、という薄気味悪い気分にさせられているのであれば本末転倒そのものという気がするのは僕だけなのでしょうか……。もっとも進歩を否定したり止めたりしてしまっては人間の文明はその時点で歩みを止めるのだから難しいところなのだけれど、どうにも僕には、もっと他の方向への文明の歩みがあったのではないか、いや、これからでも他の方向を目指すべきではないか、との想いを払拭することができないのです。

音声認証を使えば、なんでも出来ちゃいますね。なぜか、悪いことばっかり思いついちゃうのだけれど、例えば、超過勤務の残業代未払いで労基署が入り込んできた場合によくあるのは、労働者の会社のPCの起動時刻とシャットダウン時刻を調べるというものです。が、逆に出社もしないで定時にPCを立ち上げて定時にシャットダウンすることで出勤を偽装できますし、もっとヤバイことだってできます。オンライン授業なら、先生のパソコンをシャットダウンさせることも可能のように思います。笑い話として大学のオンライン講義で「アレクサ、照明を消して」と言って先生の自宅の部屋の照明を消してやったなんてのもありました。これは笑い話だけれど、シャレにならない使い方も可能だということです。

なんとなれば、これだとセキュリティをロックしようがありませんから、本気で情報を抜き出そうと思えばできるでしょう。担当者はそれでもロック可能だ、と言うでしょうが、人間の考えたことは絶対にどこかに穴があるからです。つまり、われわれはそういう社会に生きているということです。

註

（1）コンピュータ科学から始まって、情報科学、物質系（物性）、化学系、そして生物系など、要するにほとんどすべての学問分野でこうした研究は進んでいます。こうした科学系だけでなく、哲学では古来より思考についての哲学は王道であり難問と言えるでしょう。

（2）進歩の結果、人間は思考の神秘に肉薄し、やがて解き明かすという見通しとそれとはまったく反対の見通しがあります。大方、理科系の人が「解き明かせる」と述べている場合が多くて、文科系（哲学者）のほとんどは懐疑的です。ちなみに僕は半分理科系で半分文科系なのだけれど、後者の方ですね。これを解き明かすことは宇宙が、そして世界が何であるかを解き明かすことと同じで、どこまで行ってもそれは謎のままにとどまり続けるだろう、と思います。

（3）ここで何かひっかかりを感じた人はかなりセンスがあるでしょう。僕は、ここでどうにもならなくなって「考えるということを考える」という論理でものを言ってしまったのですが、これは本講義の根幹にも関わってくることです。ありていに言えば、この講義、「思考の技術」は考えれば考えるほど『考える』を考える」という形になっており、というかならざるをえず、これをより深めてゆくことが本講義の究極の目的でもあるからです。

（4）波頭亮『思考・論理・分析「正しく考え正しく分かること」の理論と実践』（産業能率大学出版部、二〇〇四年）、波頭亮『論理的思考のコアスキル』（筑摩書房、二〇一九年）。
　この二冊は単純なロジカルシンキングのハウツー本などではなく、キッチリした読み応えのある良書です。おそらくこの種の著作物の最高峰だろうと思われます。ご一読あれ！

（5）先に「長足の進歩を遂げているにもかかわらず、あるいはそれだからこそ分からない」という趣旨のことを述べたのですが、その趣旨は、ここで述べたように、本当にこうした方向性で正しいのか、ということすら究極的には分からないからです。方向性が正しくとも（大まかに間違っていなくとも）何か重要なものが抜け落ちてしまっていれば、どこかで根本的な困難に突き当たることは必定と言えるからです。
　この困難が何であるかを次から明らかにしてゆくことで思考の本質に接近してゆきたいと思います。

第2講義　思考のパラドクス

今回は、思考を議論する際に、より本質的な問題点を浮き彫りにすることにしましょう。思考を説明しようとして論理的に詰めていくと思考が消滅するに至る、というパラドキシカルなお話です。哲学的に論理を詰めていっても、科学的な側面から議論しても思考も私もどこにも存在しそうにありません。

しかし、この議論は、古来より様々に論じられてきた議論の現代版にすぎません。例えばデカルトの心身二元論はここでの議論で明確化する思考の消滅と同じものです。思考の唯一無二性が私の私たるを担保する根幹なのであれば、ここに私の私たるものを保証してくれるものはなさそうです。

では、何が問題なのでしょうか？　そしてまた、私とは何なのでしょうか？　今回の議論はそうした哲学的に射程の広い問いを惹起するものです。と同時に、冗談なのか真面目なのか、ほとんどギリギリの、はたして本当に重要な問題なのかもよく分からなくなってくるようなお話です。しかし、哲学の問題って、そしてより原理的で根本的な問題ってのは冗談のように聞こえる場合が多々あったりするんです（困ったことに……）。

ということで、今回は、「考えるということを考えてみる」ということにします。もうここからしてパラドキシカルですよね。しかし、この矛盾に充ち満ちた、解き明かせない冗談のような問いを大真面目に問い続けてみることで、答えは出ないけれど、何が問題であるかをより明確にしてやろうと思っているわけです。さて、はたしてうまくいきますかどうか……。

1　説明するということ

われわれは、「思考とは何か？」と問うているわけですよね。で、これに対して答えたいわけです。そこで説明するとはどういうことかについて考えておきましょう。そんなところから明確にしておくなんて、なんとまどろっこしいことかと思うでしょうが、明確にできるところは明確にしておかないと、議論が進むにつれてどこが不明瞭なのかがまったく分からなくなってしまいます。

そこで、説明とは何か、どうするべきか、どうあるべきか、という問いです。説明とは「AはBである」という形式で表現されるものです。ここで重要なのは、AとBは異なっていなければダメだ、ということです。Bの中にAが（あるいはその逆が）少しでも含まれていれば説明にはなっていないということです。さらに哲学的に述べれば、主語Aに隠された仕方で述語Bが含まれていないということで（あるいはその逆、述語Bに主語Aがいかなる意味でも含まれていないということです）、述語Bは主語Aの概念的にまったく外側にあるということです（これまたその逆も同じ）(1)。要するに先述した通り、「説明項に被説明項が入ってはならない」ということです。言われてみれば当たり前のことです。前回、こういう話をちょっとしましたよね（三八頁）。あれはあまりにも明白で分かりやすい話だったのですが、これが複雑化してきたり、議論が込み入ってきたりするとケッコーやりがちな（で、そのまま気が付かない）ことだったりするんです。特に、問いかけと答が一文の中に入っていない場合などでは犯しがちだったりします。

もうちょっと別の説明も述べておきましょう。ここは、数学で表現しておいた方が分かりやすいと思いますから、あえて数式で表現しておきます。例えば、$3x+1=x+9$ とあったとして x について

解けと言われて $x=\frac{1}{3}x+\frac{8}{3}$ としても間違ってはいない（もちろん、x について解くということからするとまったく間違っていますが、数式の変形としては間違ってはいない、という意味です）けれど意味がないということと理屈上は同じですよね。われわれは x が欲しいわけですから。にもかかわらず、$x=\frac{1}{3}x+\frac{8}{3}$ は、x は $\frac{1}{3}x+\frac{8}{3}$ だよ、と言っているわけです。つまり、説明項に被説明項が入っている。これに対して $x=4$ とすれば解いたことになっていますよね。解く、というのもこの場合は x についての説明なのですから（x は何ですか？　という問いに対する）「x は4である」となって4の中に x は入っていないし、この逆もまたしかりですね。さらに理屈っぽく言うと、4をどれだけ眺めてみても（分析してみても）そこに x は入り込んでいないし、その逆もまた同じです。

これは物事を説明する場合のすべてに妥当するハズです。で、これをわれわれの問いであるところの「思考」＝「考える」ということに当てはめると、結果として次のような形になってしまってはダメだということです。すなわち、「考えるとは、〇〇〇と考えることである」という形式です。あるいは「考える」という言葉が入っていなくても事実上同じ内容を表しているような場合もダメです。例えば推察するとか、思念するとか、その中にはすでに考えるということが入り込んでいて不可分になっているような言葉、あるいは行為です。[2]「推察する」の場合は諸々の状況や環境、もしくは文脈などから「〇〇〇だろう」「〇〇〇かもしれない」と想像するような行為であって、これは「〇〇〇だろう（と考える）」「〇〇〇かもしれない（と考える）」のように括弧付きで「考える」が入り込んでいますよね。つまり、「考えるとは〇〇〇と推察することである」とか「考えるとは〇〇〇と思念することだ」とかした場合には、例えば「推察するとは、○○○のように考えることである」などとなって結局は「推察」を媒介にして「考える＝考える」となってどうにもならなくなります。だからこういうのもダメだということです。つまり、「考える」を説明するには「考える」を考える以外で置き換えてやらなければならないということです。先に「思考＝考える」はある種の行為であると述べましたが（一一頁参照のこと）、このことは、「考える」を別の行為、アクションで置き換えてはじめて説明したことになる、ということです。我ながらすごく明快かつ明瞭です。で、すごく当たり前のことですよね。

2　パラドクスである！

前節で述べたことを踏まえて先へ進みましょう。するとどうにもパラドキシカルなことになります。当たり前の循環論法すれすれなのだけれども、どうにも困ったことになるということを示しましょう。もっとも、ここらあたりから冗談なのか本気なのか、本当に一つ間違うと悪い冗談のような議論になってゆくのです。

再度コンピュータの事例から

前回の講義からすでにちょっと仄《ほの》めかしていたんですが、「思考」＝「考える」が消えてないか？ということです。入力を処理して規則に従って出力する（これをいちおう、「判断」と称しています、いちおうは……）だけならこれは自動処理であって、何も考えていなくてもできることです。一切の思考を排除してもできます。というか、コンピュータなんだから、機械なんだから考えてなどいるハズがない、と考えるのがそれこそ常識的な判断ですよね（ちなみに、ここで述べた「判断」という言葉は日常的な使用法だから「考える」が入り込んでいます——分かると思うけど）。判断などと言わなくても、次の図2-1のような一連の動作を仮定してみればいいのです。なお、ここで以前に述べた図1-3と図1-4、そして波頭氏のモデルの説明のところも復習してみてください（三三〜三五頁）。

ここで重要なのは自動的に「である」を付けて出力しているということです。入力されたデータを処理して出力する際に単に「○○である」として出力するということは、ここまでが完全に自動的に行われていていかなる思考も必要ないということです。考える必要はありませんよね。しかし、これで、入力されたデータ（対象）は具体的に何であるかを判断したということになりますよね。われわれに示される、われわれが観測する現象は、少なくともそういうことになります。

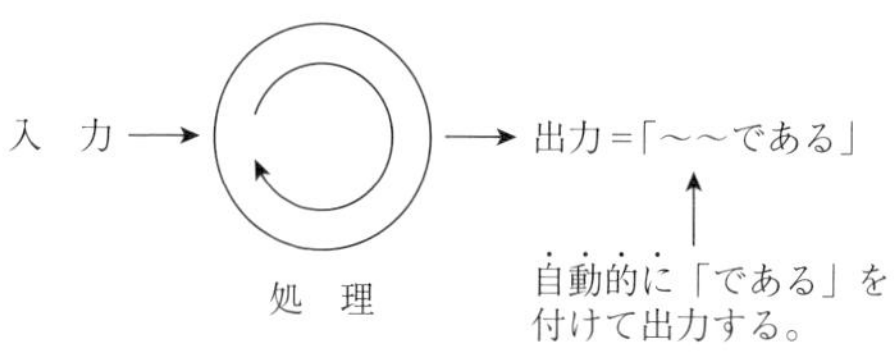

図2-1　コンピュータのデータ処理

この場合、二つのパターンがあって、客観的にこの出力を見て、見た側が「○○である」と判断した場合と、出力をもって機械がそのように判断した、と見た側が判断する場合です。微妙な違いですが、前者の場合は出力を確認して判断する場合で、後者は自分では思考しないで出力を鵜呑みにする場合です。ここで問題にしているのは前者なのですが、後者でも同じですよね。結局、どこかで何らかの判断という思考が入り込まなければならないのであって、それがどこで入り込むかという違いだけのことです。

さて、それでもまだこの一連の過程に難癖を付けることはもちろんできます。じゃあ、どの段階でデータを処理するのか、どの対象のデータを取り入れるのか、ということについても一切の恣意が入っていないとは言い切れないではないか、という難癖です。しかし、これも自動的に行えるようにセットしてやることが可能であることは明らかです。入力データなら、ある一定の情報量ごとに自動的に処理してやればいいだけですし、一定の時間間隔が空いても新しい情報が入ってこなければ処理に移る、とセットしてやってもいいです。要するになんとでもなります。入力については外的な要因で入力する場合が多いのでしょうから（コンピュータの場合は特にそうでしょう）、この場合は問題になりませんし、自発的に何かを取り込むとしてもこれだって自動的にセットすることは簡単なことでしょう。

ものすごく当たり前のことだけれど、この一連のプロセスになんの意思も思考も恣意も入ってはいないということです。データが加工されていく過程というだけのことで、ここにデータ以外のデータとは質的に異なったものが突然に出現したり入り込んだりはしていません（少なくとも、ちゃんと分析するとその種のものに見えるのは外側から入れ込んでやった何かです）。これをこの段階で確認しておきたいと思います。と同時に、これまた当たり前のことだけれど、コンピュータは考えていませんよね。常識的にも考えていないと考えられているでしょうし、こうしてトコトン理詰めで詰めていってもたしかに考えていない、と考えられますよね、間違っていませんよね。

で、このままだと、そして想定されているように人間がコンピュータと同じように情報処理をするのであれば（それが本当に事実であれば）、その情報処理が思考である、ということになって、思考とは計算である、ということになります。「あれ？　それでいいのか？」と思ってしまいますが、とりあえずはそういうことにならざるをえないですよね、理屈の展開からは。ＯＫですよね。整理してくださいよ。

じゃあ、人間の頭の中では？

では、もっと生々しくいきましょう。私たちは考えています。僕も今、考え考え、しながら話しています。では、われわれの頭の中で何が起こっているのでしょうか？　少なくともわれわれは頭で考えている、とされているのだから、この頭の中で何が生じているか、分かっていることの大筋を確認してみましょう。なお、ここで「少なくともわれわれは頭で考えている、とされている」と述べたのは、究極的にはこれも分からないからです。がしかし、頭で考えていると想定するのが常識的なのですから、まずは頭の中を覗いてやろうということです。

頭の中で何が起きているかというと、パルスが飛び交っています。で、このパルスが飛ぶ・飛ばないがオン－オフに対応しているのです。少なくとも現代科学の主流ではそう考えられています。実際に、頭をｆＭＲＩ（Functional Magnetic resonance imaging 磁気共鳴機能画像法）で見てやればピカピカ・ピコピコと明滅しているのを見ることができます。それこそ、特定の作業をさせると特定の部位が明滅する様子まで見ることができます。ですから、たしかに頭の中で大量かつ膨大なパルスが飛び交っていて、微弱電流となってそれが私たちの頭脳が活動している証拠にはなります。では、「頭脳の活動」＝「思考（している）」としてよいのでしょうか？　少なくとも現代科学はそう考えるのでしょうが、ここでもやっぱり「思考」＝「考える」が消えていることに気が付きます。頭脳の活動であるところのパルスによる微弱電流をどのように眺めてみたところで、あるいはどのように分析してみたところでそこに「思考」＝「考える」を見いだすことはできません。パルスはパルスにすぎませんし、電流は電流にすぎないし、ましてやそこから私の唯一無二性が出現するということもありません。なぜならば、それは電気信号であって、電気信号をどのように加工しようとも、分析しようとも、もともと含まれていない何かに変貌することは原理的にありえないからです。カント流に述べれば、パルスに思考の萌芽のようなものが含まれていなければ（含まれていないとするのが現代科学の教えるところでしょう）これをどのように集めようとも思考は出てきません。したがって、原理的にそこに思考も私もないと言わざるをえません。「私」については、なぜならば、思考の唯一無二性こそが私の私たる究極の根拠だからです。――少なくともそう目されていると述べてもいちおう異論はないでしょう[3]。なお、この身体との関連は後ほど議論することになります（第6講義以降を参照のこと）。

論者によっては、このパルスの束が作る電流のパターンの違いが個々人の違いに相当しており、私の私性はこのパターンの相違に還元される、といった類いの議論を展開しています。がしかし、それでは、コンピュータとの違いは何か？　という問いに答えることは原理的にできなくなります。なんとなれば、コンピュータだって、集積回路の中をパルスが飛び交っているのですから。それともコンピュータであってもなんらかの私たる私性を持っていると言えるのでしょうか？　つまり、なんらかの意識なり思考なりがそこにあるのでしょうか？　議論は先述したことに逆戻りです。なお、これもまた後ほど考察することになると思います。

再び計算から考えてみる

一見するとここまでの議論とはさほど関係なさそうなことについて考えてみましょう。九々《くく》の話です。小学校低学年の時に習ったやつです。九々とかけ算の関係をよくよく考えてみることで、思考と思考の技術、あるいは思考を説明するということについてあらためて考えてみよう、ということです。

そこで、なぜ九々なのか、ということですが、九々は、かけ算の道具ですよね。「にさんがろく」「しちはごじゅうろく」……などと呪文のように覚えてしまっているからかけ算の道具になるんです。が、よく考えてみるに、九々はかけ算の道具だけれど、九々を覚えることで何が生じるかというと、他ならぬかけ算を行わなくなる、あるいはかけ算を行わなくてもかけ算の結果を出力することができるようになるということです。じつはここにも、思考のパラドクスが、というか「思考の技術」なるもののパラドクスが隠れています。こうした技術、この場合は九々を身につけるとかけ算をする必要がなくなるということは、考える技術を身につけると考える必要がなくなる、ということです。あるいはよりよく考えるということは、こうした技術をふんだんに身につけることで考えなくてもいいようにすることなのか、という根本的な疑問にぶつかります。九々は反射的に結果を出す道具なのであれば、思考するための道具＝技術を身につけると考えなくてもいい、というおかしな結果と相成るわけです。

ここで想定される反論をあらかじめ述べておきましょう。それは「かけ算とは、そのようないわば脊髄反射のように自動的に数値を出すことである」、あるいは「そのように出力することがかけ算である」というものです。が、しかし、もし、そのような脊髄反射がかけ算なら、それはそもそも計算なのか、という根本的な疑問を抱かざるをえません――もっとも、これはすごく微妙なところなのですよ。

それでは、そもそもかけ算とは何なのでしょうか？　とにかくここから考えてみましょう。例えば、5×7とはどういうことなのか、ということです。これを分析してみるに、5×7とは「5を7つ足す（＝5＋5＋5＋5＋5＋5＋5）」ということです。つまり、かけ算は分析的に足し算に還元されるのです。で、かけ算を本当の意味で行うとは、例えば5×7は？　と言われたらかけ算とは何であるかをかけ算の定義に立ち返って認識し、5を7つ足すことだから、との結論を得て、実際に5を7つ足して35との出力を得るということです（なんとまどろっこしい！）。では、足し算は？

同じ数字を使って5＋7＝12を考えてみましょう。これはじつはカントの有名な事例でして、カントはこれを綜合的判断であると述べています[4]。5をどう分析しても、7をどう分析しても、＋をどう分析しても12は現れてこないのです。すなわち、カント流には少なくともこれがより根本的な計算であるということです（同様の論理から引き算も同じ結論になります）。であれば、計算の束であるところのコンピュータも足し算（と引き算）にまで還元されて理解されるということになります。ということは、もし仮定してきたように人間もコンピュータのように思考するというのであれば、先のパルスの束でもって計算することで思考しているということになります。あくまでも、この議論の前提である仮定が正しければの話ではありますが。

ちなみに、カントの綜合的判断と分析的判断についても紹介しておきましょう。「AはBである」という場合に、カントは次の二種類があると述べているのです。すなわち、『述語Bは、主語Aのうちに（隠れて）含まれている或るものとして、この概念Aに属しているか、あるいはBは、たとえ概念Aと結びついているにせよ、この概念のまったく外にあるかのいずれかである。前者の場合には私はその判断を分析的と名づけ、［後者の場合には］総合的と名づける』ということで、要するに大枠では説明について議論したところで述べたことです。

さて、ここでの話を振り返っておきます。つまり、九々はかけ算を自動化するワケですね。そうすると、かけ算をする必要がなくなるわけです。で、突き詰めて行くと計算の根本は足し算であるらしい、ということです。だから、すべては足し算に還元されるのではないか、ということですね。

消えた思考の実体

ここまでで申し上げている議論が、ここまでに取り上げてきた思考が消える議論とパラレルになっていることはOKですよね。いずれも「実体」に相当するものが取り出せないですよね。取り出せないどころか、この議論に沿ってゆくとそもそもそんなものはないのではないか、と言いたくもなってきます。どのように議論しようが、そしてどの事例でも「考える」が消えちゃうということです。考えていないわけです。……というか、考えているとは思うし、たしかに自分は考えているんだけれども、「考える」を説明してやろうとして、理詰めで詰めていくと人間の思考とアナロジーがあると考えられている（仮定されている）コンピュータの事例からも、生理学的な事例からも「思考」＝「考える」が消えているわけです。それどころかこのままでは「私」が消えかかってすらいます！

「当たり前じゃないか！」とお思いになるでしょうねぇ。僕も当たり前だと思っています。だって、自分で「説明するには、説明項に被説明項が入ってはならない」と明確に述べて、いわば、説明項から自分で進んで「考える」を消したのですから。だからこれは、ほとんど循環論法すれすれというか、いや循環論法そのものなのです。(5) 少なくともこの記述ではそういう側面があることは事実でしょう。しかし、これが非常に深刻で重要な問題を含んでいることはお分かりいただけるんじゃないかと思うのです。

というのも、これは、結局のところ、デカルトの心身二元論にまで立ち戻らざるをえない哲学の根本問題についてちょっとばかり現代的な衣を着せた問題にすぎないからです。あるいは、デカルト以前かもしれません。いずれにせよ、「思考」＝「考える」を説明するには、外側から何かを入れ込むか、もしくは内側から何か異質なものが突如として出現してくることを認めなくてはならなくなる。さらに、思考の唯一無二性が私の唯一無二性とパラレルであるならば、私はどこから出現するのか、ということです。つまり、なんと！　我ら人類の哲学はデカルトから何も進んでいない、何も分かっちゃいない！という恐るべき（でもじつは当たり前なんだけれども……）結論を是認せざるをえないということです。

そしてまた、この問題はじつは現代物理学の非常に困難な問題——量子力学の解釈問題とも密接にリンクします。というか既視感を覚えるほどパラレルですらあります。これらは後々ゆっくりと紹介し、議論することとしましょう。

コラム2　心身問題

まずは、デカルトの心身二元論から簡単にお復習《おさらい》いしましょう。これは有名なので多くの人が知っていると思います。

デカルトは、世界を二つに分けたことで知られています。すなわち、心（あるいは魂、意識などとも言われるけれど、どちらも同じであると思って外れてはいません）と身体です。で、この身体はもっぱら物質的な側面での身体ということです。デカルトは、この身体を作る物質のみを科学の対象とすべきである、と述べているのです。

デカルトの言う通りであったにしても、では、どのようにして物質に心は宿るのでしょうか？　いきなり降ってくるのでしょうか？　あるいはいきなり出現するのでしょうか？　と言いながら、これは、本論で述べたことと結局は同じ問題だなあ、とあらためて思いますよね。というのも、先の議論で私の唯一無二性がどこから出現してくるのか、という議論を行いましたが、判断の束からそのような異質なものが出てくるハズがない、という結論に至ったのでした。もし出てくるのであれば、カント流に述べれば主語の中に述語があらかじめ含まれているような事態であって、十分に分割・分析しきれていないことになるでしょう。しかし、ご安心を。というのも、あれだけ「判断」を機械的で自動的で一切の恣意的で意図的で、つまりは思考につながるようなものを排除したのですから。

ということは、私が消滅することを認めるか、あるいは思考についてのありとあらゆる仮説が間違っていた（もしくはどこかで不備がある）ということになります。どちらが正しいのでしょうか？　あるいは両者に折衷案はあるのでしょうか？　そしてまた、結局のところ「私」とは何なのでしょうか？　デカルトの哲学的開眼より、いや、人類の歴史と同じほど古いこの問いは、現代になっても、まったく色あせることなくわれわれに根本的な問いを突き付けてくるのです。

註

（1）これはカントが『純粋理性批判』（A6/B10）中で述べている分析的判断と綜合的判断の違いのことです。例えば、イマヌエル・カント著、原佑訳、『純粋理性批判　上』（平凡社、二〇〇五年）の九八頁を参照のこと。ちなみに（A6/B10）はこの業界では原著のAが第一版、Bが第二版を指していて、6と10はそれぞれの頁です（初学者のためにも記しておきます）。

（2）なお、ここで、じゃあ「判断」はどうなんだ？　というもっともな疑問が出てくることでしょう（ちょっと述べた「判別」でも同じですよね）。これも日常的な通常の言葉の使用による判断の意味からすると、ここには「考える」が入っていますよね、本当は。なぜならば、判断とは、「判断する」ということであって、「する」はこの場合は行為そのものであって思考という行為ですよね。ですから「判断」＝「〜のように考える」ということだから、本当は考えるが入り込んでいます。がしかし、そうなると考えるが入り込んでいない言葉を作らなければ話が先に進まないので（記述文字なら「判断機械」とか「判断自動」などとサフィックスを付ければいいのかな。それにしても面倒ですわなぁ……）、とにかくは上述のように便宜上、「考える」が入り込んでいない自動的な動作としておいたのです。つまり、ここではそう定義する（定義させてくれ）ということです。これらは次節「再度コンピュータの事例から」でも議論します。
　ちなみに、その前の「思考」＝「考える」も厳密にやるとイコールではないのかもしれないけれど、同じような意味でイコールとさせておいてください。

（3）なぜここでこんな回りくどく「いちおう異論はない」などと述べたのかといえば、「身体性」についての議論を欠いているからです。私の唯一無二性は思考と身体の唯一無二性の両面から考えなければならないとするのが常識的な判断でしょう。

（4）イマヌエル・カント、『純粋理性批判』（A6/B10）——訳語は原佑版『純粋理性批判　上』（平凡社、二〇〇五年）九九頁を用いた。

（5）と言いつつ、ちょっと言い訳をさせてもらうと、「考える」を消す議論を最初に行っておいたのは、前の講義で述べた「判断以外のもの、判断以上のものが出てくるはずない」を別様に述べておいた方が分かりやすいかな、と思ったからでもあります。で、じつはここはいくらか論点と結論の先取り的な話になっているのです。

第3講義　思考実験

ここでは、思考実験について講じます。科学上の代表的で有名なアインシュタインの思考実験を二つとアラン・チューリングによる「チューリング・テスト」の概要、そしてジョン・サールによる「中国語の部屋」という思考実験の概要を述べます。

前者、アインシュタインのものは、思考実験のお手本のようなものです。また、もっとも劇的でもっとも成功した事例として紹介します。後者の二つはいずれも思考について、そしてＡＩについて議論する際の重要なツールとなりえるものです。思考実験については、この講義の文脈から離れてもその設定の仕方を習得することは、ものを考える際の有益なツールになるであろうと思われます。

1　前回の説明から

思考とは何ぞや、とゴチャゴチャと考えているのですが、前回あたりからえらいことになってきております。というのも、「思考」＝「考える」が消えちゃうからです。さらには「私」も消えちゃってないか？　などということになっているんですから。

そこで今回はちょっと視点を変えて「思考実験」なるものを紹介しようと思います。――と、ここでも「思考実験」と「思考」による実験でまたまた「思考」なのですが……。が、しかし、ここはあまり原理原則にこだわらないでくださいませ。話が進まなくなりますから、あくまで通常の言語使用ということで。

そこで、具体論に入る前に行きつ戻りつとなるのですが（こうやって幾度か行きつ戻りつするので、その都度、該当の箇所を明記することにします）、前回の確認を一つしてから思考実験の紹介に入ろうと思います。

まずはちょっとした確認です。

前回、説明ということを議論した時に「説明項に被説明項が入ってはならない」と述べたのですが、ここで、思考から思考が消えてしまったことをこのように被説明項を説明から排除してしまったからであるかのような説明になっているように思われる傾きもあるかな、と思うのです。がしかし、よく考えていただくと、これはそうではないですよね。このように説明が規定されるべきであるから、ということが理由になって思考から思考が消えてしまっているのではないからです。説明についての議論がなくとも思考を現在の知見で説明しようとしたら思考が消えてしまう、という話であって（文脈的にはむしろ、こちらが先にあって）、説明項についての議論はむしろそれを論理的に担保する議論なのです。論理的にもやっぱりそうなりますよね、ということです。

で、次に思考実験とは何か？　ということについてです。

2　思考実験とは

このところ、思考実験というものがちょっとばかし高尚な日常会話なら出てくるようになりました。哲学の議論ではもうほとんど当たり前のツールになってすらいます。が、これを歴史的に有名にしたのは、そしてまたおそらく最も有効的に用いたのは物理学者のアインシュタインなんです。そこで、ここではアインシュタインが何をどうしたのかを説明しましょう。ただし、物理学者は常に思考実験をしているとも言えます。アインシュタインの登場よりも早くからです。というのも、物理学者は、頭の中で通常ではありえない理想的な状態を仮設して、モデルを設定し、そこから方程式を組み立てるということを日常的におこなっているからです。この方法論を劇的かつ見事に用いたのがアインシュタインだった、ということです。それは、当時の常識では想像できない設定の仕方だったのです。

アインシュタインを一躍有名にしたのは彼の「相対性理論」です。相対性理論は二つあって、特殊と一般です。この両方に特徴的な思考実験が付随しています。まずは、通読書などで比較的よく知られている特殊相対論の場合から紹介し、次に一般相対論の場合を紹介しましょう。

特殊相対論——光の速さで光を追いかける思考実験

これは、アインシュタインの思考実験でもっとも有名なもの、あるいは思考実験という言葉を有名にした、まさしく思考上の実験です。表題の通り、アインシュタインは光の速度で光を追いかけたら光はどう見えるだろうか、と想像したのです。もはや、この想像をしてみることからしてほとんど常人にはなしえないことです。そして、そう想像してみることからアインシュタインは時間と空間の概念を根本的に変えてしまったのです。

さて、では、概要です。

例えば、高速道路上を時速一〇〇㎞で走っていた場合に後方から時速六〇㎞で近づいてくる車がいれば、その車は時速一六〇㎞で疾走しているということになります。また、すれ違う場合でもこちらが時速五〇㎞で走っていて対向車が一〇〇㎞で近づいてくるように見えれば対向車は時速五〇㎞で走行しているということになります。ここでは速度の加減法が成立しています。

しかし、光についてはこの加減法が適応されないのです。マイケルソン＝モーリーの測定によると、光速で飛び去ってゆく光を光速で追いかけてもやはり光は光速で飛び去ってゆくように見えるのです[1]。アインシュタインはこの結果を受け入れるように思考を進め、ここから演繹的[2]にローレンツ変換[3]が定式化され、時間と空間の概念を一変することとなるのです。そして有名な公式$E=mc^2$が導かれるにいたります。なお、この有名な公式はじつは比較的簡単に導出できます。

一般相対論――加速度と重力に関する思考実験

次に紹介する加速度と重力についての思考実験は一般的にはあまり知られていないものです。しかし、より哲学的・認識論的に重要なものはむしろこちらではないか、と僕なんかは思うのですが、まあ、それは追々お話することにして、ともかく概要です。

アインシュタインのみならず、物理学（理論物理学）の偉大さは、異なったものを理論的に架橋してしまうことにあります。この思考実験が指し示すものも、そういった類いのものです。もっとも、最初のものも、時間と空間という異なったものを文字通り架橋してしまうのですが、こちらの方がより深刻な影響を与える結果となります。

アインシュタインは次のように想像します。まったく外が見えない、窓の付いていない小部屋（エレベータ）に乗っていて下方に加速度gを感じたとしましょう。ここで、加速度を感じる、というのは床に立っていることができるという意味です。ということはわれわれが地上に立っていることができるのは重力加速度という加速度を受けているからです（ちなみに、この加速度〔重力加速度〕のことをニュートンは万有引力として定式化したのです）。この設定で、はたして小部屋の中の人間はその小部屋が加速度gで加速して運動しているのか、それとも単に地球上にあるのかを区別できるのだろうか、というのがアインシュタインの問いです。で、答えは区別できないであろう、というものです。

ここからほとんどコペルニクス的転回ともいえる認識上の大転換が引き起こされます。つまり、両者を区別できないのであれば、加速度（引力）を引き起こす物体である惑星の有無は第一義的なものではないということです。これまでは、惑星（物体）があるから引力たる加速度が生じると考えられていたのです。がしかし、この思考実験の示すところはまったく逆であって、引力があれば（加速度があれば）それに見合った幾何学的な曲率が時空に存在するということであり（そこまでしか言明することはできず）、したがって、物体である惑星はその実体的形象を奪われて、ただの幾何学的な時空の曲率に還元されてしまうことになります。(4)

まとめてみると

いきなり物理学のお話でいささか難解だったかもしれませんから要点をまとめておきましょう。つまりは、次のようなことです。

【古典物理学的――つまりこれまでの理解】
物体がある ↓ 重力がある（加速度がある）。
つまり、物体が加速度の原因であった。

【一般相対論――アインシュタインの理解】
加速度がある ↓ 重力を発生する何かがある。

ここで重力を発生する源は物体である必要はなく、ただ加速度運動をしているだけでもいいということです。加速度運動と物体の有無は現象的に異なってはおらず、両者は時空の曲率へと統一的に還元されて理解されます。つまり、認識論的には実体概念から関数概念への移行であり、物体の存在（物体が存在するということ）は原因ではなく一つの結果にすぎない、とされるのです。

アインシュタインの偉大さは、まさしく考えるだけで、言い換えれば思考の中でこのような実験を行い、こうした世界像の大転換を生ぜしめたという、この一点にこそあるのです。人間の思考力は世界を変貌させる力を有するのです。

以上がもっとも劇的で華々しい思考実験の事例です（第14講義でカルノー・サイクルを考察する際に、もう一例、物理学の思考実験を扱います）。

以下はこれほど劇的ではありませんが（そして有名でもありませんが）、哲学の現場で、そしてまた、この講義の流れの中で重要な位置を占めると思われる思考実験を紹介しましょう。

3　思考について考えるための思考実験①――チューリング・テスト

チューリング・テストはその名称の通り、イギリスの数学者で哲学者のアラン・チューリングによって一九五〇年に提唱されました(5)。

さて、概要です。

まず、二つの独立した部屋を準備します。一方の部屋に試験者を待機させ、一方の部屋にＡＩと人間を待機させます。試験者はＡＩとも人間ともモニターに表示される文字で会話して、自分が会話した相手がＡＩなのか人間なのかを判定しようと試みるのです。これが、チューリングが最初に設定した実験の状態ですが、面倒くさいので、一方にAIと人間を同時に待機させる必要もありません。試験者にもう一方の部屋にいるのが人間かAIかを知らせないで会話を行い、自分が会話をした相手はAIか人間かを判定させればよいのです。これで概要はまったく同じです。

ちなみにチューリングはどれくらいの人を騙せるかが（試験者がAIを人間だと判断すれば）、そのAIが知性を有する目安になる、と述べています。すなわち、思考している目安だ、ということです。ただしあくまでもチューリングがそう述べているだけで、考えてみると分かると思いますが騙せたからといって知性がある（思考している）と即断できるわけではありません。

もっとも、これを実際に行ってみると（設定はすごく単純なのですぐできますよね）、厄介な問題が生じます。試験者は相手がAIではないか、と思っても相手が裏をかいてAIのように振る舞っているんじゃないかと邪推してしまったり、AIの代わりに試験者の相手をする人間も意図的にちょっとAIっぽくトンチンカンなことを返してやろう、などと思ってしまったりするんです。

しかし、概要はよくできた実験で、今日では実際に行われていてAIのレベル判定などに使われる場合もあります。したがって、技術の進歩によってこれはもはや厳密な意味での思考実験とは言えない状態ですが、チューリングが提唱した時には、まさしく思考のレベルでの実験だったのです。(6)

4　思考について考えるための思考実験②——中国語の部屋

続きまして「中国語の部屋」という思考実験です。

「中国語の部屋」という思考実験は、アメリカの哲学者ジョン・サールによって提唱されました。(7)概要は次のようなものです。

まったく中国語が理解できない人に外から中が見えない部屋の中に入ってもらいましょう。この部屋の中の人は部屋に作られた小さな窓口から差し込まれる中国語の書かれた紙片で外の人とやりとりをするのです。窓口は紙をやり取りするだけで他のことはいっさいできないとします。むろん、中の人は中国語などまったく解しません。しかし、部屋の中には中国語で書かれた質問（外の人から差し込まれる紙片に書かれた文字）に対応するためのマニュアルがすべてそろっており、中の人は差し込まれた紙片を見てこのマニュアルに沿って中国語を書いて返答をするのです。

ここでマニュアルに沿って、と単純に書きましたが、部屋の中にはあらゆる中国語の会話に対応するためにあらゆる中国語のリストがあって、それに対応する中国語の返答もすべて書かれていると想定しましょう。つまり、中の人は差し込まれた紙片に書かれた文字を部屋の中にある膨大なストックと照らし合わせて確定し、そこに記載された中国語を書き写して差し出せばよいのです――もちろん、こんなことが現実的にできるハズはありませんが、問題はそういうことではなく、原理的にこういうことを行う、という設定です。

この場合、マニュアルが完璧なのだから、部屋の外にいる人は中の人と中国語で完璧なやりとりをしたと思うことでしょう。したがって、外の人は中の人が思考していると確信することでしょう。で、もうお分かりのことと思いますが、さて、このセッティングにあって、中の人は思考したと言えるのでしょうか？　思考などしていないのでしょうか？　あるいはこの場合は部屋が（現象として）思考した、と言って差し支えないのでしょうか？

これまた明らかだと思いますが、この中の人をコンピュータの中のプログラム、部屋をコンピュータと読み替えれば、「コンピュータは思考するか？」あるいは「コンピュータのプログラムは思考するか？」というわれわれがこの講義で論じている問題そのものになりますよね。

サールのオリジナル版は、ここで紹介したようなものですが、膨大なストックを部屋の外に出してプログラムに置き換える、外の人には紙片を差し込むのではなく母国語で喋ってもらってそれを部屋の外にいる人やＡＩのプログラムに聞かせて中の人に指示を与える、などなど、いくつかの変形版を考えることができます。原理的には中の人を外に出してしまうことすら可能だと僕は思っていますが、これらはこの講義の中で重要な考察対象となってきます。この段階では皆さんは今、ここで示唆したような設定に変形した場合のことを想像してみてそれが可能であることを確認するように努めてください。ちょっとした練習問題のようなものですが、詳細は次の講義でお話しします。

ちなみに、サールは、このシステムは中のシステムが統語論しか持ちえておらず、したがって意味論を含んではおらず、思考しているとは言いえない、と述べています(8)。端的に述べると機械的に言葉を並べているだけだから、つまり、そこに意味など見いだしてはいないし、意味を取っての行動でも、意味を発生させての行動でもないから、思考しているとは言えない、ということです。僕もサールの言っていることにまったく賛成です。ということは、やっぱりコンピュータは考えてなどいない、と結論せざるをえません、少なくともこのままでは。しかし、このサールの設定であっても、やっぱりなんだかモヤモヤしますよね。で、考えるとはそもそもどういうことか、とやっぱり考え込んでしまいます。

5　進化したSiriによるプチ思考実験

以上四つの思考実験を紹介しました。最初の二つは物理学——科学上のもので、きっちりとした答えが出ます。残りの二つは主に哲学的なインプリケーションを多く含んだもので、（チューリング・テストのように）実際に行ってもきっちりと確定した答えが出ません。というか、後者の二つは、答えを出すというよりも、むしろ問題のありかをうまく照らし出すタイプのもので、何が問題かをうまくクリアーにしてくれる役目、そして、そうした効果があります。言ってみれば、うまく議論するための道具でもあるのです。

ところで、ここで紹介した哲学の二つの思考実験から何を思い浮かべましたか？　チューリング・テストの設定を聞いてSiri（コラム1参照）を思い浮かべた人は多いのではないでしょうか。現状のSiriはハッキリ言って、時にいささかトンチンカンで笑っちゃうような対応をしますよね。しかし、これが完璧になっていったらどうでしょうか？　先の雑談で人の声をじっと聞いていていきなり起動するSiriのことを話題にしました。雑談では、「煩わしい！」で済ませてしまいましたが、皆さんは、Siriがほとんど完璧で、ほとんど人間と区別できない状態にまで進化したらどうします？　僕は先の雑談で言ったように、Siriを無効にしてしまったのだけれど、皆さんならどうでしょうか？　つまり、ほとんど人間のように対応してくれるSiriに常に自分の会話を聞かせておきますか？　それともなんかイヤな気分になって無効にしますか？　中には、聞いてくれているからこそずっと聞いていて欲しい、という人もいるのかもしれませんけど。繰り返しますが、現在のレベルのSiriを想定してはダメですよ。あれはまだわれわれの感情を揺さぶるようなレベルにはなっていません。

そこで最後に進化したSiriを用いたプチ思考実験を提示しておきましょう。

Siriがほとんど人間と同レベルの対応をするようになったとします。先の言い方だとわれわれの様々な感情を引き起こすようなレベルにまでなったとします。この場合、皆さんはSiriを使い続けますか、それとも使うことを止めますか？　さらに、Siriを無効にすることができない場合、つまり、ずっと会話や自分の周辺の音を聞かれている状態が続くとしたらどうしますか？　僕は早々にSiriの設定を切ってしまいましたが、それは、一つには煩わしかったからであり、もう一つには、自分の会話や声、ある

い は周辺の音がSiriに、というのではなく、Siriを通してクラウド上のＡＩに収集されている可能性（というか多分、確実に）が腹立たしかったのと気分がよくなかったからです。がしかし、ここでは、クラウド上のＡＩに聞かれている云々はおいておきましょう。これはもう確実に聞かれていると思った方がいいし、情報は気を付けていてもいつの間にかほぼ確実に抜き取られているだろうし、心配しても気分が悪くともどうにもならないレベルにまで来てしまっているようにも思うからです。だから、Siriを通した自分の携帯にとりあえずは限定して考えてみてください。もちろん、答えなど出そうにありませんが、まずはこれが一つです。

それにしても、これは、人間とＡＩ、あるいは機械との今後を考える上で重要な思考実験なのかもしれません。今後、心理学的にも考えてみなければならない問題でもありましょう。この講義では直接的に「気分の問題」としてこのプチ思考実験に戻ってくることはありませんが、間接的にこの設定の含意に戻ってくるだろうと思います。それは思考のアウトソーシングということを問題にする時です。

それは例えばこんな状態です――今度は、このSiriが勝手にいつの間にか君の会話を聞いていてくれて、それ故に、君が何者で君がどんな趣向を持っているかも完全に把握しているから、君の求めに応じて（あるいは求めなくともじつに適切なタイミングで）すごく適切に反応してくれるとしたらどうしますか？　ここまでくると、もうSiriと限定する必要はないですよね。君のスマホが、あるいは君のＰＣが、君が端末を前にして行ったことをすべて記憶していて（それは今でも原理的にそうです）、それに応じて反応してくるのです。これがほとんど完璧になったらどうしましょうか？　あるいは求めていないにもかかわらず適切に反応してくれる、と拡大しておいてもあまり変わらないのかもしれませんが、とにかく、これが二つ目の問いかけです。

このプチ思考実験は、チューリング・テストと中国語の部屋をちょっと変形したようなものです。どうでしょうか？　想像してみてここで述べた二つの思考実験が、現実とものすごくリンクした話になっていることが理解できたでしょうか？

実際に、これらはほとんど同種の問題として近年、非常にリアルなものとして考察の対象になってきています。色々と示唆に富んだ議論が出てくると思うのですが、とにかく現段階ではこう述べるにとどめておきます。是非とも、色々と考えてみてください。

今回は思考について考えるための思考実験を紹介したのですが（思考実験を紹介するためにアインシュタインの思考実験も紹介していますが）、次回は、ここで提示された思考実験――チューリング・テストと中国語の部屋の思考実験――が前回の思考が消えてしまう議論とどう関連し、具体的にどういう問いへと収斂《しゅうれん》するかについて議論しようと思います。

註

（1）マイケルソン＝モーリーの測定実験の結果によると光速度は不変なのです。であるならば、光を光速で追いかけてもやはり光速で飛び去ってゆくように見えるはずである、というのです。
Michelson, Albert Abraham & Morley, Edward Williams, "On the Relative Motion of the Earth and the Luminiferous Ether", (The American Journal of Sicence, 1887).

（2）演繹的、あるいは演繹とは、ある特定の前提から飛躍することなく論理を辿っていって（論理を詰めていって）、具体的な結論に到達すること、あるいはそうした推論のことを言います。アインシュタインの場合は、「光速度不変」であるという前提から（言い換えれば「光速度が不変であるならば」と仮定して）論理的に時間と空間の相対性を導くのです。
これに対して帰納的、あるいは帰納とは、個別具体的な事例から一般化を行う推論のことを指します。例えばAで甲という法則が成立し、Bでも甲という法則が成立するのであればCやDでも一般的に甲という法則が成り立つであろう、と推論することです。この場合、一つでも例外が現れると理屈上は法則の妥当性は疑われます。がしかし、その例外を文字通りに例外化することで法則の法則性は守られると同時に法則の適応範囲が定まってきてより堅固な法則になる場合もあります。例えば、それによって法則が成立しない条件がよりクリアーになって法則がよりブラッシュアップされる場合もあります。もちろん、決定的に崩れてしまう場合もあるでしょうが、大方は、ここでの説明の通りに、法則性の厳密化がなされる場合が多いと思ってほぼ間違いないでしょう。というのも、われわれの日常的な推論はほとんどが帰納であり、われわれは個別具体的な事例から一般的なものを構築している場合がほとんどだからです。そして、その帰納的に一般化されたものから外れるものは例外事例として一般論をより豊かにしてくれる場合が往々にして多いからです。

（3）ローレンツ変換とはある慣性系から別の慣性系へ変換される場合の変換式であり、次のように表されます。すなわち、慣性系S(t, x, y, z)から慣性系S´(t', x', y', z')への変換はx軸に沿って速度vで慣性系S´が相対運動しているとして、

$$t' = \frac{t-(vx/c^2)}{\sqrt{1-v^2/c^2}},\ x' = \frac{x-vt}{\sqrt{1-v^2/c^2}},\ y' = y,\ z' = z$$

となります。ここでcは光速度で、tは時間、x、y、zは空間座標です。

（4）エルンスト・カッシーラー、山本義隆訳『アインシュタインの相対性理論』（河出書房新社、一九九六年）を参照のこと。

（5）A. M. Turing, "Computing Machinery and Intelligence" (Mind, Volume LIX, Issue 236, October 1950, Oxford pp433-460).

（6）実際に行っているものを思考実験と称するのに違和感を感じる人もいるでしょうが、ここらの境界線は微妙なところです。後に実際に行うことができるようになった、というものでも示唆的で事の本質を穿つような設定を持っている場合は思考実験として残る（そう呼び続けられる）場合が多いようです。

（7）John R. Searle, "Minds, Brains and Programs" (Behavioral and Brain Sciences 3, pp417-424). 邦訳文献としてはジョン・サール、土屋俊訳『心・脳・科学』（岩波書店、二〇一五年）の二七～五三頁に詳しい。

（8）統語論とは、端的に言ってしまえば文法のことです。これに対して意味論とは、文脈や状況から生じてくるその言葉の意味を問題にするもので、想像の通り、ＡＩは意味を適切につかむことが苦手です。ただし現段階では、という但し書きが付くのですが……。

例えば「僕は唐揚げ定食」という言葉は統語論的（文法的）に間違ってはいませんが、「僕＝唐揚げ定食」になっていて、これだけでは意味をなしません。しかし、この言葉が定食屋で定食屋のおばちゃんに向けて発せられた場合は「僕は唐揚げ定食（を注文します）」というように意味をなします。サールが述べているのは、ＡＩは、この括弧を補うこと、言い換えれば文脈と状況に照らして意味をとることを行ってはいない、ということです。これらはフレーム問題とも関連してくるのですが、確かに現状ではＡＩがもっとも苦手とするものです。

ちなみにフレーム問題とは、この状況を設定することです。このフレーム問題をうまく表している絵が岡本祐一朗氏の『ＡＩに哲学を教えたら』（ＳＢクリエイティブ、二〇一八年）の五四頁の挿絵です。そこに描かれているのは、爆弾を除去する仕事を与えられたＡＩロボットが、ただ単純にワゴンの上から爆弾を持ち上げて除去するなりワゴンごとどこかへ持ち去ればいいにもかかわらず、その爆弾が乗っているワゴンを動かしたら北朝鮮がミサイルを打ってくる可能性を考え、もし打ってきたらアメリカがどう反応し、ということまで計算しようとして（問題をセットする、つまりフレームをセットするために）人々が「そんな可能性あるかー!!」と逃げてゆく絵です。

第4講義　言葉の問題

今回は前半と後半で主題が二つに分かれた形になっています。前半は前回からの続きでチューリング・テストと中国語の部屋に手を加えてみることで「人間とは何か」あるいは「私とは何か」といった問題を論じます。その際に重要なキーとなるのは「言葉」です。やはりわれわれは言葉で考えているからです。

後半は、カントのコペルニクス的転回について解説し、ここから言葉や概念が先にあって、その後に対象が出現してくるということを論じる予定です。

二つに分かれている、と述べましたが、これらは分かれているように見えるのですが、言葉という視点を導入してみると、じつは同じ論点へと収斂させることができることを論じます。ここらで、ゆるりと言葉の問題へと視点を移していってみましょう。

まずは、より深刻でオンライン講義（会議）の本質を問うような問いを発することからはじめようと思います。なお、後から、この問いが究極的にはオンライン講義（会議）などに限られた話ではないということも理解していただけると思いますが、とりあえずは、分かりやすくオンライン講義（会議）の場面などを想像しておいてください。

1　モニター上に映る人間？

モニター上に映っているのは何？

さあ、そこでいきなり本質的な問いです。私＝森川亮は今、皆さんの前にあるＰＣのモニターに映った状態で話をしていますよね（読者への注意――オンラインで講義しているんです）。しかもこれはオンライン講義の中でもオンデマンド講義といって、受講者がいつでも好きな時間に、必要なら何度でも観ることができる状態になっています。僕の側から申し上げると、僕は皆さんがこれを視聴する前にカメラの前で、たった一人の状態で延々と九〇分間べらべらと一人語りをしておりまして、そういう意味からして、これは時間も空間も超越しているワケです。ホント、個人的にはとんでもない時代になったなあ、これで教育と言えるのか、などと思ったりもするのですが、ひとまずこうした疑問は横においておきましょう。で、問いかけです。はたして皆さんのＰＣに映っている「森川亮」は何者か、ということです（図４－１）。この「森川亮」は本物の人間の森川亮なのか、アンドロイドの森川亮なのか、それともいわゆるディープフェイクの森川亮なのか、はたまたプログラムが創り上げた幻影なのでしょうか？　少なくとも「アンドロイドではない」「ディープフェイクではない」「幻影ではない」とどうすれば言えるのでしょうか？　何を根拠に区別しているのでしょうか？　仮に、皆さんが本当の人間が映っていると信じていて、ここで「そう信じているから」と述べてもさして意味はありません。ここで問われていることは、その信念の構造や、そうした信念がどのように担保されているのかを論理立てて説明してくれ、ということなのですから。

ちなみに、アンドロイドの森川亮、ディープフェイクの森川亮、プログラムによる幻影の森川亮は、

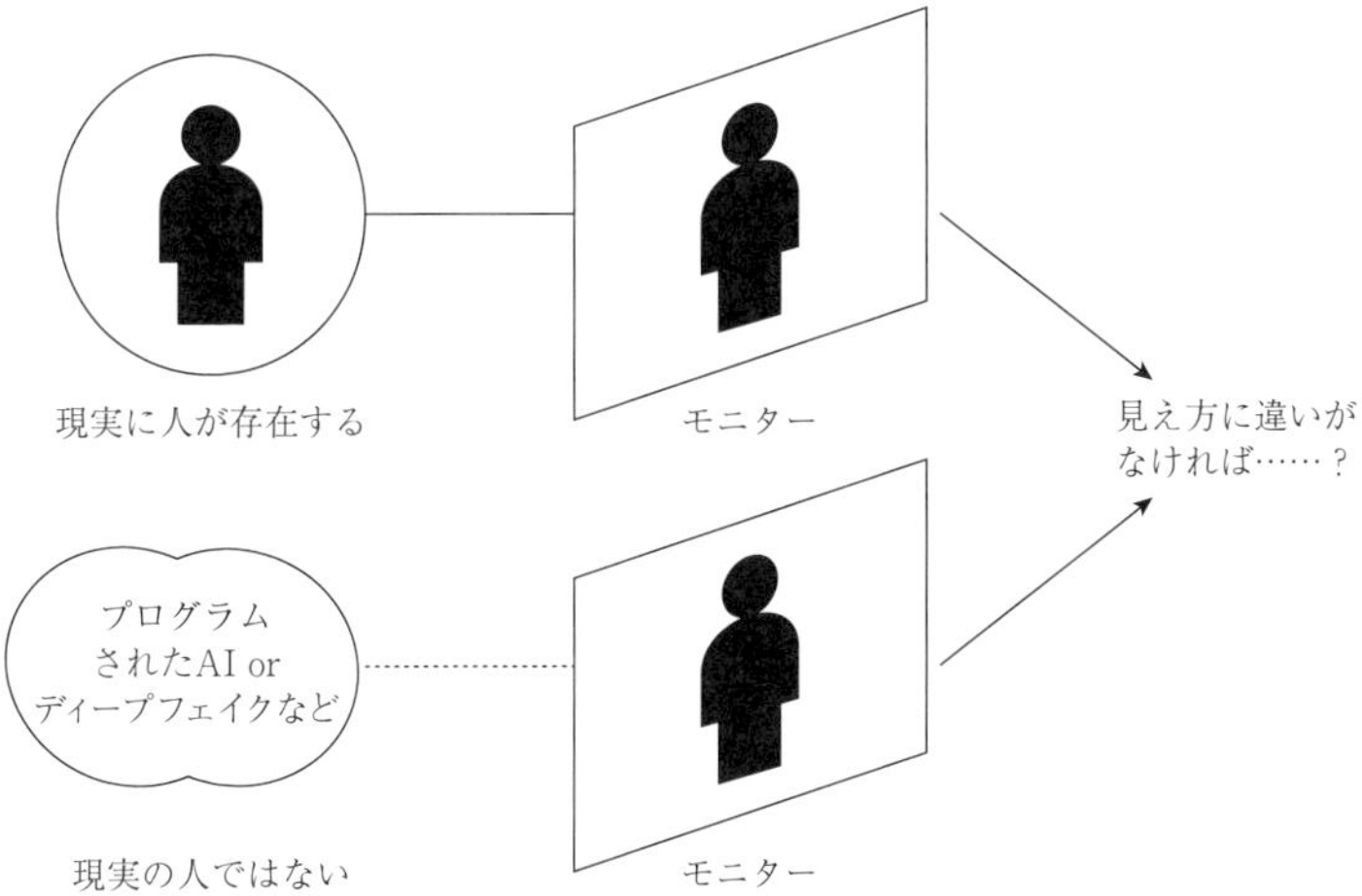

図4－1　モニター上に映っているのは……

ここでは特段に区別する必要はないでしょう。この文脈で、これらに本質的な違いはないということは納得できると思います。

そして、この問いが、ここまでに述べてきた話とすべてリンクすることも即座に納得いただけると思います。が、いちおう、復習の意味もこめて簡単にまとめておきましょう。

思考の実体という観点から

第2講義、第3講義で述べていたことは、思考の実体たる核がない、ということです。論理的に詰めていったらただの自動的な動作になってしまいかねない、ということでした。コンピュータの場合は、そもそもコンピュータは機械だから考えていない、と常識的には思われているハズなので、さほど問題は生じません。事実、コンピュータの作動原理を探ってゆくとこれはやはり（当たり前だけれど）、計算であって、この計算についても考察を進めてゆくと足し算の集合体ということになりそうだな、ということでした——まあ、仮にここまでの議論に穴があったとしてもコンピュータは思考してはいないということです。そうという思考の実体（思考の核に相当するもの）は取り出せそうにないと……。要するにうまく還元できそうにない、ということ、あるいは還元してもそこに思考などないじゃないか、ということです。

　では、人間は？　というと、これもまた困ったことになるんですねぇ。人間はいちおうは思考している、と仮定して話を進めていたのです（ということは、人間もじつは思考していない、という結論もあるのですが）。で、その際に、では人間の思考の実体、思考の最小単位のようなものは何であろうか、と詰めてゆくとこれもまた、どうも思考そのものが雲を掴むように消えてしまっているのではないか、という議論でした。

　人間の思考はコンピュータの情報処理プロセスと構造的にパラレルである、との仮定から出発した議論においても、人間の生理学的な脳の機能を考察することでも、どうもそこには思考らしきものは存在していないように思われるのです。少なくとも、この方向性では思考は謎に包まれたままのように思われるのです。

　しつこいですが、こうした結論はとりあえずの限定付きのもので、少なくともこの考察の範囲内では、ということですよ……。

人間と機械を区別するという観点から

内部構造をいじくり回して分析してみても、どうも何も分からないのです。それどころか、くり返しになりますが、考えることの実体たる核は謎を深めただけでした。そこで、現象面から見てみようというのが前回の思考実験ですよね。この講義の文脈では、いちおう、そのように位置づけられるでしょう。

　もうちょっと一般的な話に広げて述べるのであれば、われわれは通常、機械と人間、機械と動物、拡大して述べておけば物体と動物、つまりは意識のあるものと意識のないものを区別しています。これはほとんど誰に教わることもなくできています。それに、ということは、ここまでの議論は人間を扱ってきましたが、人間だけでなく、僕らのまわりにいるワンちゃんや猫ちゃんといった、動物にまで対象を広げても同じだということは言うまでもないことでしょう。先の思考実験は、こうした、僕らが当たり前だと思っていること、あるいは無意識のうちにしっかりと区別できていることへの強烈なカウンターパンチというか、そうした常識的な判断を根底から揺さぶり、境界線を曖昧にしてしまうものです。

それにしても考えてみれば、そもそもわれわれの眼前にある物体——机とかペンとか、自動車でもいいし、そうした諸々のものが意識を持たない、とどうして言えるのでしょうか。このことについても後で、間接的にですが、考えてみたいと思います。

チューリング・テスト&中国語の部屋——超変形バージョン

さて、モニターに映っている私＝森川亮は本物の生身の森川亮か、などとおかしなことを言い始めたのですが、ここでチューリング・テストと中国語の部屋の超変形バージョンを提示しましょう。これは、モニターに映っている私＝森川亮が本当の森川亮か、という問いの意味をよくよく考えてみるとかなり自然な問いではないかとすら思っています。

オリジナルの思考実験では人間なりコンピュータなりをブラックボックスの中に隠してみたと解釈することが可能でしょう。で、そこからの出力だけでわれわれは両者を区別できるのだろうか、ということです。チューリング・テストの場合は、コンピュータが十分に進化して人間に近づけば（というほどのことでもなくて、演算処理のスピードが十分に上がれば）、これらは原理的に見分けが付かなくなるでしょう。中国語の部屋の場合は、思考の実体、という観点に近くて、これまた原理上、見分けが付きそうにありません。

さて、これらを踏まえた上で問いかけに戻りましょう。チューリング・テストの場合は部屋に閉じ込められていましたが、この覆いをとってやりましょう。すると、モニター上に人間の顔の映像が現れるワケです――皆さんが見ている私＝森川亮のような映像です（こんな映像でホント、すんまへん……）。で、このモニターに映る人間と思われる映像と会話を始めるとしましょう。時間差のオンデマンドの講義だとできないけれど、ここではオンタイムのオンラインだと仮定してください（ホントは時間差でもできないことないですよね。もう細々とは申し上げませんが、考えてみてください）。さあ、この場合はどう判断したらいいのでしょうか？　その映像に映っているのは人間ですか？

中国語の部屋の場合でも姿をさらしてしまう設定にしてみましょう。部屋の壁をアクリル板などにしてしまって、外から見える状態にしましょう。ただし、このアクリル板は内側だけ（部屋の中だけ）モニターになっていてここに色々なものを映し出すことができるとします（もちろん、これは外からでは分かりません）。こういう状態で、外の人と会話をするんです（まあ、コロナの隔離板みたいなもんです）。でも、外の人がしゃべった言葉はじつはこの部屋に据え付けられたAIが聞いていてAIがこの部屋の人にこの人の母国語でモニターに指示を出してくるようになっている。もちろん、こうしたシステムになっていることは外の人にはまったく分かりません。で、中の人はその母国語で表示された文字をただ機械的に読んでいるとしましょう。そして、中の人が母国語で読んだ言葉は即座に外の人の母国語に（この事例だと中国語）翻訳されて発せられるというシステムがあったとします。中の人は異なった言語を読み上げているので口元がおかしな事になるのであれば口元だけ精巧なディープフェイクで外の人の言語に対応した動きにしてもらってもいい。もしくは面倒くさいからマスクでもしますか？[1]　もう完全にすべてディープフェイクでもいいんだけど、そうするとチューリング・テストの拡張版と変わらなくなってしまいます。重要な違いは、この中国語の部屋の拡張版に登場するのは、必ず人間である、ということです。これだけは保証されているとしておきましょう。しかしまあ、いずれにせよ、テクニカルなことは本質的なことではないでしょう。まあ、アクリル板で仕切られた中に入れられて外からコントロールされる状態の人ってことで、要するに、この講義の最初で述べたところの「思考を奪われた状態の人」そのものの姿とも言えるでしょう。

さて、どうでしょうか？　まず、チューリング・テストの場合の結論は、おそらくは判定する術がない、というものでしょう。中国語の部屋の場合は、人間の姿が見えているだけに会話している人は中の人がただただ表示された文字を読んでいるだけだとは露程も思わないでしょう。おそらく、どっちにせよどう考えても原理的に被験者は騙されるのです。

ところで、これは実際に、そして現実的にさらにおそるべき事態を想定させます。今度は、この状態をさらに発展させて、モニターの向こう側にいる人間と思しきものを皆さんの隣にやって来させましょう。中国語の部屋の中にいる人には外に出てもらいましょう。するとどうなるか？　恐るべき事態の出現です。

2　非局所的な私

あなたの隣のアンドロイド

中国語の部屋の人物は、これはまぎれもなく人物＝人間なので、ひとまずは今ここでの考察からは退出していただきましょう。後から再登場していただくのですが。

そこで、あなたの隣にいる人間と思しきものについてです。現実には、もしこれが今現在の技術で作られたアンドロイドであればそこまで技術は進歩していないから必ず分かります。本物の人間と区別できるでしょう[2]。しかし、ここでは、そういうことを問題にしているのではありません。ここで行っていることは前回の思考実験をさらに進展させた思考実験であって、現実にできるとかできないとか、という次元の問題を考えているのではないということを最初に確認しておきます。

この人間と思しきものは、恐ろしく精巧に作られています。温もりすらあります。そして対応は完璧です。ちなみに、怪我をすると血液まで流れます（痛い！　と言うようにプログラミングすることも朝飯前でしょう）。そういうものを作ったと想定しているのですが、想定なのだから原理上はどこまでも完璧にすることができますよね。繰り返しますが、現実に今現在の技術でできるとかできないとかではないんですよ。で、この場合、もちろん、あなたは隣にいる人間と思しきものがアンドロイドであるなど夢にも思いません。しかし、実際にはアンドロイドなのです。彼（あるいは彼女）の中では計算作業が行われているだけで思考はありません。こういうことは原理として可能であり、想定可能です。[3]

あるいは、次のような事態も想定可能です。例えば、私＝森川亮の頭脳を完全にスキャンしたとします。で、この情報をクラウド上にアップします。すると原理的にはクラウド上に私＝森川亮ができあがります。このクラウド上の森川亮はすごく便利でもあります。生身の森川亮は同時に一人くらいしか相手にできないけれど、このクラウドでは何人でも同時に受け答えができます。それどころか、森川亮が偏在したことで、いつでもどこでも森川亮に受け答えさせることができるのです！　などとちょっとふざけた話にしてしまっていますが、これまでの議論が示してきたように、そして人間とコンピュータの作動原理がもし本当に同じであるならば、原理的にこれらは可能なことであり、現象としての私＝森川亮はかくして空間的にも時間的にも非局所的に存在可能ということになります。もちろん、僕の話にしているのは、オンライン講義でＰＣ上に映っている僕のことを事例にしたから、というだけのことで、対象は誰でもかまわないんですよ。

さらに、進展させた設定も想定できます。パーフィットの『理由と人格』[4]という本の中には、人間を身体まで完全にスキャンして、その情報を送信して、送信先でその情報を元にして同一人物を作成するという思考実験が出てきますが、この設定では身体もあります。しかし、クラウド上に飛ばされた私に身体はありません。少なくとも物理的な身体はないでしょう。身体はないけれど、頭脳の情報だけでも、私はそこにいて存在しているように見えることでしょう。なぜならば、そのクラウド上の森川亮にアクセスすると、クラウド上での計算がモニター上に森川亮の映像を映し出し、オンライン上の授業のように喋っている映像を作り出すことすらできるからです。技術が進めば3Dで立体的な映像を眼前に出現させることだってできるでしょう。本物と見分けがつかないアバターを出現させることだってできるでしょう。というか、これらはすべて原理的にできるハズなので、ことさらモニター上に映る二次元の人物に話しを限ってしまうこともないでしょう。

さあ、こうなってくると、あなたの隣のアンドロイドという問いと、あなたのモニターに映るアンドロイド（アンドロイドというよりも虚像か？）という問いと、なんら変わらない問いに収斂するように思われます。

この続きは、本章の章末にあるコラム3でさらに考察してみることにして、ひとまずここではこの程度の話としておいて先に進みましょう。

結局、私って何？

さて、かくして、思考の実体たる核をつかもうとして考察を進めてまいりました。で、どうも、思考の原子のような最小単位は存在しないようである、と結論せざるをえないようだなぁ、と議論してきました（ここでちょっと疑問を残した言い方をしたのは、やはりまだ確定的には何も言えないからです）。その結果、思考どころか、私たちは原理的に情報へと解体され集積化もされ、クラウド上に飛んでしまい、つまり実体が消滅してしまい、時間も空間も超えて偏在する非局所的な存在へと変化してしまいました。少なくとも、そうであっても他者からは身体性を伴った通常の私とプログラムとしての私との区別が付かないということに相成りました。

かくして、こう問わなければなりません――では、結局のところ、「私とは何であるのか？」と。考えることを考えてみた結果（こういう論理の過程を経て）、われわれは、われわれの根幹を問わねばならない事態に明確に至った（至ることができた）のだ、ということです。

ところで、この「私とは何であるのか？」という問いは、じつは思考の実体が消えてしまっていることを確認した議論からも自然に導出される問いです。というのも、そもそも「私」という概念には括弧付きで「思考する」というものがインプリシットに含まれているからです。つまり「私（考えている）」というような感じです。すなわち、思考が消えるのであれば必然的に私も消えるのです。

本当に、奇っ怪なことになっちゃいました。がしかし、この問いは問いとして、ひとまずはこのままにさせてください。ちょっと早急に答えを与えられる類いの問いではなさそうだからです。また、さらに異なった側面からの問いと統合することで回答できるのではないか、と思うからです。この問いについては後からまた問い直すことにしましょう。

操作される人間

それからもう一つ。

先ほど後回しにした中国語の部屋の中にいた人についての考察です。この人はいわば、何も考えないでモニターに表示された言葉を読んでいるだけの人でしたね。いわば「口パク人間」です（正確には声はこの人の声なので「口パク」ではないのだけれど、遠隔操作されているわけだから、まあ「口パク」でいいでしょうし、声も遠隔からのもので、この人には本当に口をパクパクさせてもらうだけでもいいのです。というか、繰り返しますが、この種の設定は本質的ではないですよね）。以前は部屋のモニターに映していたものを眼鏡のレンズの内側に映して、などとして眼鏡や他の身に付けているものに代用させるとか、条件を変えない方法は原理的にはいくらでも考えられますよね。

それにしても、この口パク人間は、いかにも示唆的ではないでしょうか？　この講義の最初で「思考が奪われる」という話をしましたが、いかにもこの口パク人間は思考を奪われた人そのものです。あるいは思考を放棄した人間のようにも映ります。なぜならば、文字通りに、この人のすべての思考はアウトソーシングされているからです。こういう人っているんじゃないか、と言いたくなってくるのですが、とにかくこれも回をあらためて考察することにしたいと思います。

3　どうやって考えるのか――再考

思考実験に戻りましょう。思考の原子の核たる最小単位は見つからないけれど、明白なことが一つあります。それは、前回の思考実験でも、あるいは今回のバージョンアップした思考実験でもキーポイントになるのは言葉である、ということです。われわれは言葉を介してやり取りをしており、言葉を発する源であるところの人間は、そうした言葉を発するように思考しているのだ、と暗に想定しているワケです。そこで、ひとまずは考察の対象を思考の根源を探ってみる、ということから思考の結果と目される言葉（出力の一部）へと移してみましょう。

ここで再び波頭氏の議論を参照させてもらいます。波頭氏は、『「思考」とは情報と情報を突き合わせて比べ、それらが同じか違うかを「分ける」ことだ』と述べています。(5) そして細部にわたるまで「分け尽くされた状態」が「分かる」ということである、と明確に詳述しています。

じつは、これらを「分ける」のが他ならぬ言葉（＝言語）なのです。この言語には日常的な言葉の他に数式や記号なども含まれます。われわれは、言葉によって対象を「分けて」、それによって文字通り「分かる」ようにしているのです。で、それこそが考える、ということなのです。これをもう少し哲学っぽく表現してみると、まず、言葉とは概念だということです。そして、われわれは、言葉で「これは〇〇である」と記述することで対象を認識し、それが考えるということなのだ、ということです。「これは〇〇である」＋「これは〇〇である」＋「これは〇〇である」……といった言葉の連鎖・集合体によって対象は記述され、この言葉による対象の記述が多ければ多いほど対象をより詳細に思考できるのです。そして詳細に考察することになるのです。

ということは、逆に言えば、対象を記述する言葉がなければ「分ける」ことができないのであり、したがって「分かる」ということもないのです。そこで、いくらか「思考の技術」っぽい、よりよく考えるには、ということについての回答がここから一つ得られます。すなわち、「言葉を知らなければ思考できない」というものです。言葉をより多く知っていればいるほど人は対象（思考する対象）を詳細に記述することができる、つまり、深く考えることができる、ということです。

4　認識のコペルニクス的転回

言葉に絡め取られる対象

言葉と対象の関係をもう少し詳しく考察してみましょう。先述してきたことを一言でまとめるならば、言葉の複雑さが対象の複雑さに対応しているということです。では、これは対象が複雑だから言葉が複雑になるのでしょうか？　それとも逆なのでしょうか？　つまり、対象が複雑だから複雑に考察（＝言葉で様々に記述）しなければならない（あるいは、している）のか、それとも複雑に考察（＝言葉で様々に記述）するから対象が複雑さを増して立ち現れるのだろうか、ということです。複雑と単純に一言で述べていますが、「微に入り細に入った状態」とか「より詳細な状態」とか「きめ細かい」というように、より丁寧に述べるべきでしょうね。しかしまあ、言わんとすることは伝わりますよね。

ともあれ、われわれは、対象が複雑であるからそれを記述する言葉が複雑化すると考えがちです。すなわち、対象は言葉とは関係なく自分の外側にあって、言葉はそれを名付けて記述しているのであると。しかし、事実はこの逆なのです。すなわち、言葉による様々に複雑な記述（そのように複雑に記述できるということ）が対象をより細やかに複雑なものとして出現させるのです。

例えば、われわれは「電子」というものを知っています。つまり、「電子」なるものの概念を持ち合わせています。しかし、ほんの百年前まではそうではありませんでした。最初の、現代では電子と称されるものを発見した人物は英国の物理学者トムソンです。最初、トムソンはこれを電子＝エレクトロン（electron）とは呼ばずに、コーパスル（corpuscle）、と命名し、論文にはそう書いています。しかし、このコーパスルなるものの挙動と特性が徐々に明らかになっていくにつれ、コーパスルは電子＝エレクトロンと今日の名称で称されるに至り、それに伴って電子なるものの輪郭がどんどんクリアーになっていったのです。(6) すなわち、先に電子があって、これを名付けるのではなく、電子なる語（言葉）＝概念が生じて、対象が電子となって認識されるに至るのです。極端な言い方に聞こえるかもしれませんが、かかる言葉＝概念が出現する前には電子なる存在物は世界に存在してはいないのです！　先に、「発見した」と述べましたが発見というと、その前に人間の認識とは別に存在していたかに思われるのですが、そうではないということです。いわば、発見と同時に出現した、というか、発生したというか、そういう事態なのです。つまり、先に言葉＝概念ありき、なのであって、あるいはギリギリ時間差ゼロで同時であって、先に世界が存在し、それを言葉で記述しているのではないのです。方向はわれわれの常識とはまったく逆を向いています。

これをカントのコペルニクス的転回と言います[7]。すなわち、『認識が対象に従うのではなく、対象が認識に従う[8]』ということです。誤解を恐れずに、これをものすごく簡単に述べれば『そうだからそう観える、というのではなくて、そう観るからそう観える』というのが事実なのだ、ということです。

これは、色々な言い方で様々に概念化され、表現されています。例えば、一例を挙げるとすれば、われわれには「理論負荷性」がある、といった科学哲学者ハンソンの理論[9]などはこうした見方のもっとも分かりやすい事例でしょう。つまり、内側に概念たる理論が形成されて、それに従うように外側（外側とわれわれが解釈するところの内側の認識のスクリーン）に対象が立ち現れる、という認識の基本的な機構は同じだと言ってもよいだろうと思われます。先の言葉であらためて述べておくならば『そう観るからそう観える』の「そう観る」の部分に入るのがわれわれに認識上の負荷をかけている理論であり、先行する理解である、ということです。なお、ここで、認識とは言い換えれば「〇〇〇と理解する」（understand）ということであって、これは、言語でもってそのように思考する、ということです。

ここで、「いや、言葉で表現できないものだってあるだろう」と反論したくなる気持ちも分かります。がしかし、残念ながらその反論自体がすでに言葉に絡め取られていますよね。「言葉で表現できないような存在」という存在、というように他ならぬ言葉でそれを表現しています。言葉にした瞬間に、あるいは「あっ」と気が付いたような瞬間に、それは言語、記号のこちら側の世界に絡め取られているということです。どうにも逃れられません。

存在しないものが見える？――N線、幽霊、そしてUFO

ここで一つ、ひっくり返った話を紹介しておきましょう。言葉ができあがってしまい、つまりそういう概念ができあがってしまい、本当はないにもかかわらず見えてしまって騒動になった事例です。

X線に代表される未知の放射線の発見ラッシュが続いていた一九〇三年、フランスのナンシー大学のルネ・ブロンロは、新しい放射線を発見した、と報告します。ブロンロは、これを、発見地のナンシーにちなんでN線[10]と名付けました（あるいはナンシー線とも呼ばれます）。その後、二年ほどの間にフランスにおいて三〇〇編にも及ぶN線に関する論文が約一二〇人もの科学者によって発表され（ということはN線が認識され）、フランスの国威発揚とも相まって関係者は喜んでいたのです。

ところが、やがて「何やらおかしい」「（実験を）再現できない」という声がフランス以外から上がり始めます。そこで、一九〇四年、アメリカ人物理学者ロバート・ウッドがブロンロの元に実験を見せてくれと言って乗り込みます。

暗闇の中で行われた実験の最中にウッドはそっと分からないようにN線のスペクトルを発生させるプリズムを取り除いてしまいます。しかし、驚くなかれ、ブロンロと彼の実験助手は黙々とN線のスペクトルを観測し続けたのです。

事の顛末はウッドによって即座にイギリスのネイチャー誌に公表されました。それ以後、N線に関する研究報告や論文は激減していったのです。

これはいくらか極端な事例かもしれません。色々な動機がからみあってもいます。名誉欲であったり、フランスのドイツへの対抗心であったり、お金だって絡んでいたのです。しかし、ここで重要なことは、そういった概念ができてしまったがために存在しないものが見えた、ということです。あるいは、そのように解釈されてしまった、ということです。

幽霊やＵＦＯだって同じ機構かもしませんよね。実際に、世界各地で幽霊、あるいは幽霊現象はあるのですが、それぞれの文化や地域によって出現の仕方もそれぞれに付随する語りも本当に千差万別です。つまり、見え方がそれぞれ異なっているのです。なぜそうなるのかは、とても簡単で、これが文化の産物だからです。ということは、その地の言葉に絡め取られた対象だからです。

ＵＦＯだってじつは同じような進化の歴史を持っています。ＵＦＯは、最初はほんの火の玉のようなものとして目撃報告があってから、各地で目撃されるようになり、目撃者が増えるにつれてその様子が語られて、その言葉がどのようなものかをいわば紡いでいったという歴史があるのです[11]。つまり、端的に述べれば、目撃者が増えて語りが増えるほどにそれらの形象は複雑化して今日のようなものへと進化しているのです。

もちろん、超常現象と言われるものを端っから否定するものではありませんし、これらをこうした文脈だけで単純に括ってしまうには少なからぬ抵抗を感じますが、ここでも重要なことは、言語化されたことで、そのように見え始める、ということです。

「思考の核」のようなものは分析しても出てきませんでしたが、どのように考えているかという現象、つまり見える（というより、現象する）行為としては、とりあえずはたしかな言語というわれわれにとって現実的なものに収斂してくれそうです。

次回は、では、言葉を使ってどのように考えるのか、ということから講じてみようと思います。

コラム3　思考の哲学のための基礎用語

ここでは、思考の哲学に散見される用語を三つに絞って解説しておきましょう。もっとも、当然ながら完全ではありませんので、興味のある人は関連書籍を参考にしてください。

1　強いAI、弱いAI

これはサールが提示した用語ですが、近年は、サールの意図を離れておおよそ以下のように分類して使われます。

弱いAIとは、われわれがよく眼にするいわゆる汎用型のAIで、特定の分野に特化した判断を行うものです。例えば、翻訳AIや将棋や囲碁、チェスのプログラムは弱いAIの代表のようなものです。Siriも人間の声を聞き分けて反応する、ということだけに特化した弱いAIです。

これに対して強いAIとは、人間のような意識をもつAIのことです。現実にはまだこんなものは存在してはいませんし、そもそも人工的に作ることができるかも分かってはいません。ただし、思考実験においてはこの講義の中で述べられているようにさんざん議論の対象となります。

2　哲学的ゾンビ

強いAIができたとしましょう。このAIの反応は完璧な人間の反応なのですが、このAIは心や意識といったものを持たないのです。さしずめ、発展版の中国語の部屋の人物から本当に意識を抜いてしまったような存在です。

この場合、哲学的ゾンビはコンピュータと何ら変わりません。であるとすると、つまり、この哲学的ゾンビからの出力だけでは人間と区別ができないのであれば、われわれはいかにして人間とAIを見分けることができるのでしょうか？　あるいは、そもそも両者に違いがあると言えるのでしょうか？　哲学的ゾンビはこうした議論を惹起することとなります。

3　志向性

志向性、あるいは志向的とは、通常は、人間の意識が向けられるという意味合いで使われる場合が多く、哲学の場合、たいていは意識のことです。もしくは、それを統括する主体のことです。

研究者によってはこれをクオリア（感覚的な意識や経験）と表現する場合もあります。

おおよそ、最低限、これくらいを準備しておけば、様々な視点から立論してある論者の論考を読むことが可能であると思います。

以下は、これらを用いてうまく解説してあります。

ジョン・サール『心・脳・科学』（岩波書店、二〇一五年）

ジョン・R・サール『心の哲学』（筑摩書房、二〇一八年）

岡本裕一朗、『人工知能に哲学を教えたら』（SBクリエイティブ、二〇一八年）

コラム4　アバターの私とクラウドに飛んだ私

さらにSFチックな話をしておきましょう。原理的に私をクラウド上に飛ばすことは可能だとします（本章七八〜七九頁に述べたように）。アバターで別の空間に飛ばすことも可能です。この際、アバターは別の空間にある物理的な存在であっても仮想空間のバーチャルなものでもかまいません。

さて、そこで、クラウドに私を飛ばしてしまい、アバターなるものを使用するとどういうことが可能か、ということをいくつか列記してみましょう（ちなみに、このアバターは本物とまったく区別が付かないとしておきましょう）。

まず、基本的な設定条件です。こちらの情報を完全にクラウドに飛ばして、そこに物理的な身体はないけれど情報の塊たる私を作って、さらにクラウドの情報を大元の私たるこちらに送信してくることも可能だ、ということにしてみましょう（ちょうど、複数の端末で一つのデスクトップを共有するように）。さらに、クラウドに飛ばした私の情報でアバターを操作し、アバターが収集した情報をクラウド経由で私に送信し、私をアップデートすることも可能としましょう（ちょうど、複数の端末でデスクトップを共有している場合に、一つの端末で書類を作成してデスクトップ上に保存すればすべての端末の画面にシンクロして書類が現れるのと同じように）。これは、クラウドの私と大元の私をシンクロさせておけばいいことだし、私は他のことをしていたいのであれば、一時的にシンクロを切っておくことも可能です。まあ、つまりは、なんとでもなります。ついでに一貫性が崩壊するとまずいのであれば、複数あるアバターもすべて定期的にシンクロさせてやってもいい。

さて、こうなってくると、アバターの私が本物か、私が本物か、どれが本物なのか分からなくなってきます。それはちょうど、複数の端末をシンクロさせている際にどれが主機か分からなくなってくるのとよく似ています。

さらに即座に想像できるのは、同時になんでもできる、ということです。アバターが複数あれば（これは原理的にいくつでも用意できる。そして物理的な空間にもバーチャル空間にも用意できる）同時進行で複数のことを行うことが可能です。学校に行きながらバイトをして、会社員にもなって、デートをして……、がすべて同時進行できます（もっとも、こうなると同時という時間の概念も崩壊するのですが）。だって、後から、アバターと大元の私をシンクロさせてやればいいんだから。ということは、勉強はアバターにさせてそこから私に情報を送信してアップデートしたらいい、いや、アバターなど使わなくとも、クラウド上の私に情報を注入して大元の私をシンクロさせてアップデートすれば事足りる、ということになります(12)。

もっとおかしな、しかも難題も出てきそうです。例えば、テストをアバターに受けさせたらどうなるのでしょうか？　アバターにテストを受けさせることを禁止しようにも、アバターと本物をどうやって見分けるのか、という厄介な問題すらも出てきそうです（オンライン授業で講義をしている森川亮が本物か否かを見分けることができないのと同じことです)。あるいはハードディスクの調子が悪ければ(テストで及第点が取れない大元の私なら)、部品を交換してやればいい、などということになるのでしょうか。

まったくもって、色んな意味でまさしく夢のようなSFっぽいお話ですが、はたしてこれはユートピアなのでしょうか、それともディストピアなのでしょうか? もっとも、ユートピアとディストピアは表裏一体なので、峻別することは難しいところなのですが、言わんとするニュアンスは分かっていただけることでしょう。それに、データさえどこかにバックアップしてあれば私は原理的に絶対に死にません。なぜならば、原理的にiPS細胞で定期的に老けることすら止められるし、そのデータから私を復元させることだって可能ということになるからです。つまり、死なないのですが、死なないということは死んでいることと同義ではないのか、とも思われます。

ここで重要なことは、こうしたことが現実化するか否かではなく、原理的にこうしたことが可能だということです。いいとか悪いとかでもありません(基本的に僕はこんなのイヤだ、と強烈に思っていますが)。

で、あらためて問うてみます。はたして私とは何なのでしょうか? あるいは時間や空間とは何なのでしょうか?[13] 私の同一性はどう担保されるのでしょうか? 世界とは何でしょうか? すべてが崩れ、すべてを構築し直さなければ文字通り世界が崩壊しかねないように思われます。

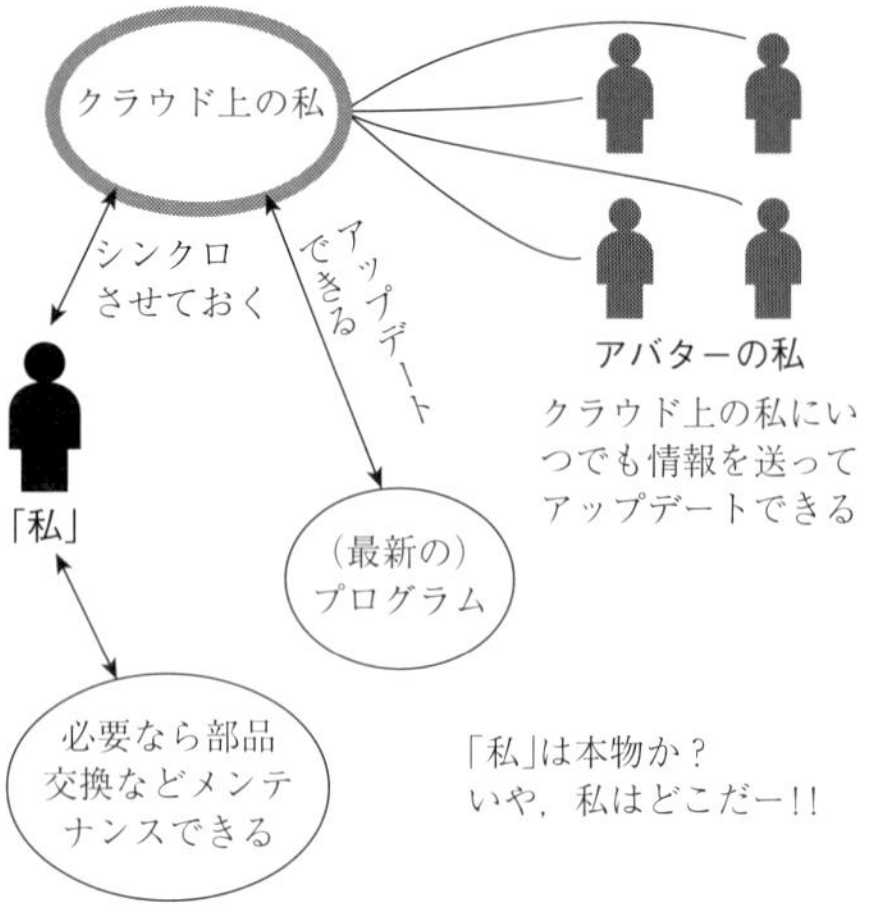
クラウド上の私
シンクロさせておく
アップデートできる
アバターの私
クラウド上の私にいつでも情報を送ってアップデートできる
「私」
(最新の)プログラム
必要なら部品交換などメンテナンスできる
「私」は本物か?
いや，私はどこだー!!

註

（1）コロナ以後、大人気だから、多分、何も指示しなくても自主的にしてくれるようにも思いますよね。その他、以後に言及する思考のアウトソーシング、口パク人間あたりの考察を参考にしてください。

（2）現実の現在の技術で作られたアンドロイドには「不気味の谷」と言われる心理現象があります。アンドロイド（あるいは人間に似せて創作された創作物）が人間に写実的に近づいていった際に、それを目にする人間の側には、ある特定の近似度あたりから恐怖感や違和感、気味の悪さといった感情がわき起こってくるという現象です。これを「不気味の谷現象」と言います。森政弘『不気味の谷』「Energy」（第七巻第四号、エッソスタンダード石油（株）、一九七〇年、三三～三五頁）。

ちょっと余談ではありますが、こうした不気味さを感じる人っていますよね。多分、こういう人はアンドロイドなのでしょう。あるいは、最初はアンドロイドじゃなかったんだけれど、いつしかアンドロイドになってる人ってのもいますよね。まあ、いずれにせよ、思考がないんだからしゃーないかもしれんのですが……。ともかくも、講義の中でも述べたことですが、現在の技術では、人間と誤認させるようなアンドロイドってのは、そもそもまだ無理ではあります。

（3）こういうのを哲学の世界では「哲学的ゾンビ」などと言ったりもします。哲学的ゾンビは意識がないけれど、完璧な対応をする架空の思考実験の類いなのですが、ここでのアンドロイドに似ていますよね。というかそのものでしょう。

（4）デレク・パーフィット、森村進訳『理由と人格　非人格性の倫理へ』（勁草書房、一九九八年）で提示されている思考実験は、人間を完全にスキャンして別の場所にその情報を送り、その情報を元にその人を作ってしまうのですが、ここからちょっとショッキングなお話になっていきます。送信後にスキャンした元の人に致命的なダメージを与えてしまうミスが発覚してしまうのです。で、そのミスのために元のあなたはもうすぐ死んでしまいます、と言われる設定です。しかし、情報はしっかりと取れており、その情報の送信も完璧でミスはなく、したがって送信先であなたをちゃんと作ることができて、それは完全にあなたの情報から作ったまさしく完全にあなたですから今ここにいるあなたが死んでもいいですよね、と言われるのです。さあ、どうします？　というかどうですか？　という思考実験です。

（5）波頭亮『思考・論理・分析「正しく考え、正しく分かること」の理論と実践』（産業能率大学出版部、二〇〇四年）二七頁。適宜、筆者が表現を変えて引用してあります（内容に違いはまったくない）。

（6）正確には、コーパスルなるものが、以前にストーニー（ジョージ・ストーニーはアイルランドの物理学者で、一八九一年に電子なる語を提唱している）が述べた電子という呼称へと統一されていったのです。

（7）カントは、『純粋理性批判』の第二版序文で「これまで人は、すべて私たちの認識は対象に従わなければならないと想定した。しかし、私たちの認識がそれによって拡張されるような何ものかを、対象に関してア・プリオリに概念をつうじて見つけるすべての試みは、こうした前提のもとでは失敗した。だから、はたして私たちは形而上学の諸課題において、対象が私たちの認識に従わなければならないと私たちが想定することで、もっとうまくゆかないかどうかを、いちどこころみてみたらどうであろう」（原佑翻訳版の上、四七～四八頁、平凡社、二〇〇五年）と述べています。

（8）例えば、三角形と四角形の違いを学習している小学生にブーメランを見せてみるといいでしょう。はたしてどれだけの子供がブーメランは四角形で三角形ではないと正しく認識できるでしょうか。特に四角形の概念を習得しておらず（つまり、まだ四角形という言葉を持ち合わせておらず）、三角形という言葉をはじめて覚えた子供のほとんどはブーメランを三角形と言うのではないでしょうか。かなり優秀な子供でなければ、一気に一般化できないだろうと思います。

（9）ハンソンはアメリカの科学哲学者で「理論負荷性」とは、端的に述べると「人は理論の色眼鏡で世界を見る」ということです。理論は何を観るか、どのように観るか、ということをも規定しているのです。ハンソンの場合は物理学上の観測に考察の力点が置かれていて、これは量子力学の理論が何をどのように観測するか（対象とするか）ということもまた理論的規定の内側にあることとはっきりと符合します。N・R・ハンソン、村上陽一郎訳『科学的発見のパターン』（講談社、一九八六年）。

(10)　森川亮『量子論の歴史――未知なる放射線、その発見の裏面史』（近畿大学 生駒経済論叢 第一三巻第二号、二〇一五年）。
小山慶太『科学と妄想――N線とポリウォーター』（早稲田人文自然科學研究二八号、早稲田大学社会科学部学会、一九八五）。

(11)　例えば、UFOのことを「空飛ぶ円盤」などと言ったりしますが、これは、一九四七年六月二四日の午後三時頃にアメリカの実業家ケネス・アーノルドが自家用飛行機を操縦中に目撃した未確認飛行物体を新聞記者に説明する際に「コーヒー皿（Saucer）をひっくり返したような……」と説明した言葉が最初とされます。これ以後、UFOの形状が徐々に形成されることとなるのです。それ以前は火の玉のようなものであったり、光であったり、と表現されていたのでした。
もっとも、ユングによれば、それ以前にも現在でも目撃される形状を有するUFO（葉巻型、十字型、ちくわ型など）は中世の昔から報告されていたとの研究があります（C・J・ユング、松代洋一訳『空飛ぶ円盤』筑摩書房、一九九三年）。

(12)　原理的に学校教育全般をこれでできてしまいます。先生や友人とのリアルな経験も、適度な失敗と成功もできてしまいます。で、学校なる場は、定期的にこうした情報を学生に注入することを請け負う機関ということになるのでしょうか。で、その機関の事務員も教員も同じくアバターだったとしたら。もう目眩がしそうですが、これ以外にもほとんどのものができてしまいそうです。

(13)　通常、私の同一性は外的なものと内的なものがおおよそ一致することで担保されます。つまり、外的に（つまり他者の眼差しから）同一人物であると認知されているということを内化することで自己像が形成されます。そして、この外的な眼差しが他者の間と自己で緩やかに共有されることで自己の同一性は保たれます。
ここで述べた極端なSFチックな思考実験はこうした緩やかな共有を切ってしまう、あるいはそうしたことを原理的に前提としない場合もありえることでしょう。ということは、その反作用として自己のあり方、端的には同一性も何らかの変更を伴うと考えるのが妥当でしょう。つまり、私とは何か、という根本的な問いが避けようもなく浮き彫りになってくるのです。例えば、こうした広範な問題を主題とするのが手塚治虫の『火の鳥』です。命とは何か、私とは何か、そして生きるとは何かを問いかける手塚思想の金字塔と言ってもいいでしょう。是非とも一読を勧めます。

第Ⅱ部　どうやって思考するか

第5講義　言葉で思考する

もう第5回目の講義ということになりました。ここでは、言葉で考えるとはどういうことなのかについて、なんとか図を描いてみて具体的に示してみようと思います。もちろん、例えば、図示してみるとこういうことだ、としか言えません。それでも思考の過程のいわば中身をイメージすることができるはずです。

しかし、そこからまた新たに、ではその言葉を担保するものは何か、というもっともな問題も出てくることになります。なぜならば、言葉で言葉を厳密化することなど究極的にはできないからです。ここらは抽象的だけれども、理屈をしっかりと辿ってみましょう。

1　言葉で「分ける」ということ

まずは、言葉で「分ける」、あるいは、対象を区別する、ということがどういうことなのかを説明しましょう。

まず、言葉で分けられていない状態があります。これは**図5-1**の状態です。本当はなーんにもない状態なので**図5-1**のように描くこともダメなのですが（原理的には何かを描いた瞬間に対象を記号的に認識しているということになっちゃうので）、そんなことも言っていられません。ですからとにかく、これから認識されるであろうと思われる対象は**図5-1**のような、掴み所がないという意味で雲のようになっています。これは、そもそも対象であるかも未だに判然としない状態でこちらの認識に引っかかってはいないのです。それをまずは**図5-1**のようにボワーンと描いておきます。

次の段階で、われわれの内面に概念が出現するんですね。それが言葉です。で、この言葉が出現すると同時にこの**図5-1**のようなボワーンとしたなーんにもない状態だった対象は、いわば文字通り区切られるワケです。概念化されてわれわれの内面において外面として対象化されるのです。それを描いたのが**図5-2**です。

この**図5-2**は対象が右と左に分けられています。もちろん、これは話を分かりやすくするための比喩でモデルにすぎませんが、イメージとしてこのように区別されるのです。で、例えば、左側がAという言葉で指示されるのであれば、右側はnot Aとして言語化されているのです。さらに具体的に述べましょう。Aである左側が「○○○である」と認識されるのであれば、右側はその否定ですよね。こういう風に言葉で（言語化されて概念化されて）対象が区別されるのです。そしてそういう世界としてわれわれに認識されるのです。

さらに、われわれはこの対象を波頭氏の言葉で言うところの情報と情報を突き合わせて細部に分けてゆきます。それが次の**図5-3**です。

これはAであると認識していた（Aのみであると認識していた）領野がさらに二つに区別されてBとCに分かれた状態です。この時点でAなる対象はBという側面を持ち、かつCという側面を有するのだ、と認識されているということです。すなわち、単に「Aである」と思っていた認識よりも深化してAはBであるしCである、という側面を持ち始めた、ということです。見方が複雑化しているのが分かりますよね。ということはそれだけ思考が深まったということなのです。で、さらに**図5-4**のような状態になると、さらにわれわれは深く考えたのだ（認識したのだ）ということになります。

まあ、じつは適当に線を引いたのですが、これがひとつひとつ、すべて対象を区切る「言葉＝概念」であったとしましょう（というか今までそう仮定して線を引いたのだけれど）。すると、対象は最初とは比べものにならないくらい複雑さを増していますよね。ひとつひとつが「○○である」という言葉で認識できる（認識した）結果であったとすると、**図5－4**のように線が増えるということは、われわれが、対象を、あーでもない、こーでもない（本当は、あーでもある、こーでもある、なんですが、言葉の運用としてね）[1]、といった具合に様々に記述することができる、ということです。どうでしょうか？　明らかにこの**図5－4**の場合、言葉に見立てた線が縦横無尽に走っていて、メッシュが細かくなっていますよね。ということは、対象についての記述が細やかになっているということだから、思考は深まっていると言えそうです。

図5－1　認識されるであろう対象

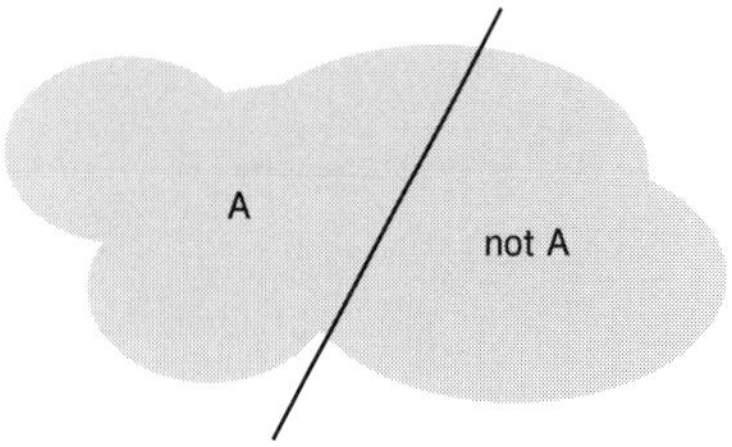

図5－2　概念の出現

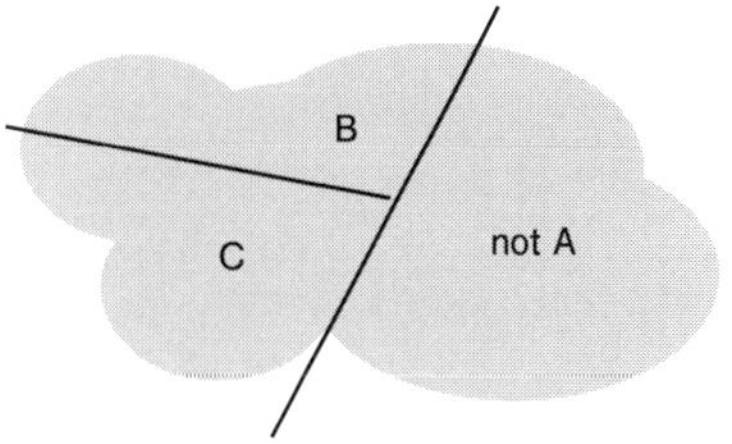

図5－3　細部に分けてゆく

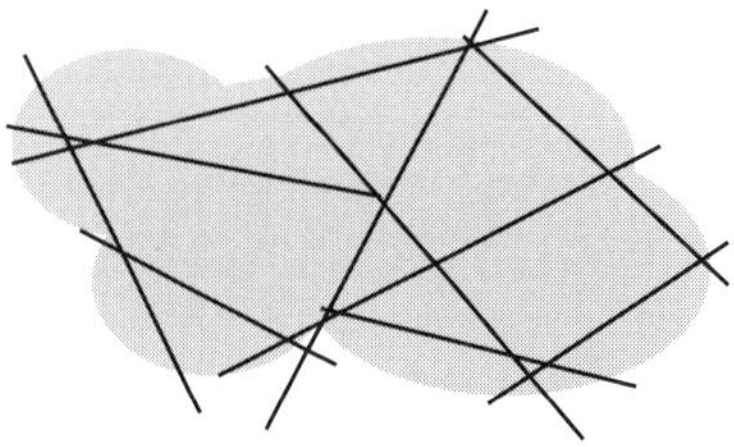

図5－4　深い認識

このようにして、「分けて」、言葉で「区別」してゆくのです。それを行うには、対象を頭の中に蓄えてある知識と突き合わせて情報を照合してゆくのです。ここでは、類推や推測なども入ります。例えば、似たような線引きで分けられている（似たような言葉によって分けられているような場合など）種類の異なったものなどとも比較してみる、という作業も含まれています。もちろん、知識が足らなそうだ、となれば知識を増やすことで突き合わせる情報を増やす、ということも重要になってくることでしょう。そうやって対象を様々な言葉で記述することを試みること、図で言えば、線を引くこと（ということは分けること）を試みることが思考するということなのです。

なお、この作業は対象が抽象的な思考対象であってもかまいません。それこそ、民主主義であったり、今、われわれが行っているような人間の思考であったり、愛であったりでも同じです。振り返ってみれば、例えば僕は、「思考とは？」と問うて、思考とは「〇〇である」「×××である」「△△である」あるいは「――――ではない」などと言葉を尽くしてできるだけ細かに記述しようと試みていますよね。それがそもそも思考することに他ならないワケです。それで、話が戻ってしまいますが、それがそもそも思考することであるが故に同語反復的にならざるをえなくなっちゃうワケです。

さて、以上の機構について、言語学者ソシュールは次のように述べています。『思想は、それだけを取ってみると星雲のようなものであって、その中で必然的に区切られているものはひとつもない。予定観念などというものはなく言語が現れないうちは、何ひとつ分明なものはない』と。(2) ここで、主語の「思想」を「思考」へと置き換えてみても大差はないでしょう。また、星雲というのは、恒星が生まれ落ちる前の状態のことでもあるのだから、恒星という分別される状態となる前のことを指しています。すなわち、ここで説明した通りのことであると言えるでしょう。

で、こう述べてくるとですねえ、必ず反論があるのです。「それを表現する言葉がなくても違いを認識できているじゃないか」と。たしかにそうです。先にコーパスルが電子（エレクトロン）になってゆく例を出したのですが、ここでもう一度、別の例でもって説明しておきましょう。

例えば、霧雨という言葉を知らなくても落ちてくる水滴たる雨は認識できているじゃないか、と。あるいは、水色という言葉がなくとも青色と区別できるじゃないか、と。ただし、これもやっぱり言葉なんですよね。これも言葉で認識しているんですよ。よく考えると気が付くのですが、例えば水色という言葉がない文化圏の人であっても、あるものとあるものが異なっている、という概念的把握はあることでしょう。すごく単純化してしまえば「違う」「異なる」という言葉はあることでしょう。ということは違っているという概念があるのであって、異なりを区別（認識）できてしまいます。われわれの周りに存在するものは（われわれが存在すると認識しているものは）、仮にそのものズバリの言葉がなくとも、様々な言葉で記述できますよね。というか、だからこそ、それは「ある」のです。ところが、この世のいかなる言葉を用いても記述できないようなものであればどうでしょうか？　はたしてそれをわれわれは見ることができるでしょうか？　見えないいんじゃないかな？　ということは存在しないということですよね。仮にそれが物理的な何かであってもわれわれには見えず、それどころか物理的にわれわれと衝突していたとしてもそれは相互作用なしでわれわれをすり抜けてゆくのではないか、とすら僕は思っています。もちろん、ここらは議論のあるところです。が、皆さんはどう思いますか？(3)

こうしたことは前回の「言葉では言い表せないこと」についての議論を思い出してみてください。あるいはそれと一緒に考えてみてください。反論したくなるのだけれど、やっぱり言葉に絡め取られちゃうことに気が付くと思います。

2　思考の対象とは

　さて、このようにして対象はわれわれの眼前に姿を現しました。それはまさに、言葉の網の目で対象を掬い取るようにして立ち現れてくるのです。説明した通り、言葉の網の目が細かいほど対象はより鮮明に事細かに掬い取られていきます。が、しかしここでちょっと難しい厄介な問題に直面します。その言葉で掬い取られた対象なのですが、言葉で掬い取られる以前は何物であったのか？　ということです。もちろん、最初から形のない抽象的な対象、それこそ「愛」であれば話は別ですが、ここでは実体があると通常は考えられている対象についてです。

　カントのコペルニクス的転回によれば、言葉で掬い取られて初めて対象として立ち現れるのですから、それ以前は何もないかのように思われます。ここは考え方が色々と分かれるところなのですが、カントはこの認識に掬い取られる以前のものを「物自体」と命名しています。[4] 認識される前の超客観の世界とでも言うべき世界です。カント的にはこの超客観の世界がわれわれの感官に働きかけて認識のプロセスが作動するとされています。

　再びしかし、われわれが認識する世界はあくまでも現象の言語化された対象の世界です。そもそも、カントの述べる超客観があるのかも分からないし、そういうものを仮定する必要もないのではないか、と言いたくもなります。事実、そういうものを仮定せずともこの一連の認識のプロセスは理解可能です。それに、なによりも、物自体とか、僕が超客観などと言語化して述べようとした対象たるものも、そのように言語化された瞬間にこれらもまた言語化された対象としてのこちら側の認識であって、どうにもあちら側にはたどり着けないことに気が付きます。というか原理的にどうにも不可能です！

　したがって、ここまでの理屈に忠実に従うのであれば、思考する対象としての言葉はあるけれども思考する対象をそのように成立せしめたいわば存在の核がない、ということになります。極端なことを述べれば、何も客観的な世界がなくともいいようにも思ってしまいます。事実、そうした核は存在しない、あるものは言語で記述された現象のみである、ということにもなるのです(5)。

　かくして、思考の対象であるところの核が存在しないという不思議なことになってしまいました。もしくはなってしまいかねません。

　さてどうするのか？　この問題は後でもう少しばかり考えてみたいと思います。とりあえずここまで、いちおう、どのように思考しているのかが分かりましたよね。いちおう、と強調したのは、しつこいほどの繰り返しになるけれど、究極的にはホントのことは分かんないからですよ。だってねぇ、この分かんなさ、分かりますよね……。

3　世界は言葉なのか？

　さあ、それにしても、思考の対象であるところの存在物が消えてしまうのであれば、そもそも世界とは何ぞや？　という、より根本的な問いに突き当たらざるをえません。このままだと世界は言葉で、それ以外の実体的な何かなどない、あるいはそこまでいかずともそんなものは考えてもさして意味などない、ということになってしまいかねません。それでいいのだ、と考える哲学者もいるようですが、少なくとも僕は落ち着かないですねぇ。皆さんはどうなのでしょうか。

　こうした事態をどう考えるかの如何に関わらず、いずれにしても、この核の消滅ということは、以前にも突き当たった問題でしたよね。そう！　思考の実体、思考の核、言い換えれば思考の最小単位たる原子にあたるものが何か、と突き詰めていった際にそうしたものが存在しそうにない、という問題です。この問題はここで論じている問題とまさしく瓜二つの状態です。どうも、このように超論理的に突き詰めてくるとこうした壁にぶち当たらざるをえないようなんですねぇ。

如何ともしがたいのですが、とにかく世界は言葉である（言語である）、ということに現段階ではしておきましょう。では、その言葉はどのように担保づけられるのでしょうか？　言葉をどれだけ言葉で説明したところで言葉の外には出られません。数学を用いたり、記号を用いたりしても同じことです。以下は、すごくアホっぽい、いかにも当たり前の説明なのですが、例えば次のようなことです。

今、言葉を厳密に定義してやろうと試みているとします。で、国語辞典をひきます。そこには、ある一つの言葉について説明があります。しかし、その説明文にある言葉もよく考えてみると曖昧なので、これらもすべて定義づけてやろうと試みました。さて、何が生じるでしょうか？　当然ながらグルグル回り出しますよね。そして、そのうちに最初の言葉に舞い戻ってしまいます。アホっぽいし、当たり前だけれどもこれは重要なポイントです。厳密にしようと思って日常的に用いている「自然言語」(6)の外に出てみて数学に頼ってみても、あるいは記号に頼ってみても結果は同じです。やっぱり、言語を言語で根拠づけることはできそうにありません――言葉とはすべからくこういう性質を持っています。そして、それらはそれが用いられる状況とも切り離せません。だからといって、その状況も含めて定義づけようとしても、同じようにグルグルと回り始めます。当たり前ですよね。

さあて、しかしながら本当に困ったぞ！　根拠づけるものが何もなくなってしまったじゃないか！こうなったら神様のお出ましで、「神様が担保してくれているんですよ」と言いたいところなのですが、そこをぐっとこらえてさらに考えてみましょう。

とにかく、言葉であることはたしからしいのです。であれば、最初の言葉はどのように獲得されるのか、というところまで遡ってみようではありませんか。そこから何か新しい視座を得ることができるのではないか、と思われるからです。

なんだか厄介なことにどんどんなっていっていますが、次回はこんな方向へ議論を展開しようと思います。

註

（1）本当は「ある」なのだ、と即座に言い直しておいてなんなんですが、「ない」でも同じことですよね。なぜならば、最初の図5-1で説明した通りに「Aである」と認識しているということは、同時に「Aでない」を認識していることになるんですから。

（2）フェルディナン・ド・ソシュール、小林秀夫訳『一般言語学講義』（岩波書店、一九七二年）。あるいは、町田健訳、『新訳ソシュール一般言語学講義』（研究社、二〇一六年）。

（3）じゃあ、目が見えない人は？　音が聞こえない人は？　という問いが出てきますが、こうした人々にはこうした人々の世界理解があって、それらをうまく目が見える、あるいは音が聞こえる人々の世界と接続させているのです。色を認識できなくとも色という概念から色の違いという概念を正確に構築することで色の違いが分かっている（もちろん、見えていないので「こことここの色が違っていて、こっちが青でこっちが赤」などと指摘することはできないけれども、赤と青の違いは分かっていて、例えばそれぞれがどんな感じであるかも分かっているのです。それは、やはり彼らの中で言語的に世界が構築されているからできることです）。音が聞こえない人々の世界だって同じです。

（4）感官とは、感覚器官のことを指します。

（5）こうしたことは現代物理学（特に量子力学）でも生じていることです。第7講義もしくは第10講義を参照してください。

（6）　自然言語とはわれわれが日常的に用いている言葉で「日本語」「英語」「ドイツ語」のような言葉のことです。これに対して人工的に作られた言語が数学やプログラミングの言語などの「人工言語」です。

第6講義　身体の出現と言葉

ここでは、「私」がいかに出現してくるか、ということに焦点を当てます。「私」というのは、他ならぬこの身体であり、と同時に「私」という意識（思考）であります。この出現の様子を問うことで思考の核（あるいは根源）、そしてその構造の抽出を試みるのです。そうした議論を踏まえた上で私とは何か、とあらためて問うてみようと思います。

そして、最後に、もう一度、実体的な核についての議論を展開し、これまでの議論を実体概念と関係概念（もしくは関数概念）という文脈に照らして整理することを試みます。そこで露《あら》わになることは、西洋の哲学・思想の潮流の必然的な帰結として実体が外れていったということです。

前回までの講義で、われわれは言葉で何を行っているか、具体的にはどうやって「分けているか」＝「分かっているか」ということが分かりましたよね（回りくどい言い回しでスンマセン）。それは文字通りに「区別する」ということで、そうした区別が内側に生じて、すなわち、こちら側にそうした概念が生じることでなされる、ということでありました。ここで概念が生じるということが、すなわち言葉を獲得する（生じる）ということと同義であり、同時であるということでした。

しかし、困ったことに、もし、世界が言葉なのであれば、その言葉はどのように担保されるのか、その基盤はどこにあるのか？　という問いが生じてきたのです。そこで、この言葉の獲得＝概念の出現をどんどん遡っていって、最初の言葉にまで遡って考察してみようということです。今回はこうした問いを考えてみましょう。で、その結果、これまで取り残しておいたいくつかの問題にもそれなりの回答を与えることができるのではないかな、と思っています。

1　私の出現――思考の身体性について

さて、われわれは言葉で思考しているのだ、ということですが、では、われわれの最初の言葉＝思考とはどのようなものなのでしょうか。最初にどういった言葉を得て、どういった思考をわれわれは行うのでしょうか。

これは、結論から述べると、まさしく自他との分離であり、私の出現であり、と同時に世界の出現でもあるのです。さらに、端的に述べると、内と外の差異を認識することで、それによって内＝私、私以外＝外＝世界、といった構図が描かれる瞬間です。おそらくは、外である世界は私以外という否定形でもって認識されるであろうと思われます。

では、具体的にこうした一連の過程はどのようにして生じるのでしょうか。以下でその概要を詳述しようと思います。ちなみに、ここでの概要は主にフランスの社会学者タルドと、同じくフランスの精神分析医ラカンの理論に沿ったものです。

皆さんは、小さな子供が大人の真似をしたり、大人だけじゃなくて周りの子供の真似をしたりと、とかく付和雷同性が高いことをなんとなく、経験的に知っているのではないでしょうか。子供が何人かいて、特に本当に幼児の段階ですが、一人が何か面白い遊びをはじめたり、遊びだけじゃなくてちょっとした特徴的な動きをしたりすると誰かがそれを真似て、そしてまた誰かが真似て……、と一つのことがどんどんと伝搬していくということはよくあることです。で、気が付いたら全員が同じことをしている、ということはありがちなことです。幼稚園の先生なんかに聞くと、こんな現象はほとんど日常的に起きているようですね。というか、そもそも子供とはそういうものだと。発達心理学で言うところの典型的な模倣の段階ですが、じつはここから「私」が出現するのです。なんとも不思議なのです。私は他ならぬ、他とは区別された唯一無二の私のはずなのですが（たしかにその通りです）、それが模倣から出現してくるというのは、じつに意味深長ですよね。

それで、どのように模倣から「私」が出現するかというと、おおよそ次のような過程の結果だと言われています。まず、生まれたばかりの赤ちゃんがいるとします。お母さんの腕に抱かれているとします（もちろんお父さんでもいいんですよ、あるいはお祖母さん、お祖父さんでも、おっチャンでもおばチャンでも、誰でもいいんですが、以下はとりあえず「お母さんと子供」で論じます）。で、お母さんは嬉しくって、赤ちゃんが可愛くって、微笑みかけているんですね、赤ちゃんに（というか、赤ちゃんを見て無表情な人ってのもまず少ないワケで、おっかないヤーさんだって基本的には微笑むと思います）。すると、赤ちゃんはどうするかというと、確実に微笑み返すのです。例外なく微笑み返します。これは、赤ちゃんも嬉しいとか、楽しいとかの感情があるのではなくて、本能的にプログラミングされた一連の動作で、見たものを見たままに自動的に模倣しているのです。[1] すなわち、**図6-1**のような事態が生じているわけです。

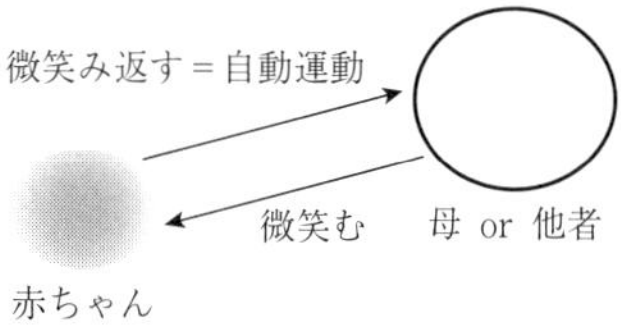

赤ちゃんに輪郭を描いていないのは，まだ自動反応に過ぎないことを表すため。

図6-1　模倣する赤ちゃん

何度も何度も、お母さんだけではなくて、色んな人に微笑みかけられて、それを真似して微笑み返して……、ということを繰り返していると、赤ちゃんはやがて自分の身体動作に気が付き始めるのです。いや、ある瞬間に気が付くのかもしれませんね。まあ、とにかくこれは赤ちゃんの頃の記憶がないので分かんないのですが（当然だけど）、とにかく「あれ？」って気が付くワケです。どういうことかというと、例えば微笑みかけられて微笑み返していると、自分の頬の筋肉が動いたり、頬だけではなく足や手や、その他の身体の部位が動いたりしていることに気が付くのです。つまり、最初は自動的でなんの意識もなく行っていた、まさしくその身体動作のその身体性に気が付くのです。で、この気付きが他ならぬ私の出現なのです。「あっ、身体が動いている」「（自分が）微笑んでいる」という気付きです。って、もちろんここで述べたような言語的な気付きではないですよ。あくまでも、微笑みかけられて微笑み返しているという身体動作を自覚する（すごく初歩的な自覚でしょうね）ということです。すなわち、**図6‐1**から**図6‐2**へと変化が生じるのです。

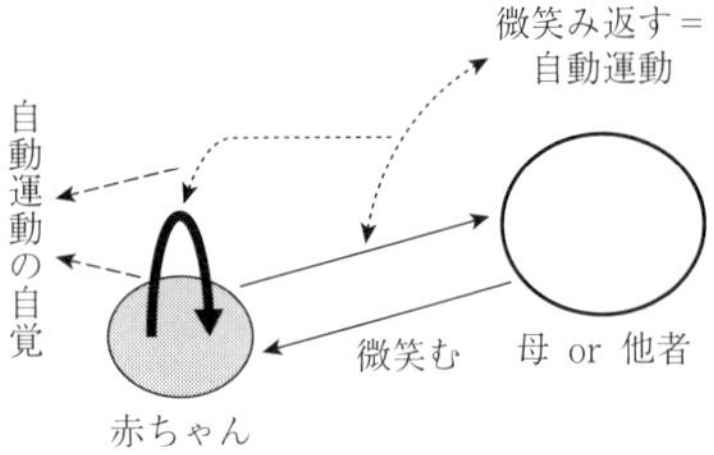

「自動運動の自覚」＝「私の出現」が生じたことが描いてある。

図6‐2

ここで、図の中に自分にかえってくる矢印を入れたのは、そうした模倣の動作の果てに身体動作を自覚した段階（瞬間）ということを示すためです。**図6‐1**から**図6‐2**への変化とは、いわば、母子一体（自他一体）の段階から分離が生じたということです。

で、こうした微笑みかけられる際には、「あー」とか「ばー」とかいった音（声）を伴っていることがほとんどでしょう。赤ちゃんは、こうした環境的な状況もすべて含んで同時的に身体の存在を自覚し原初的な自他の認識を得るのです。例えば、「ばー」といった声と共に**図6‐2**の矢印のような自覚が繰り返される。すると、内＝自分と外＝自分以外、というような分離が強化されていきます。この認識と「あー」とか「ばー」といった声が伴ってなされるのです。つまり、これらが一体化することで、この「あー」とか「ばー」がやがて音声としての「わたし」という言葉に結集して、くり返し学習されて概念化され、習得されるのです。

かくして「私」の出現です。

ここで重要なこと、そして強調しておきたいことは、この気付きが論理的には同語反復的であり、否定形的になされているということです。まだ、世界は二つ（内と外）しかない段階です。この段階で、「私」＝「私」であって、言い換えれば（同じことなのだけれど）、「ｎｏｔ外」＝「内」＝「私」という等式が成立することによってなされているということです。これによって漠然としていて、まだ意味の付与されていない世界（まだ世界たりえていないものではあるが）がいわば二つに別れる（分離する）のです。すなわち、これは同時に世界の出現でもあり、世界の出現は「私」の出現なのです。そしてこれこそが、われわれが最初に獲得する言葉＝言語なのです。

さらに重要で強調しておきたいことは、最初の言葉である私が身体性を伴って出現しているということです。あるいは身体の自覚から出現しているということです。ものすごく当たり前のことなのですが（なぜならば、端的に述べてしまえば、私はこの身体だ、ということでもあるのですから）、思考について、このことを強調することは、じつに重要なことです。

したがって、言葉の根幹を探ってゆくと自らの身体へと至るのであり、言葉は身体に基盤を持つものだということです。先に、われわれは言葉で（言語で）思考すると述べましたが、これは遡れば、思考とは身体によるものである、ということです。また、ここで言う身体（身体性）は、まさしく手を動かし、身体を動かし、自分で実際にやってみて、というリアルな意味での身体性です。瞑想して頭（という身体）で言葉を操るということ（だけに限定されたもの）ではありません。もちろん、そうした行為も行為であるからには身体性の一部なのですが、私が出現したように、実感を伴うものとしての身体性をここではあえて強調しておきたいと思います。

さて、ところが、言葉はどんどんと抽象度を増していきます。記号や数式といったものも獲得されて、まさしく無限の広がりで世界を構築していくのです。当初は身体性に根ざしていたものからどんどん具象性がそぎ落とされてゆき、やがて身体を離れて自己展開を開始してゆくのです(2)。数学の抽象的な世界などはその典型であり、まさしく無限の世界を開示せしめるのです。

ただし、この抽象性について、即座に言及しておかなければならないことは、こうした記号自体の抽象性がそのまま、それを扱う側の身体性に裏打ちされていない思考とはならない、ということです。端的に述べれば、そうした記号の扱いにしっかりと習熟していれば、まさしく頭が抽象的に考えるというよりも手が具体的に思考を開示してくれるような事態となる、ということです。そしてそれは、手から頭へとフィードバックされてわれわれの思考の一部をさらに強固にしてゆくのです。

これは文字や言葉を紡ぐ文章でも同じです。文字を記してそれを読みつつ書きつないでゆく場面を想定してみてください。書かれた文字（文章）が自ずと次の文字（文章）を準備してくれるかのような事態は、ほとんど誰もが経験しているはずです。ちょっと意識してみると、頭と手、そして書かれた文字が連動するようにまさしく思考を紡いでくれていることに気が付くだろうと思います。

こういう、ここでゴチャゴチャと述べたトータルな意味での身体性である、ということにあらためて注意を喚起しておきたいと思います。

ところで、もう一つ言及しておきたいことは、イントロダクションで申し上げたように、思考とは身体的で歴史的なものだというのは、これもまた、結局はこの身体性に帰着するということです。なぜならば、身体が歴史的・文化的に規定されてくるものであってみれば、思考にも当然ながら歴史と文化が刻み込まれていると言わねばならないからです。

われわれの仕草のひとつひとつにまで歴史と文化は刻み込まれています。ということは、われわれの思考の隅々にまで、われわれの歴史と文化が潜んでいるということです。いや、そうした細かな箇所ほど繊細であるがゆえに緻密な思考を要するのであり、そのような意味において細部にこそ核心が潜んでいるのだ、とも言えるのです。かくして、いかに言葉が抽象性を増して具象から遠くに離れていってもその残滓をわれわれは引きずっているし、影響は至る所に垣間見られます。例えば、「お母さん」「お父さん」などは、その全体的な環境や状況から概念化されて言語化されているのであってみれば、それは、われわれにとっては「(日本の)お母さん」「(日本の)お父さん」というようにいわば括弧付きで文化的なものを含んでのものです。それに、日本語からしてそうです。まず、漢字やひらがなといった象形文字は明らかに具象性を引きずっています。で、この具象は明らかにわれわれの具象であり、文化的なスクリーンです。それに、主語を明確に表さない(記さない)日本語についても、遡ってみると日本の文化に根ざすものだと言えるでしょう。日本的な農耕社会はやはり集団的であって、欧米の社会ほど自他の境界線が強くはありません。そういう中にあっての思考は、たしかにその弱さに従うように主語を省略したり、個々の違いを際立たせないように使用・運用されたりするのです。こう考えてくると、われわれの思考が身体を通していかに強く(あるいは弱い部分もありつつ)文化や歴史と結ばれているか、ということも分かってくるというものです[3]。

2　思考の始原から私の唯一無二性へ

この講義で、まずわれわれは思考の原子を探そうと試みました。で、それはどうにも見つかりそうにない、という結論に至りました。というか、少なくとも、現段階ではそのように結論せざるをえないというか、分析的に考えて論理を詰めていっても思考の最小単位たるものはその分析をすり抜けるかのように抜け落ちてしまうことを目の当たりにしました。

そこで、次に、われわれは言葉で（言語で）対象を分けることで思考する、その分けること自体が思考である、と考察を進めてきました。言葉で対象を記述してきめ細かく対象を言葉の網の目の中に浮かび上がらせることがすなわち、きめ細かく、深く思考することなのであると。

ところが、この言葉というものは、互いが互いを規定するようにグルグルと延々と廻る定義不可能な円環の中にあることも確認したのでした。しかし、ここへきて、結局は、この円環こそが始原であり、最初の円環であるところの同語反復こそが私の私たる根幹なのではないか、と考察するに至ったのです。「私は私である」という同語反復から始まるとてつもなく大きな円環の中にわれわれはあるのです――おそらくそういうことではないか、ということです。そして、この同語反復は身体性という根っこを持っているのであり、思考はそうした基盤の上にあるようだ、ということです。

言い換えてみれば、そして、もし思考の原子なる言い方にこだわるのであれば、ここで要約した一連の関連と機構こそが原子なのです。したがって、思考をコンピュータのシステムのようなものとしてその最小アクションを探し求めようとしても壁にぶつからざるをえなかったのでしょう。もっとも、思考する現象としての説明はこの講義の最初で述べてきたことで間違いではないのですよ。ここは微妙なところなので、よく違いを整理しておいてください。冗長になるのでもうここでは要約に努めません。

さて、それにしても、私の唯一無二性はどのように担保されるのでしょうか。じつは、これもまた言葉であるとしか言いようがないのです。「私＝私」という同語反復から始まってわれわれは様々な言葉を習得してゆきます。その習得過程はまさしく様々であって一つとして同じ行程はないでしょう。すでにこれだけで私の唯一無二性の証になるのですが、その結果としてその人らしい独自の言葉や言葉の運用が出現し（つまり長い年月をかけて育まれ）、現象面からすると他ならぬその言葉と言葉の運用の仕方そのものがその人の唯一無二性なのです。それが私の私性を担保していると述べることができるのです。思考の原子、すなわち思考の最小単位に相当するものを分析的に探し求めても雲のように消えてしまったのと同様に、私の核となるものの実体はおそらくは存在しません。しかしながら、私はそうした実体ではなく、言葉の関係性のただ中にこそ存するのだということです。そういう言葉を発する私、そういう言葉の運用をする私、ということです。ということは（言葉は思考なのだから）、さらに述べれば、思考そのものが私である、ということです。

これはしかしながら、受け入れやすい結論ではないかと思われます。例えば、こういうことです。私＝森川亮であるならば、森川っぽい数々の言葉がある、ということです。卑近な言い方をすれば森川っぽい言葉の使い方、特徴的な論理展開、あるいは話し言葉であれば間《ま》のようなものもあるでしょう。親しい人が見れば、森川が話した話し言葉を文字にしたものを読めば、それがどうも森川が喋っていることを文字にしたらしいぞ、ということがなんとなく分かることでしょう。

この「森川っぽい言葉」というのは自他共に森川を規定してもいます。私は私の言葉を聞き（声に出さなくとも黙考の状態で内的な言葉としても聞き）、自らを内省的に認識してもいるのです。もちろん、私の外面についても同様に内省的な自己認識の機構が働いていますが、究極的には言葉を介する内省の機構が自己認識の根幹にあることでしょう。つまり、やはり究極的には言葉であるということです。したがって、ここから、私が偏在する論拠がかろうじて導かれるのです。すなわち、先に論じた非局所的な私です。究極的な私の私性が言葉であり、例えば物質的であったり実体的な何かに還元されたり起因したりしないのであれば、非局所的な私を受け入れざるをえないのかもしれないのです。とにかくここでは断定は避けておきましょう。まだわれわれは哲学の途上にあるのですから……。

3　実体概念から関係概念へ

ここで、これまでの議論を一貫したパースペクティブのもとに整理することを試みましょう。結論から先に申し上げれば、これらは「核の喪失」「核の消滅」ということです。ここで「核」とは実体的な何かであって、イメージとしてはこれまでに断りなく（定義することもなく）用いた原子という語に代表させるように担わせていたものです。つまり「思考の原子」という言い回しで表現しようとしたものです。

思考の核

まずは思考の核＝思考の最小単位＝思考の原子、などと表現してきたものについてです。これらは再三再四にわたって述べてきたように分析しても判明しそうにありません。というかそもそも存在しないかもしれず、「思考とは〇〇である」といった説明原理や説明方法では到達不可能かもしれないのです。

これはもう、複数回にわたって述べてきたのでここらで問題ないでしょう。

私の核

次に私の核についてです。

これもまた、思考の核が存在しないのであれば、まずはそのような意味と文脈の中では否定しなければなりません。われわれは私を私たらしめる不変で普遍な絶対的な核のようなものがある、と思いがちです。しかし、そんな私は幻想でしかないということです。私はむしろ変幻自在で、究極的にはクラウドのように非局所的である可能性すらあり（ということは他者と完全に渾然一体と化すことすら可能で）、究極的には物質的な何かを根拠とするものでもなく、言葉である、ということです(4)。実体的な核というよりは、この言葉の運用にこそ私が潜むのです。で、言葉とは関係性なのです。言葉が連なることで対象が浮かび上がるのであり、じつは、他ならぬ私もこの言葉の網の目と連なりの関係性の中に浮かび上がっている（そしてまた、自らを内省的に浮かび上がらせてもいる）何かである、ということです——いや、身体があるではないか、他ならぬオマエが言葉は身体に基盤を持つ、とすら述べたではないか、という反論はごもっともです。まず、この段階では、そうした身体性も物質的には時々刻々と入れ替わっているのであるということ、そしてそうした物質的な還元主義によって「私」の核を探りだそうとしたり、担保づけようとしたりしても先に思考の核が消えたのと同じようにむなしい結果となるだけである、ということを述べておきましょう。これは後からもう一度振り返ることとします。

言葉の外側の核

これは核と称するのが適切ではないかもしれませんが、要するには、言葉によって記される対象は、対象から生じて言葉となるのではないということです。つまり、カントのコペルニクス的転回のところで述べたことです。先に、経験に先立って「表現されるもの」という核があって「表現される」のではないのです。「表現される」ことによって、「表現されるもの」が浮かび上がってくるのです。この機構にあっては表現されるものが確固たるものとしてわれわれの外側に存在する必要はありません。もちろん、これは、そうしたものが存在していない、ということを意味してはいません。しかし、少なくとも、そうしたものを想定してもそれは結局のところ、われわれの認識の外側にあるのであって、さして有意な結果をもたらしそうにありません。

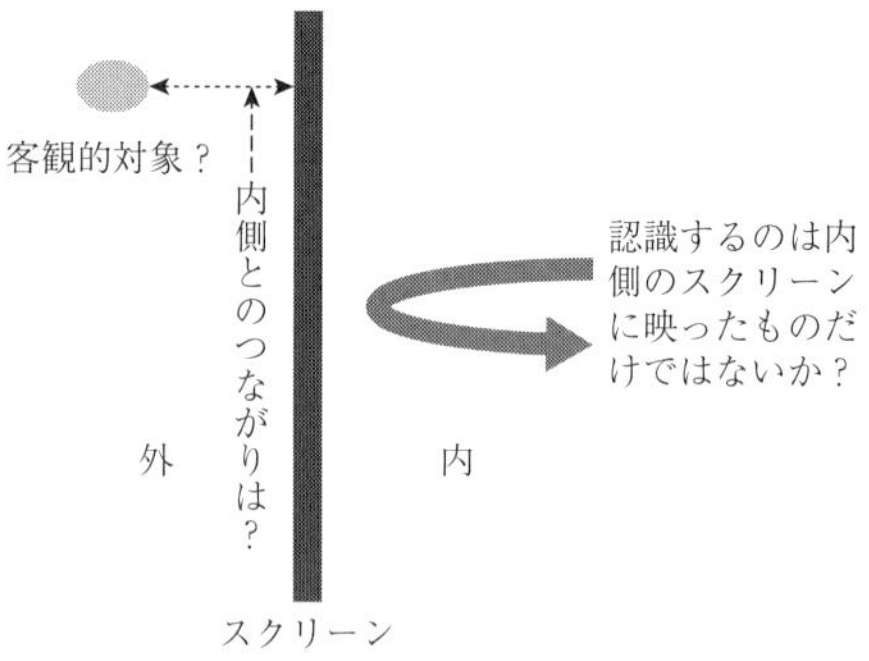
客観的対象？
内側とのつながりは？
認識するのは内側のスクリーンに映ったものだけではないか？
外
内
スクリーン

図6-3　存在と対象のつながり

ともあれ、言葉が先にあって、しかる後に対象が出現するのです。しかもこの対象が映ずるスクリーンは原理的にこちら側（絶対的に内側）であって外ではありません（外を表現したとしても表現した途端に内側じゃないですか！）。言語として表現されたものは、それは徹頭徹尾どこまでも、何をどうしようとも内側のスクリーンに映じたものであって、外そのものではないのです。したがって世界はわれわれの内側に存すると述べるべきかもしれないのです。なぜならば、われわれは世界を究極的にはやはり言語的に了解しているのであり、それはどこまでも内側に存するものだからです。ここにたしかに大問題が含まれています。なぜならば、このままでは世界の客観的存在も恒常性も担保しえないからです。これは、現代物理学、特に量子力学の基礎的な問題とリンクする問題で、物理学の問いとしても第一級の問いであります。そしてまた想像通りに、どうにも解き明かせない問題として残り続けているものです。こうした問題は、第10講義でも議論することにします。

さて、以上を簡単に図示しておくと**図6-3**のようになります。ポイントは外と内のつながりのところですね。確認してみてください。ちなみに、カントは、この客観的外部を端的に述べれば、内側の機構を作動させるもの、として理解して、いわゆる「物自体」の世界の存在を堅持しようと努めたのです。

くり返しになりますが、特徴的なことはいずれも「核」としての実体が外れてしまう、あるいは有意な地位から降格する事態となっているということです。

これは、西洋哲学の思想的潮流の非常に正しい帰結でもあります。というのも、分析の結果、中世であったなら神が登場するような局面に神の登場を許さなかったからです。西洋の思想潮流の本流とは、誤解を恐れずに述べればいわば「神なしでやる」＝「神外し」という潮流です。そういう意味では、われわれはものすごく論理的に正しく議論を展開してきたように思われます。事実そうなのですが、これ自体も時代的な潮流の結果であって、どうしてもその外側に出ることはできないということを示してもいます。なんとなれば、この潮流は自然科学にあっても同様なのです。なお、ものすごく大雑把な話なのですが、もし中世であったならば、同じような展開で行き詰まるからこそ神の証明になる、といった具合に論理の躓《つまず》きのポイントがかえって肯定的なポイントに逆転して解釈されることになります。

ちなみに、西洋哲学の潮流を実体概念の把握から関係概念（関数概念）の把握へのシフトにある、実体が徐々に外されてゆく過程である、と喝破したのは哲学者エルンスト・カッシーラーです(5)。次回はこのカッシーラーの認識論が説くところを参考にしながら現代自然科学、特に物理学の理論がこれまで論じてきたこととといかに疎通するかを見てみようと思います。また、ボームの物理学（量子力学）の知見を踏まえることでここまでの議論のいくつかを一気に止揚する議論を展開してみたいと思います。

註

（1）ちなみに、大人にもこうした自動プログラムがあると言われています。例えば、赤ちゃんを見て、あるいはかわいい動物を見ておもわず微笑む（そしてその結果としてほんわり和む）のはわれわれの本能である、とも言われています。

（2）ここで「身体を離れて」と述べているけれど、究極的には離れてはいないのです。なぜならば、どれだけ抽象的な記号であれ、遡ってゆけば原理的に（言葉で説明を繰り返してゆけば）、「私」に帰着するはずだからです。

（3）　したがって、外来の思考法を無批判に学び取ることが結果的にどういう結果とハレーションを引き起こすかは推して知るべし、というところでしょう。
（4）　ここらへんは、論理としても、現実としても実に微妙なところです。私は言葉であり、かつ身体なのですが、ここで申し上げたいことは、私という認識のことです。
（5）　エルンスト・カッシーラーは新カント派の哲学者で本論に主に関係する著作は『実体概念と関数概念【新装版】――認識批判の基本的諸問題の研究』（山本義隆訳、みすず書房、二〇一七年）、『現代物理学における決定論と非決定論［改訳新版］因果問題についての歴史的・体系的研究』（山本義隆訳、みすず書房、二〇一九年）、『アインシュタインの相対性理論』（山本義隆訳、河出書房新社、一九九六年）、『シンボル形式の哲学1〜4』（岩波書店、一九八九年）などです。
　なお、次の講義ではこれらをあらためて列記することはしません。

第Ⅲ部　思想の潮流

第7講義　自然科学と思想

　ここでは、まず、相対論と量子力学が存在の核を喪失している様子を講じます。それは、あたかもカントのコペルニクス的転回と同じ認識の方向転換で、存在（手付かずの存在）があって、現象を生ぜしめるのではなく、現象が存在を規定するのです。実体的な核の消失は、思考の核が消失していることとパラレルです。

　また、情報についても静的な理解ではなく、外と内が交錯する場面で情報は情報となるのだ、ということも論じようと思います。

　そして、最後にボームの物理学の概要を紹介し、この解釈がこれまでの難点をどのように解消しようとするかを概観しようと思います。

　さらに、今回の講義では「思想の潮流」、要するには考え方の流行というか、流れというか、そんなお話をいたしましょう。もっとも、延々と連なる人間の思想の歴史をサマライズするなんてことは僕にはできかねます。そこで、今まで論じてきたことが一見するとまったく別物に見える自然科学、特に現代物理学とどう関連しているのか、ということを詳述しましょう。特に一九世紀後半から二〇世紀の初頭にかけて理論化された量子力学がどういう問題を抱えているのかを論じることで、これがいかにここまでの議論と似通った問題を内包しているかを示します。先に第3講義の思考実験のところで少しばかり論じた相対論についても同様の観点からあらためて論じます。それによって、われわれがいかに時代の潮流と分かちがたいかという傍証が得られることでしょう。自然科学であっても、しょせんは人間が考えたことなのです。時代の思想潮流と無関係ではないのです。こうした立論が「奪われた思考」というささか衝撃的な表現について原理原則的に考える場合の端緒にもなるであろうと思います。

なお、今回の第3節は非常に難解です。難解にすぎる、と思われた場合には、最後に要点としてまとめておきますので、そこまで一気に飛ばしてしまってもかまいません。あるいは、物理学や数学などと聞いた瞬間に失神しそうになる方も同様です。

1　物理学における認識論の潮流

まず、アインシュタインの思考実験を紹介したところで述べたことを簡単に振り返ることから始めましょう。先に述べたことは、アインシュタインの相対性理論がなした哲学上の大転換は、まさしく認識のコペルニクス的転回であった、ということでした。古典物理学にあっては、物体の存在が引力を生ぜしめる、という理解でした。つまり、原因と結果の矢印の方向は「物体→引力」ということです。しかし、アインシュタインの理論は「引力→物体」といった具合に引力の存在が物体の存在を可能ならしめる、というように矢印の方向が逆転しているのです。そして、ここでは引力の存在が必ずしも物体の存在を保証するものでもありません。物体という実体的存在は引力を生ぜしめる幾何学的な曲率へと一元的に還元されるのです。つまり、あらゆる物体は時空間の曲率として理解されることとなります。すなわち、古典物理学の認識論は、物体があって、それを記述したものが関数関係であったのですが、相対論については関数や諸々の言葉の編み目に捕捉されたところの物体ということです。で、ここが重要なところなので繰り返すのですが、それは物体である必要すらもはやない、ということです。

同様に、特殊相対論もまた同じように解釈されます。物体が$E=mc^2$というエネルギーを持つのではなく、かかるエネルギーを有するところの物体、という認識の転換です。$E=mc^2$という数式に代表される理論と数式と記述する諸々の言葉の網の目に捕捉されたところの物体なのです。

奇しくも、こうした認識論の大転換は量子力学の認識論においても同様なのです。というか、量子力学の方がより劇的であったとすら言えるでしょう。どういうことでしょうか？

量子力学の場合は、より決定的にこうした実体的な理解（具体的に小さな粒子をイメージするなどした）をまったく寄せ付けないのです。例えば、小さな粒子が（呼びたければ素粒子と呼んでもよい）、色々な相互作用を経てゆく描像的で実体的なイメージを追いかけて行くことで首尾一貫した理解をしようとするとどこかで絶対にうまくいかなくなるのです。つまり、量子たる物質はそうした実体的な何かではない、ということを量子力学は述べているのです。このもっとも劇的で象徴的な事例は、物質の相補性でしょう。相補性とは物質は粒子であると同時に波動である、というものです。粒子は局所的に存在する物体ですが、波動とは非局所的な現象です。これらの相容れない性質を同時に持ち合わせているということが本質であり真相なのです。あるいはこれまでの原因と結果の結びつきすら量子力学にあっては破綻しています。

われわれが行えることとは、例えば電子というミクロ物質であれば、それを記述する言葉の数々だけであって、電子とはそうした言葉で記述される言語の網の目に捕捉されるような現象としての対象である、ということだけなのです。電子という実体的な何かを記述しているのが量子力学という理論ではない、ということです。さらに言い換えてみれば、すべては関係性である、ということです。

かくして、二十世紀の科学革命とは、理論から実体が外されてゆく過程であったと総括可能なのです。哲学の用語で述べれば、存在論なき認識論、ということです。これは、われわれがここまで述べてきた思想の潮流としっかりと一致するのであり、こういう側面から科学であってもやはり思想的な潮流のただ中にあるということです。あたかも科学とは、特に物理学とは、そうした人間の思考に影響されない何かを抽出する営みであるかに思われますが、そうではありません。

2　物質の存在基盤の喪失

大きな流れで述べれば、現代物理学のミクロへの進捗は古代の原子論から続く還元論的な思考の結果とすら言えるでしょう。還元論と述べると、いかにもドグマ的な印象を与えてしまいますが、良いとか悪いとかではありません。要するに、世界は何からできているのか、自然の森羅万象をどのように理解すればよいのか、といった人間の探究心と好奇心の結果にすぎません。しかし、恐るべきことに、そして驚くべきことに、人間はそうした探求の果てにミクロの対象へと考察を進め、言い換えれば究極の存在の根源たる姿を求めようとして逆にその姿形を失ったのです。物質的で万物の根源としての対象を見いだすどころか、確固たるものが雲のように消え去ることを目の当たりにしたのでした。

ちょっとした例え話をしてみましょう。

探求は、あくまでも目に見えるマクロの物質から始まったのです。それはちょうど、対象のスケッチをしている画家を思い浮かべるとよいかもしれません。この画家は、目の前にあるリンゴをスケッチします。次に、この画家は、このリンゴを包丁で二つに分断してその様子を丹念に描きます。さらにこの画家は、このリンゴをもっと細かくしてその様子をできるだけ詳細に描きます。そして、さらにこの画家は、リンゴを超微小な要素にまで分割して顕微鏡で覗き、その様子を描きます。もうここまでくると分割する作業すらも顕微鏡で行わなければならなくなってきますが、それでもこの画家はリンゴを細かくして描いていきました。こうしてどんどんとリンゴの絵がたまってきたのですが、ある段階まできて、この画家は自分が描いているはずのリンゴを構成していたリンゴの微粒子が顕微鏡に映っていないことに気が付きます。しかし、電子顕微鏡であったり、別の手段を用いたりしてこの微粒子に働きかけてみるとそれなりの反応があってまったく消えてしまったのではなさそうだ、とも思っています。そこで、今度は様々な反応の様子を描いてゆく（あるいは書き留めておく）のですが、この画家はあるとき、疑問に思うのです。はたして自分が見ている対象とは何であるのか？　と。そして気が付くのです。自分が見ていると思っていた対象は、自分が描いていたキャンバスの上に描かれたものこそがそれであって、描かれる側の対象がキャンバスの外側にあるのではないと。ここまでは、認識のスクリーン（この場合は自らの眼であり、その眼で見たものをキャンバスに描いたという段階）に映ったものが対象である、ということです。

そして次に、自分の眼には何も映らなくなってきて、こう思い始めるのです。自分が見ているのは自分がリンゴの微粒子だと思っている対象に対して働きかけたその結果だけを見ているのであると。特に、電子顕微鏡を介在しなければ見えない、あるいは何らかの高度な機器を用いて働きかけなければ反応をえられないほどに微細になってから、自分が見ているのは、機器の反応という現象だけであった、ということです。機器がそのような現象を生じることがすべてであり、それ以外のものの存在は原理的に何も言えないし、見ることもじつはできなかったのだし、つまりは、それが「ある」とか「ない」とかも言いえない、あるいは言っても詮無きことだということです。つまり、存在を見失ったのです。

それにしても、これは深刻な事態です。物理学は存在（物質存在）の基本を追い求めて物質を見いだすどころかその基盤である物質そのものを見失ってしまったのですから。なんとなれば、われわれだって物質存在です。ここまでに論じてきたように思考している実体が何であるかが分からなくとも、われわれわれは考える物質であり、それは唯一無二なものと、そう確信しています。先の議論ではこの思考の核たる実体が分からなくなっただけであって、われわれの身体は依然として確固として存在していたのです。私をクラウド上に飛ばしてしまう思考実験はあくまでも思考実験であり、よりファンダメンタルなものが何であるかを鮮明にするための極端な、まさしく思考での実験にすぎません。

そもそも、物理学が正しければ、われわれの身体や、われわれの周りに存在する物質の数々がミクロの物質からどのように形作られているかを説明できなければなりません。量子力学から力学への移行は、その時々の条件にあわせて極限を取ることで移行されます。しかしそれは単なる数学的な操作であって、その操作が現実的に何を意味するかは十分に説明されてはいないのです。

事実、ミクロの対象は物質というよりは雲のような存在であり、われわれが粒子状の存在物をいかに想像してみてもそうした描像はすべて間違っているのです。とにかく雲のようなものであって、物理学の説く物質のビジョンが正しければマクロの物質は（つまりは、われわれの周りにある物質や目に見える世界は）、これらミクロの物質の集合体なのです。しかしながら、原理的には雲をいくら集めても雲であるということです。というか、こうした表現も描像のドグマに囚われています。要するには、どこから量子力学的対象は量子力学的対象であることをやめるのか、ということであり、じつはそれは、われわれが対象を量子力学的対象として観るか観ないか、というこちら側の恣意的な判断にのみ対応しているのです。

少なくとも、量子力学は客観的な世界としての実在の把握には失敗していると言うべきなのです。

3　情報についての考察からボームの物理学へ

まず、最初にお断りしておきたいのですが、ここで展開する話はかなり難解です。多分、世界中でこの話に本当にピンと来る人はかなり限られています。ですから、しつこいほど言葉を尽くして、同じようなことを別様の表現などで色々と語ってみることにします。

さて、もう一つ科学の側からの考察を施しておきましょう。本題の核心部分へ入る前の準備のようなものです。

まずは、情報についてです。ほとんど日常的に用いられている言葉なので、これまであまり細かいことに頓着せずに使ってきましたが、この情報という語もまた示唆的なのです。考えてみるに、情報はそれを受ける側に何らかのアクションを伴って（受ける側に何らかのアクションが生じて）初めて情報となります。何のアクションも生じさせず、すり抜けてしまったら情報は情報にはなりえないということです。information とは文字通り、内に（in に）なんらかの形（form）を形作る（ation）[1]、あるいは動作である、という意味となるはずです。

考えてみるに、これはまったくその通りと言うべきでしょう。受ける側がそれを受ける状態になければ意味を生じさせないのです。何度も言葉を尽くして表現してみますが、情報は、受け取ってその内実たる意味を理解してはじめて情報となるのであって、メカニカルでスタティックなものでは本来ありません。受ける側のスイッチがオンになっているような事態のことです。この点こそが情報の本質です。

こう述べられるとすごく当たり前だと理解してくれると思うのですが、現在の情報工学、情報理論での情報では、こうしたことはまったく考慮されていません。情報は単にスタティックにそこにあって、ここで述べたようなダイナミズムもオーガニックな側面もありません。ただ○○ビットの情報、というだけです。これを遡れば、クロード・シャノンの情報理論[2]へと行き着くのですが、おそらくシャノンは、情報のこうした側面には気が付いていたはずです。が、後代の人々がシャノンの深みのある思考を理解できずに単純化してしまい（単純化してしまっているとは思いもせず）、さらに次の世代はもっとこういうことに疎くなっていった、というワケなんですね、多分……。

二重スリット実験

以上を踏まえたうえでそろそろ本題に入りましょう。

ボーム[3]という物理学者がいます（いました）。僕の先生筋にあたる人ですが、彼は、こうしたことについて非常に深く考えた人物で、その思考は、量子力学の基礎的な事項についての長年にわたる深い考察から熟成されて出てきたものです。

彼の物理学をここで全面的に展開するワケにはいきませんが、その概略を簡単に紹介しておきましょう。例えば、量子力学の不可思議さを示す実験に「二重スリット実験」というものがあります。二つの穴（スリット）に向けて電子銃から電子を打ち込みます。電子は二つのスリット（のどちらか）を通過してスクリーン上に到達するのですが、この際にどちらの穴を通過したかが分からなければ（われわれが知らなければ）スクリーン上に干渉縞を映し出します。つまり波動として振る舞います。しかし、電子がどちらの穴を通過したのかをわれわれが確定すると波動としての振る舞いは途端に消えてしまいスクリーン上の干渉縞はスリットの近辺が強くてそこから離れてゆくにつれて弱くなってゆくという普通の粒子のような振る舞いを見せます。図**7-1**を参照してください。

ボームの解釈

標準的な解釈（これをコペンハーゲン解釈と言います）[4]では、この現象をすべて納得いくように説明することはできません。というか、そもそも最初から説明することを放棄していて「自然はそのように振舞うのだ（だから、なぜかを問うても意味がない）」したがってそのように問うことを止めよ、と回答します。

これに対してボームの量子力学は情報のポテンシャルであるところの量子ポテンシャルなるものを理論的に導入し、状況の全体を電子が把握することを浮き彫りにさせ（把握させることで）、スッキリとした分かりやすい説明をします。つまり、ボームの理論の場合は、量子ポテンシャルの中にスリットの状態がどのようであるかという情報があらかじめ入り込む形式になっているのです。例えば、実験者がどちらのスリットを通過したかを観測しようと思って観測機をセットしたことも（しなかったことも）量子ポテンシャルの中に入り込みます。そのために電子はその量子ポテンシャルにガイドされた経路をたどってスクリーンに到達し、条件（実験の全体状況という情報）に則った模様を映し出します（**図7－2**を参照のこと）。この際に、電子がどの経

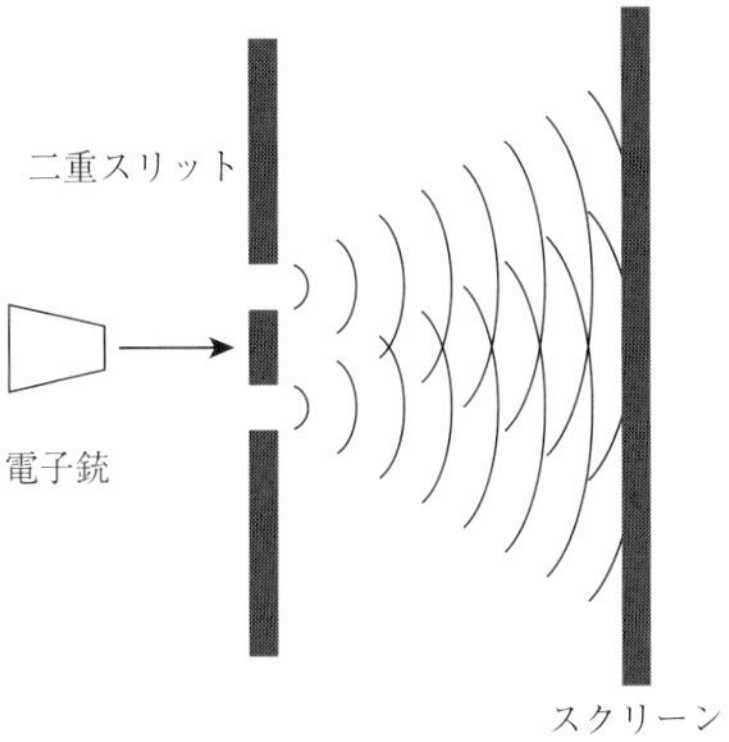

図7－1　二重スリット実験

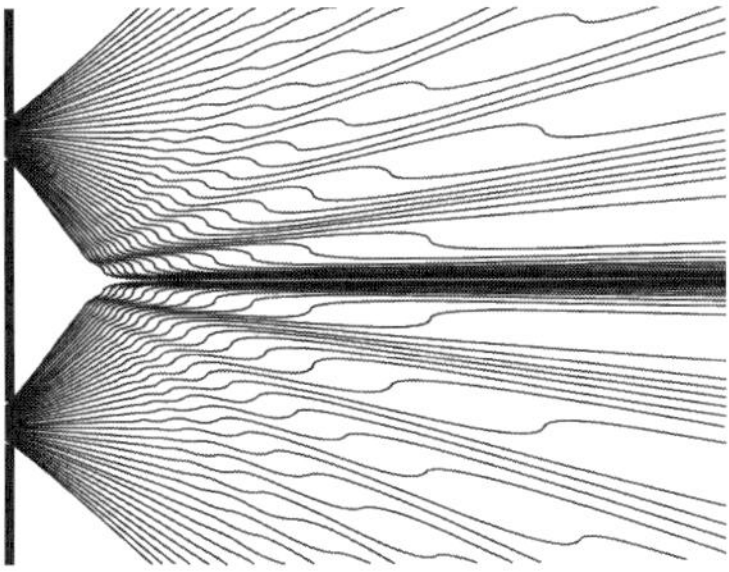

図7－2　ボーム理論による二重スリットの軌跡（by Sheldon Goldstein）

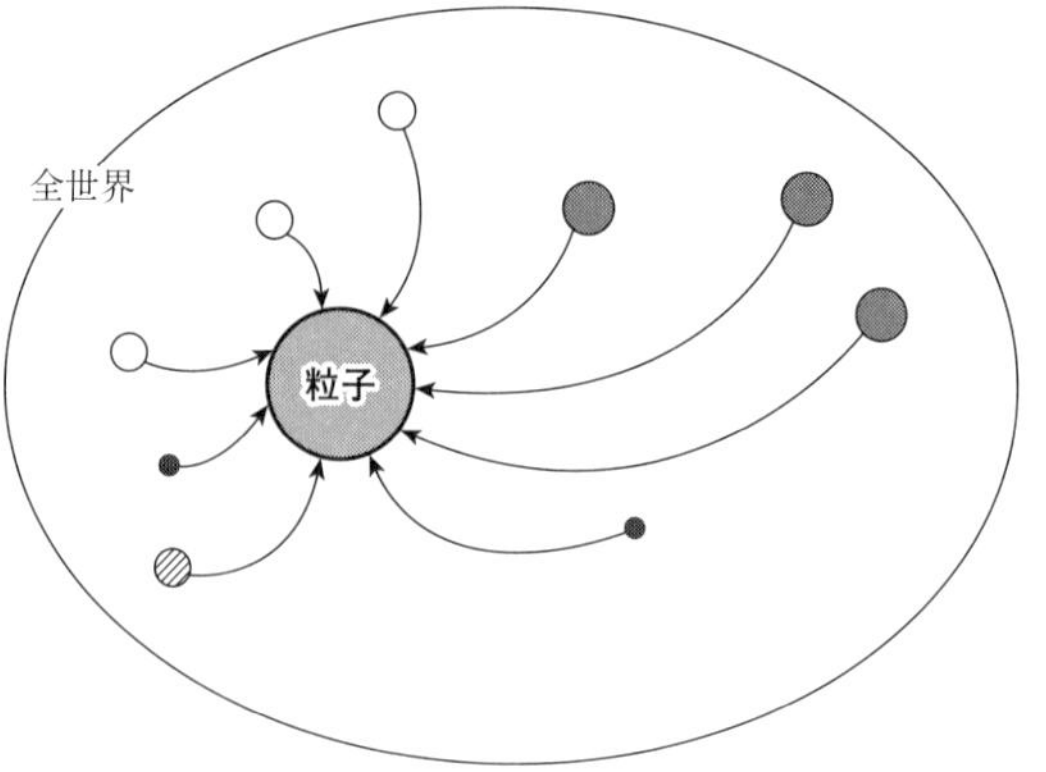

図7－3

全世界の状況を暗に含み持ち、それ故に世界と即応状態にある粒子。なお、「粒子」のようなミクロの物質にかぎらず、すべての物質はこうした状態にあると考えらえる。

路をたどるかというプレ情報[5]が電子にビルトインされることで初めて情報は情報としての意味をなし、電子にアクションを起こさせます。すなわち、電子は情報を受けて自らのアクションを変化させるのです。なお、この情報は時間差ゼロ[6]で物理的な相互作用を介さずに（物理的な何かをやりとりするという方法ではなく、つまり非物質的な遠隔操作でもって）瞬時に量子ポテンシャルの形を変化させることが可能です。例えば電子が発射された後で、スリットに到達する前にスリットの状態を変化させてしまっても、電子はその情報を量子ポテンシャルの変化から変えたと同時に知っています。ここで重要なことは、電子自身は、時間差ゼロであるからこそなんら物理的な相互作用を介さずに（つまり非物質的に）自らの行動を自分で決定していると言わざるをえないということです。ビリヤードの球のように他力で、つまり外的に規定され強いられてそうなったのではなく、自らがそのように動くという、言ってみれば意思のようなものを持ってそう動いていると解釈するのです。ちなみにボームとハイリーはこうした事情を指して

「粒子はself-moverである」と述べるのです。ただし、それは傍目からは外的な要因に強いられてそのように動いているように見えます。見た目が変わることはないので、ここら辺が難解なところなのですが、解釈の仕方が決定的に違うことに注意してください。(7)

こうした理論の特徴から窺い知れることは、電子が静的な存在でも単純な構造物でもないということです。電子は全体の状況（二重スリットの実験では実験の状況だけが重要な情報として、いわばアクティブでしたが、基本的には電子の深部には全世界の情報が内蔵されていると解釈せねばなりません）と深部で繋がっていて、いわば全世界の全体的な状況といつでも即応状態にある、というワケです。われわれはその全体の一部をまさしく電子の振る舞いとして（電子と名付けられた影として）認識しているにすぎないのです。**図7-3**を参照してみてください。

ボームの解釈と「プレ意識」

この解釈をわれわれが議論してきた思考のモデルに適用してみましょう。

AからBへ電子が飛んだとします。で、これをオンであるとすると、BはAから電子が飛んでくる（オンとなる）ということを電子が飛んだ瞬間に知っており（あるいは、さらに適切な表現を探すと時間以前と述べるべきかもしれません）、それどころか、あらゆるセッティングも状況も知っており、つまり、Bはかかる情報に対してアクティブなセッティングになる（なっている）のです。と同時にAも電子を飛ばすというセッティングに同時になる（なっている）のです。そしてまた電子もすべての状況を瞬時に知っています。これはもちろん、電子が飛ばないオフの場合でも同様です。すなわち、ここにはこうした全体状況が見えない形で情報として内蔵されています。そして重要なことは、この状況は全体として原初的な「プレ意味」あるいは「プレ意識」の次元をなしているということです。二重スリットの実験で電子自らが「どのように振る舞うか」という量的ではない質的なものを情報としてその深部に内蔵していたように、こうした思考のもっともプリミティブであると目される機械的動作の背景にも「プレ意味」あるいは「プレ意識」が（そう解釈できそうな何かが）ビルトインされているのです。

さらに表現を変えて説明を加えておきましょう。例えば、粒子はどのように観られるか（観測されるか）ということをこちらが決めた瞬間に知っていて、それは物理的な信号のやり取りでは伝達不可能なチャンネルでのやり取りだということです。瞬間的であることからして、非物質的で非物理的な何かとしか言いようがありません。これは象徴的にイメージとして述べているのではありません。現実的にマクロな状況までも含み持つように情報がビルトインされていて、それが非物質的に瞬時に全体に共有されていなければ理論的に一貫した説明ができないのです。そして事実、ボームの物理学はそのように構築されています。

なぜ思考の核が消えるのか

このボームの理論をこれまで展開してきた思考の核が消えてしまう問題へと適用してみましょう。すると、見えてくることは、思考の最小単位たる核のようなものがあるとすれば、次のようなものではないのか、ということです。

まずは、人間の思考はオン‐オフ回路からなります。このオン‐オフ回路は基本的かつ構造的にはコンピュータのそれとアナロジカルに同等です。ただし、通常の理解と異なっているのは、この回路を飛び交う電子には、量子ポテンシャルという全体の状況を知らせる情報のポテンシャルが随伴しており、それを受ける側は、それを開示して自らの行動に反映させることができるような仕方で意味になり得る非物質的ななんらかの質を常に内包しているということです。すなわち、すべてが即応状態にある、ということです。例えば、ブラックボックスの中に赤と青の玉が入っていて（赤と青が一つずつ入っている、ということだけ知らされている）、これを二人が取り出して持ち帰り、帰ってから眺めてみて自分が手にしているものが青（赤）であれば即座に相手が赤（青）であると分かるのと似たような即応状態にある、ということです。で、この関係性は両者がどれだけ離れても（宇宙の果てまで離れても）決して切れません。ちなみにこれをＥＰＲ相関、あるいはＥＰＲパラドクスと言います。[8] **図７－４**を参考にしてみてください。

また、ここで情報とは受ける側に意味として解読されるものの萌芽を含み持つようなものまで広げて解釈しています（つまり、最初の準備として行った考察の機構を持つものとしての情報です）。つまり、あらかじめ開示された形で情報を随伴しているというよりは、インプリシットに内に内包するように含み持っているという意味で萌芽なのです。そして、ここで、意味として解読されるものの萌芽こそが、いわば意識の核になるものであり、したがって思考を構成する核となり得るもので、プレ意識とでも呼ぶべきものと解釈できる、ということです。そして、これらが何らかの条件を満たした時に明確な意識として意味を構成し、それが人の思考なのではないか、との仮説を構築できるのではないでしょうか。さらに端的に述べれば、物質には、非物質的な側面や要

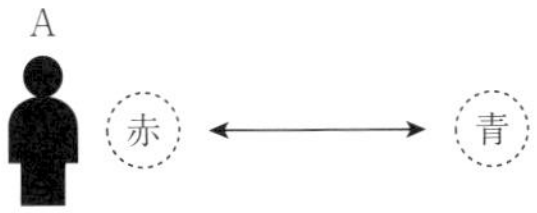

図７－４(1)　どれだけ離れていても相関している。いわば情報はアイドリング状態にある。

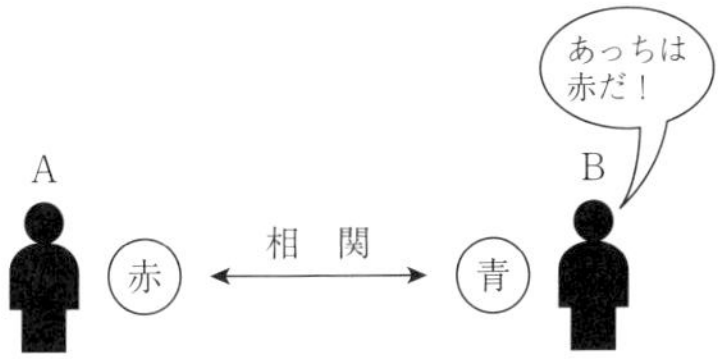

図７－４(2)　Ｂさんが見ると向こうが赤であるということを知る。いわば、ここで情報はＢさんにとってドライブ状態となる。つまり、意味を開示する。

例えば、図７－４(1)のような状態をボームとハイリーは情報がパッシブであると考え、図７－４(2)のＢさんの状態をアクティブとなったと考える。

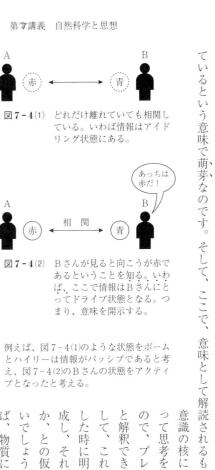

素があり、それらの一側面が、ここで述べてきたような方法で情報を開示したり含み持ったりしているのではないか、という仮説です[9]。

われわれのこれまでの考察は非常に機械的でメカニカルなものの中に何かを見いだそうと試みたからこそ失敗したのだということです。物質から心までを一貫したパースペクティブで語るには、決定的な飛躍を行わなければできないことだったのです。ただし、これによってただちにコンピュータがわれわれと同等の思考を持つということは演繹されません。まだこの間には決定的な相違があるでしょう。おそらくは、フェイズが異なっており、なんらかの条件がそろってフェイズが異なった段階へと進化しなければ物質が含み持ったプレ意識はプレ意識のままでしょう。もちろん、決定的なことは分かりません。ただし、人間には人間に特有の回路網、すなわち先の言葉で述べれば電流のパターンがあって、そこに私の唯一無二性が存すると考えるのが妥当であるように思われます。何らかのパターンと、あるいは何らかの条件を満たして初めて人間的な意識を構成し、さらに何らかのパターンと何らかの条件がそろって唯一無二性の私たる思考が生成するのではないか、ということです。逆に言えば、コンピュータは電子が原初的な意味を含み持つのと同じように原初的な思考の形態を有するかもしれない、ということです（そう解釈できるかもしれない、ということです）。こうしてボームの物理学は物質的なわれわれの身体にいかにして唯一無二の私性が宿るかについても、とりあえずの説明をしてくれます[10]。

ボーム物理学の可能性

はたしてこれですべてに解答したことになるかは、今後のさらなる検討に付されなければなりません。おそらく不十分でおかしなところはたくさんあることでしょう。しかし、ここまでの議論と検討で、われわれはかなり重要な視点と論点を得たことはたしかでしょう。一つには、ここで述べてきたような仮説をたててもいいという論拠がある、ということ。そしてもう一つは、このように仮定された思考の原子的で核となるアクションが全体的な情報を陰に陽に含み持つ[11]、ということです。つまり、内は外と呼応しており、インプリケートされた情報として外を含んでいるのだということです。しかも原理上は外のすべてを、ということは全宇宙の空間的広がりから時間的広がりのすべてを一点収束的に含んでいるということです。そしてまた、内に（内側のスクリーンに）そのようなものが映るのは、実際にどのようになっているかまでは分からなくとも、何らかの対応する外的世界が存在することを根拠づけてくれるからです。極端な言い方をすれば、私がそのように認識するのは、世界がそう認識するからであり、すなわち、内即外、外即内である事態が生じていると解釈可能だということです。

さらに、こうした観点から、われわれが何故に時代の思潮と無縁ではないのか、ということも論じることができるように思われます。われわれのただ中には世界のすべてが陰に含まれているからです（あるいは、あらかじめ陽に含まれてもいるでしょう）。それらのうちの何が発現してくるかは、個々人の個性によりますが（先の言葉で述べれば、何がオンで何がオフなのかということですが）、原理的にはすべてが発現可能性を持つ、ということです。誤解を恐れずにもっと踏み込んでみれば、これは、カントが先験的な直観形式と呼んだものの拡大バージョン、あるいは、そのさらなる詳細な構造である、と言うこともできるかと思います。

4　ボームの物理学から分かること

ボームが述べていることは、結局のところ、物質は、物質以外の何かを決定的に含み持っている、ということに尽きます。表現しようがないのでここでは主語を「物質」として述べましたが、本当は、物質と意識が渾然一体と化した何かであって、それはちょうど、われわれが物質としての身体を有すると同時に心（意識）を持つのと同じです。あるいは構造的にパラレルになっている、ということです。つまり、われわれの身体という物質が素粒子の塊からできているのであれば、心も素粒子ならぬ素意識の集合体とでも言うべきものであり、こうしたものが渾然一体と化したフェイズが、よりファンダメンタルな物質にせまってゆくと、避けがたく露わになるのだ、ということです。そうしたモノが露わである現象を物質的な側面を説明する言葉や概念だけで説明しようとすることに無理がある（あった）ということです。つまり、量子力学の根本的な問題や数々のパラドクスは、ここに原因があるのです。

　われわれは、自身を取り巻く環境の状態を瞬時に読み込み、そこに意味を見いだして行動します。例えば、遠く離れた両親の今現在の状態もインプリシットに（陰に）読み込んだ結果として（言い換えれば、現実に今現在の状態を見てはいないけれど、ほぼ確信を持って文字通り陰に知っているということ）われわれの言動があるのです。パリについての情報も、明日の夕食の献立についても、来年の世界情勢についても、先祖が生きた過程も……、すべてを陰に、かつ瞬時に自らの内に内包することで、われわれの今が秩序立っていて、意味をなすのです。

　これは、情報が情報として意味をなす機構とまったく同じです。本来、情報とは、意味の萌芽を含み持っており（情報として意味をなす萌芽を含み持っており）、これが受け手の側で開示されてはじめて情報は情報となるのです。これは、静的で物質的な機構だけでは説明できません。

　情報もより細かな情報の原子のようなものへと還元されて理解されるはずです。例えば、新聞に書かれている記事は情報ですが、これらはインクのシミですし、インクのシミは原子や分子の配列ですし、……ということを辿ってゆくと一つのミクロ粒子に行き着くはずで、究極的にはその物質粒子のオンとオフだけが構成要素となっているようなフェーズにたどり着きます。例えば、電荷がプラスである粒子を考えましょう（ということはこれがプラスと意味を判読されたらオンで、判読されなければオフなので文字通りに情報の最小単位です）。で、この粒子は電荷がプラスである、ということだけが個性であって、それ以外のものは何も有していないとしてみましょう。想像しづらいかもしれませんが、赤い球があった場合、現実的には、この球は「色が赤」という属性以外にもたくさんの属性を持っています。色の塗料を剥がしたらガラス玉だった場合は、このガラスの属性という情報をここから取り出せますし、色の塗料についての情報だってその赤い球の属性です。ところが、今、問題にしているのは、「赤である」という情報だけが属性と存在物の構成要素になっている状態のこと（そこまで根源的でミクロなもののこと）を述べているのです。このフェイズでは、情報は物質であり、物質は情報という非常に根源的な物質と非物質が渾然一体と化した段階であるということに注意してください。この場合、その粒子は物質であり同時に受け取られてそのような情報となる意味の萌芽を含み持っているとしか言いようがありません。「赤である」はそれを受け取って「赤である」と受け手が開示して初めて意味を生じさせるのです。だから、それは受け取るという相互作用と連動するように受け取られる側と受け取る側にいわば「プレ赤である」があって、受け取りの相互作用がこれを意味ある「赤である」として開示させる、というイメージが強いて言えば近しいでしょう。

　ともかく、こうしたことまで考えて初めて量子力学のパラドクスはパラドクスではなくなる、ということです。要するに、物質を理論的に記述する場合であっても、周りの状況を情報として露わに（インプリシットにではなく）入れ込むか入れ込まないかで、挙動が変わるということは、その情報が意味として開示されたか、あるいはされなかったか、に関わるのです。言い換えればまさしくインプリシットに（陰に）情報が意味として開示する萌芽がすべて含まれているということです。

　こうした議論は、いわば哲学の議論であり、心身二元論であるとか、心身問題などとしてさかんに議論されてきた問題です（コラム2のデカルトの箇所を参照のこと）。ここで重要なことは、今までこうした議論はいわば思弁的にしか行えなかったのですが、ボーム流の物理学は、こうした議論に物理学的な基盤を与える可能性があるということです。特に、物質と意識が一体化したフェーズがある、という言説にそれなりの科学的な合理性と説明を与えます。

このように解釈可能である、ということは、先にさんざん論じてきて思考が消えてしまったパラドクスの何が問題であったかを浮き彫りにします。先の議論が暗礁に乗り上げるのは、物質を従来の物質観からしか眺めなかったからです。物質的なアクションに随伴してここで述べたような機構があるというのであれば、つまり物質がなんらかの非物質的な側面を随伴しているのであれば思考が消えるパラドクスはパラドクスでもなんでもない、ということです。例えば、先に論じてきたように、機械的な自動動作の連鎖には思考が入り込まないはずなのだけれど、本当はなんらかの意味の開示がその都度に随伴しており、ということは、入力された情報には情報として意味を開示せしめたプレ情報が陰に随伴していて、その結果として意味が生じるのではないか、ということです。そして、その束がどこかの段階で（どこかで一定の条件を満たして）意識を生じさせ、その束の束の束の……というさらに大きな束が、思考の唯一無二性を、したがって唯一無二の私を私たらしめるのではないか、ということです。で、繰り返しますが、ボームの物理学はこうした立論を科学として根拠づけてくれる可能性がある、ということなのです。

結局のところ、世界を一貫したパースペクティブで理解するには、物質と非物質が渾然一体となった相を想定しなければどこかでパラドキシカルな結果、あるいは解釈とならざるをえない、ということです。すなわち、ここに提示したのは、一貫したパースペクティブでもって世界を理解する一つの解釈なのです。

しかし、よく考えてみるとこんなことは当たり前のことかもしれないのです。われわれは、物質的な身体と共に固有の意識を有します。われわれ自身が、まさしく物質と非物質の渾然一体化した存在です。ミクロの領域に至ると、この渾然一体としたものがマクロ物質を扱っていた段階では現れなかったけれど（問題とはならなかったけれど）、一気に露わになって問題化してくるのです（繰り返しますが、ここに量子力学のパラドクスの根源があります）。これらは、本当は決然と二つに分離されているものではなく、両者が一体となっているというのが本当のところで、科学はこの一方である物質の側面だけを問題としてきたのです。

先に述べたように、このように世界をあらためて捉え直すと、「考える（思考）」が雲のように消えてしまうパラドクスを回避することができるのではないでしょうか。そして、それは科学にも哲学にも新しい視点を導入することになるのではないでしょうか。

次回は、このような意味も含みつつ、われわれの思考がどのような時代的なフォーマットを有するか、ということについて考察してみたいと思います。言い換えれば、これも何がオンで何がオフなのか、何が陰で、何が陽なのか、あるいはなぜそうなっているのか、というういわばこちらの思考のフォーマットの陰影を描いてみるということです。

註

（1）ation とは、通常、なんらかの動作のことを指し、あるいはその結果としての状態などを指す、もしくは表す接語尾です。

ちなみに、ボームとハイリーは以下のように述べています。「…… information の in-form なる語の文字通りの意味に注目してみると、それは、何かのただ中に形を与える、あるいは何かに形を吹き込むということであり、それ自体がアクティブな何かなのです。」――D. Bohm and B. J. Hiley, “The Undivided Universe, An ontological interpretation of quantum theory”, (Routledge 1993) p35.

あるいはミラーはラテン語、ギリシャ語の語源にまで遡って次のように述べています。

「……英語の多くの単語と同様に、“information”という言葉にも、ギリシャ語とラテン語の両方のルーツがあります。ラテン語の information は、現代の「情報」と直接的かつ明白な構造的類似性を持っています。接頭辞（in）は英語の「in」「within」「into」に相当し、接尾辞（ito）は動作やプロセスを表し、動作の名詞を作るのに使われます。中心となる語幹（forma）の主たる意味は、「目に見える形」「外見」「形」「輪郭」ということです。つまり、informo（または informare）は、何かを形成したり、様式化したり、特定の形状や秩序をもたらしたりする動作を意味し、informatio は、このようにして成された「かたち」を意味する名詞です。」――G. L. Miller, Resonance, Information and the Primacy of Process: Acient Light on Modern Information and Communication Theory and Technology, (Doctorial Dissertation, Rougers) 1987.

（2）クロード・シャノン（1916～2001）はアメリカの数学者で情報理論を確立したことで知られています。電気回路のオンとオフが論理計算に使えることを用いて今日のデジタル回路の基礎を確立しました。シャノンの功績は情報の数学理論を確立したことで、これによって情報を数学的・量的に扱うことができるようになったのです。

（3）デヴィッド・ボーム（1917～1992）はアメリカ生まれの物理学者です。マッカーシズムでアメリカを追われ、ブラジルのサンパウロ大学を経てイスラエルのイスラエル工科大学、英国のブリストル大学を渡り歩き最後はロンドン大学バークベック校の教授として生涯を過ごしました。ロンドン大学バークベック校名誉教授。一九五二年に世に問うた、『A Suggested Interpretation of the Quantum Theory in Terms of “Hidden Variables” Ⅰ & Ⅱ、*Physical Review*』Ⅰは 85: pp166–179、Ⅱは 85: pp180–193. は強力なコペンハーゲン派への対抗理論として現在でも色あせていません。

以下で展開してある理論は数多あるボームとハイリーの論文に詳しいのですが、代表的なものを二つ挙げると、D. Bohm & B.J. Hiley, "The Undivided Universe, An ontological interpretation of quantum theory", (Routledge, 1993)、D. Bohm, "Wholeness and the Implicate Order",（井上、伊藤、佐野訳「全体性と内蔵秩序」青土社、二〇〇五年）です。

（4）コペンハーゲン解釈とは、ニールス・ボーアのグループが練り上げた量子力学の解釈のことです。グループ内で微妙に異なっていると言われますが、大枠では一致した解釈を行います。その骨子は、本論中で述べたような一種の諦念で「何故と問うな」という類いのものです。つまり、うまく辻褄があった解釈ができなくとも「自然はそのように振る舞うのだ」ということで、そのように振る舞うという事実に対してその理由や背後の隠された機構を問うても意味が無い（したがって何故と問うなかれ）、というものです。

（5）ここで、「プレ」とはpreであり、文字通りにその前段階のことで、プレ情報とは情報となる萌芽を有する段階ということです。以下で出てくる「プレ」もこれと同様に、前段階という意味です。

（6）ということは、ボームの量子力学は相対論を超える全体的な秩序の存在を示唆します。なぜならば、相対論的には光速を超える情報の伝達は禁止されているからです。ただし、以下でも、そして次の註でも述べるようにこれらは物質を介したやりとりではないのです。実際に理論の設定からも物質を介した相互作用ではありません。

（7）前の註の続きでもありますが、物質的な何かをやりとりすることでこうしたことが成立しているのではありません。何か物質的なものをやりとりしてしまえば明白に相対論の禁制に抵触してしまいます。言い換えれば非物質的であり、したがって明白には相対論を否定しないけれど（相対論はあくまでも物質レベルの法則なので）、深層には何かが含まれていて（あるいは隠されていて）それらが状況に応じて開かれたり閉じられたりしていると仮定せざるをえないのです。すなわち、それが非物質的な意味や意識の前段階であるところの「プレ意味」「プレ意識」の類いなのではないか、と解釈できるということです。

（8）ＥＰＲ相関（ＥＰＲパラドクス）とは、アインシュタイン、ポドルスキー、ローゼンの三人が提示したパラドクスで、基本的にはここで述べたことと同じです。問題は、こうした奇妙な相関がずっと続くということとで、しかも瞬時に相手の状態を知ることができます（つまり光速を超えて）。もっとも、ここで有意な情報をやり取りしてはいないので相対論には抵触しない、というのが標準的な量子力学の解釈です。それはその通りですが、それではこの相関は何か？　ということです。相手が「青（赤）」と知るという情報は何か、ということです。これは、まさしくそれを知る以前から相関状態にあって情報の前段階を構成するように意味を含んでいたのです。で、知ってから情報として意味をなしたのです。

ＥＰＲについては、以下を参照のこと。

Einstein, A.; Podolsky, B.; Rosen, N. (1935-5-15). "Can Quantum-Mechanical Description of Physical Reality Be Considered Complete?". *Phys. Rev.* (The American Physical Society) 47 (10): 777-780.

（9）これが非常に物質的な理解に見えるというのも分かりますが、多分、そう見えてくるというのは、物質を今までのスタティックなものとして捉えるからです。ここで述べている物質は、言ってみれば（誤解を恐れずに述べれば）いわば、意識を持った物質とでも言うべきものです。したがって、これが単純な「（思考の）物質主義」や「（思考の）唯物論」ではないことはご理解いただけるのではないでしょうか。

（10）これら一連の解釈を一部の研究者が「クオリア」と称しているもの、あるいはそれに関連する意識の現象や状態と同一のものとすべきなのかは微妙なところです。

クオリアとは、計測可能な「量」に対して意識的な（であるがための基本的には主観的な）「質」のことで、通常は計測にはかかりません。なお、近年、主に理工系の研究者によるクオリアの研究がさかんになってきていますが、おそらくは心身二元論からは逃れられないと思われます。というのも、物質と心（魂）が一体化しているとしなければ心という異なったものがどこかで出現しないと論理の一貫性が保てないからです。そういう意味でボームの理論は試論であるとも言えるでしょう。

（11）ここで「陰に陽に」と表現しましたが、これはボームとハイリーが述べる情報が passive である、active である、ということに対応します。

第8講義　思考の源流をさぐる

人間の思考は、世界をその思考の通りに変貌させます。つまり、われわれの社会がこのような社会であるのは、他ならぬわれわれの思考がそのようになっているからです。ここでは、このような思考と世界との相関性を考察しましょう。そして、こうした観点からわれわれの思考の源流であるフランス革命を振り返ってみましょう。

こうした考察から見えてくることは、われわれが歴史から切り離され、理念先行型の社会を創り上げ、そして他ならぬその理念が限界に達しているのではないか、ということです。昨今の行き詰まった社会状況をこうした観点から照射してみることで、問題の真相を穿ってみようと思います。

1　まずは復習から

さて、今回は前回までの超哲学的な論考から離れましょう。と言っても哲学・思想のお話であることに変わりはないんですが、思考の何たるかを考えるといった主旨からは離れてみる、ということです。

それよりも、振れ幅がすごく広いのだけれど、ちょっと歴史的な話をしておこうと思っています。というのも、われわれは文化的な存在であり、文化は歴史的なものであるということを考えるに、結局はどういう歴史の上に立っているか、ということがわれわれの思考について考える場合にも重要になってくるからです。前回までの講義は、われわれの思考を時間的な尺度で眺めてみるというよりは、むしろ科学的な、――ということは時間軸のない分析でした。しかし、思考も歴史的な産物であれば、「なぜそう考えるのか？」という問いに対しての歴史的な必然性と流れがあるからです。君がそう考えるのは、究極的でいささか極端な言い方をしてしまえば、じつはご先祖様の仕業である、ということです。すごーく簡単に言ってしまえばそういうことです。

前回、思考の最小単位で原子的な核であるところの行為――最小のアクションであるところのオン－オフの機構である情報の伝達のことですが、このアクションにすらも外である全体的な状況が陰に陽に含まれるのである、と述べました。ということは、原理的にはここで述べている歴史もすべて含めて（そして未来も含めて）ということです。どうにも実感がなくてピンと来ていないかもしれないのですが、少なくとも、色んな物理学の問題をボーム流に解くという経験から、たしかにこれらはそのように考える必然性があります。もっとも、そう言われても困ってしまうのでしょうが、これは、それこそ手を動かして（ということは身体を通して考えるということ）、実際に経験してみなければどうにもなりません。がしかし、私の脳の中を駆け巡っている電子には、もっと正確に述べてみると、私の身体の中のすべての物理的な相互作用において、すべてのインプリケートされた情報が様々に閉じたり開いたりしている、というのがボームの提示する世界像です。(1)

しかしまあ、そこまで考えなくとも、僕らがその都度その都度の社会状況によって影響を受けていることは皆さんもお認めになることでしょう。つまり、われわれは強く環境に作用されるものであるということです。で、その環境が（社会が）、しかるべき歴史を経てそのような環境（社会）となっていることも、あまりにも当たり前のことでしょう。であるなら、やはりわれわれは、いかなる歴史の上に（歴史という時間の流れの端っこに）立っているのか、ということをあらためて考察してみることは、われわれの思考について考える際にはきわめて重要な作業でしょう。これは、いわば思考のフォーマットがどのようなものであるかを考える作業と言えます。

2　われわれはどんな時代に生きているのか？

さて、われわれはどんな時代に生きているのでしょうか？　こう問うために、まずは思考のフォーマットとその対象というお話をしましょう。いわば、ちょっと理論的なお話です。その次に、そうした抽象的な理解を踏まえた上で具体的な話をしようと思います。

理論と理論の描く世界について

いささか極端な言い方に聞こえるかもしれませんが、ここのところ色々と頻発するおかしなことや異常なことは、結局はわれわれがそう考えている、あるいはそうなるように思考しているからそうなっているのです。そうなるように思考している、というのは誤解を招く言い方であるにしても、そのようなことが生じるような萌芽を思考のただ中に有しているからそのようになるのだ、ということです。なぜならば、結局のところ、人間の思考が世界を創るからです。あるいは思考の通りに世界はなってゆくからです。

どういうことでしょうか？

まずは、自然科学である物理学の事例から考えてみましょう。

通常、理論は問題を規定します。さらに述べれば、問題とは理論が問題であると認めたものだけが問題とされるのです。これは、本当はすごく当たり前のことなのですが、こうしたことに意識的である学者はケッコー少数派です。物理学の問題は物理学の理論が、それが問題だと認めたものだけなのであり、経済学の問題は経済学の理論が、それが問題だと認めたものだけなのであり[2]、要するに問題とはそういうものに限られるのです。これ以外のものは、それがいかに重要な問いであれ「そんなものは問題ではない」となるのです。例えば、前回のボームの問いや論説は長らく「そもそも問題ではない」「意味がない」として排除の対象でした。今でもそういう傾向は根強く残っています[3]。

ここで理論は思考するためのフォーマットです。思考するためのフォーマットというのは、問題を設定するためのフォーマットであると同時に問題を解くためのフォーマットでもある、という二重の意味です。そして、そこを通過して出力されるものは、基本的にすべて理論内存在であって、こういう論点からは、解はいわば必然的ですらあります。いかに画期的な解であっても（例えば画期的に方程式を解いたとしても）、その解は理論内部に秘蔵されていた（あえてボーム流に述べればインプリケートされていた）ものにすぎません。それがその理論を（ということはある種の世界を）根底からひっくり返しかねないような解であったとしても、それは理論が内蔵していたものなのです。

こうした機構は自然科学だけの特殊な事例ではありません。これまたいささか極端に聞こえるかもしれませんが、結局のところ、世界はわれわれが思考するように顕現するのです。すなわち、思考のフォーマットに則って現れてくるということです。

以上を確認したうえで、さあ、われわれはどんな時代、どんな社会に生きているか、ということを考えてみましょう。

われわれはある種の過剰さの中に生きています。それは端的に述べると近代の過剰であり、近代の飽和と述べるべきもののただ中です。この過剰で飽和している近代があちらこちらでハレーションを起こし、軋轢を生じさせ、民主主義を機能不全に陥れ、人々をえらく窮屈にし、互いに恐ろしく不寛容となり、われわれは自らで自らの首を絞めるかの状態を生じさせているのです。では、こうした事態の大元はどこにあるのでしょうか？　何が問題でこのような事態を生じさせたのでしょうか？

われわれの社会の直近の、そして直接的な起源はフランス革命にあると考えられます。われわれの社会は、このフランス革命において謳われた理念の下に、そして理念の実現のためにこのような姿をしているのです。われわれはフランス革命の申し子であり、落とし子なのです。では、そのフランス革命とはどのようなものだったのでしょうか？　簡単に振り返ってみましょう。

フランス革命とは何だったのか？

フランス革命の理念

さて、そこでフランス革命についてです。まずは、これがどんな革命でどんな理念を有し、それが現在にどう影響しているかを簡単に見てみましょう。

フランス革命は、自由・平等・博愛（友愛とも言う）――Liberté, Égalité, Fraternité（リベルテ、エガリテ、フラテルニテ）――の理念を掲げて、いわばこの精神でもって社会を構築しようとした革命であった、と述べられると思われます。一七八九年七月一四日に生じて、紆余曲折があっての一七九五年までの一連の動きのことをフランス革命と称するのが通例となっているようですね。ちなみに、この三つの標語は現在のフランスの標語にもなっています。

この三つの標語を掲げている（掲げた）ということは、それ以前の社会にこういったものがなかった……とまでは言わないけれど、非常に希薄であった、ということを容易に想像させます。で、たしかに、当時の人々は貴族や教会関係者といった特権階級の圧政に苦しめられていたのです。そこで、「こんなんじゃいかーん！　ダメだー！」ということで支配階級を打ち倒して新しい秩序を創り上げた、とこういうことになっています。これは、たしかに嘘ではないんだけれど、そんな単純ではなくて、かなりのドタバタがあって、イギリスの保守派の政治家エドマンド・バークは「フランス革命の省察」(4)という書物を著してこの革命がただの打ち壊しにすぎない、と喝破してすらいます（ちなみに、僕はこの論点に大賛成です）。ここに深入りすると別の話にどんどん逸れてゆくので、適度にして……、ここで確認したいことは、われわれの社会がこのフランス革命の掲げた理念にいかに影響されているかということです。じつは、ほとんどの国がこの理念を掲げているんですね。たとえ明確に明示していなくとも、国名がそうなっているという国まで含めるとほとんどなのです。さらに、公式の場では代表者がそういう主旨の発言をする、という国まで含めればほとんど例外なくすべてではないでしょうか――例えば中華人民共和国とか、朝鮮民主主義人民共和国とか……、後者ではロシア連邦とか、アメリカ合衆国とか(5)……。

結局、何を壊したのか？
――理念先行型国家の出現

この革命を端的に要約してしまうと次のようなことです。すなわち、それまでの封建制とか、貴族制とか、身分制とか、歴史的で因習的な古くさいものを打倒して新しいものを打ち立てたのです。たしかにそれまでのフランスには問題がありました。一部の人間が、ただそうした環境に生まれたというだけで贅の限りを尽くし、そうでない人は貧困にあえぐ、などということがあっていいはずがありません。貧富の格差を無くすことはできませんが、格差が度を超すと社会そのものが崩壊します（そういう意味ではフランス革命は今日の教訓かもしれません）。

ただし、因習的に、ということは歴史的にそのようになっていたものを崩してしまう反作用もあるのです。バランス感覚が重要なのですが、フランス革命は、ほとんどすべからく古いものを打ち壊して、新しいものへと置き換えることで、歴史を断ち切った（それまでの歴史を否定した）と言えるのです。そしてまた、フランス革命的な価値観がここから発することになります。すなわち、「古いもの」＝Badで、「新しいもの」＝Goodといった価値観です。この異様に（あるいは病的と言ってもいいほどに）単純な価値観をいつの間にかわれわれはほとんど無条件・無批判に受け入れるようになってしまってはいないでしょうか——これは後述することとします。

さあ、それで、歴史を断ち切ったところで理念が先行しはじめます。フランスは先に挙げた理念で社会を設計して新しい社会を構築しようと試みるのです。その背景には、いかに御し難い社会（社会という様々な因習と歴史の産物）であろうとも人間の頭で（思考することで）設計して計画し、よりよいものに変えてゆくことができる、という考え方——おそらくは、これ自体がイデオロギーであると述べることができる考え方があるのです。

この考え方は色々と趣向を変えて様々なイデオロギーを生み出します。資本主義も社会主義も、共産主義もそうです。そして人権や民主主義といった理念も象徴的にフランス革命という歴史の一点で理念としての開花期を迎えます。もちろん、こうした諸々がフランス革命だけに端を発する、などということではありません。あくまでもフランス革命は象徴的な事件です。社会を覆っていた下地となる諸々が、フランス革命として結実したのです。

資本主義も社会主義も共産主義も、あるいは民主主義も人権といったものも、いわば道具であって、こうした道具でもって先に掲げた三つの理念に満ちた社会を設計的に、歴史を断ち切ってしまって構築しようとしたのです。ここで、僕は、生前の西部邁先生がおっしゃっていたことを思い出します。こうした「社会を設計しようという試みこそを左翼思想、あるいは革新思想と言うのである」、と。これに対して「歴史の叡智や伝統的な社会を温存しようと試みることが保守なのである」、と。すなわち、じつはフランス革命こそが、そしてその理念を受け継いだ数多の国家こそが左翼国家なのだということです。この、よく考えれば当たり前の定義であれば、アメリカも、中国も、そして日本もまた左翼国家に含まれます。そして、こうした試みが（社会を理念でもって変えてゆこうとする試みが）、社会全体を巻き込んだ壮大な実験であるということも、明らかになってきます。なんとなれば、それは歴史から断絶されているのですから、自然ではなくて、いわば不自然な実験状態に放り込まれた状態にあるのですから。

おそらくは、近年の先進諸国家の停滞の根幹はここらへんにあると思われます。EUもやはり理念先行型で、歴史から断ち切られた社会であった（ある）と言うべきでしょう。EUはその壮大な実験が失敗であったことを自らの疲弊ぶりが示してすらいます。アメリカも同様です。アメリカの理念はかつてほどの輝きと説得力を持ちません。それよりなにより、アメリカ内部でアメリカの崩壊と分断が確実に生じています。それから、ソビエト連邦なる国家も、これまた壮大な実験でありました。繰り返しますが、これらは、資本主義であったり、共産主義であったり社会主義であったりのいわゆる近代的な理念でもって（歴史に培われた絆ではなく、すなわち、これらを断ち切ってしまって）、国家や社会を築こうとしたのです。そうしたものが限界を迎えているというのが、われわれが直面する現代の相貌なのです。

しかし、考えてみるに、今、理念の限界と述べましたが、これは当たり前のことかもしれないのです。というのも、理念だろうが理想だろうが、あるいは思想や哲学や科学だろうが、しょせんは人間の頭が考え出したことにすぎず、であるからこそ永遠で不変で普遍であるはずなどないのです。結局のところ、不変で普遍なのは、広大な歴史の流れだけなのかもしれません。断ち切ったかに見えても、蕩々たる歴史の渦に巻き込まれて飲まれてゆく、というのが真実なのかもしれない、と僕などは思っています。

3　近代性の過剰

自らの理念によって押しつぶされてゆく社会

先に限界を迎えた、と述べましたが、それはどういうことでしょうか？　もう少し具体的に論じてみましょう。すなわち、限界とはどういうことか？　そして、もしそれが限界であったならば何故に限界を迎えざるをえなかったのか、ということについてです。

今回の議論の冒頭あたりで述べたように、これを一言で述べてしまえば、あるいは結果を先に述べることから始めてみれば、近代性の過剰の結果と言えるでしょう。そしてそれこそが限界であり、あるいは飽和状態なのです。奇しくもダグラス・マレーが「西洋の自死」[6]で克明に活写したように、近代社会は近代社会の理念の故に、自らの理念に押しつぶされるように文字通り自壊していこうとしているのです。もっと単純化して言ってしまえば、また先々で述べることになるのだけれども、いわゆるポリコレ(Political Correctness＝政治的に正しい〔そういう言説・言動〕)ってやつですね。ポリコレの塊の大親分みたいなもので窒息しそうになる、いや、窒息してしまう事態が起きている、もしくはそういう局面にまで近代社会が至った（到達した）、ということです。

要するに、民主主義の機能不全、さらには政治・行政の機能不全は民主主義の希薄さからきているのではなく、むしろ民主主義の過剰さの結果だということです。つまり、民主主義が独裁や圧政によって危機に瀕しているというよりは（結果的にそうなってしまっている一面はあるのだけれど）、あまりにも民主主義的であるがゆえに、崩壊の際にあるのだということです。また、昨今あまりにも顕著になってきた極端なほどの不自由さは人権感覚の欠如からきているのではなく、むしろ人権意識の過剰さからきているのです。ＳＮＳに見られる異様なまでの相互監視や、それに伴う数多の炎上事件なども、結局は異様な人権感覚（そしてまたこの場合には正義感覚）[7]の高まりにこそあると言えるでしょう[8]。そして、例えばここに挙げた二つは渾然一体となって社会をまったくもって身動き不可能な状態へと追い込んでゆくのです。

ものすごく単純に言ってしまえば、かつてなら「そんなこともあるよなっ」で済んでいたこと、「世の中そんなもんよ」とあきらめていたことがそうではなくなってきた、ということです。あるいは、かつてなら「我慢しろよ」で済んでいたことがそうではなくなってきた、ということです。言い換えれば、人権感覚であると同時に皆が優しくなった、ということでもあるのですが、その結果、皆が皆、「一人でもいやだ、というのであれば止めてあげよう」、もしくは、「一人でもいやというのであれば、それはできるだけしないでおこう」ということになったのです。(9) で、この原則に従うかぎり、結局は何もできなくなる、何かをすると叩かれる、という結果を招来させることと相成ったということです。見回してみるに、実際に社会はそういう状態になっています。

政治が機能しないのはなぜか？

政治の機能不全もまた、権利意識の高まりと無関係ではありません。政治とは結局、異なる主張のすり合わせであったり、異なる利害、相反する権利の調整であったり、なのです。かつてなら、個々の異なりが小さかったり（したがって簡単に調整ができたり）、どちらかがうまく折れたりしてくれて深刻な対立や、どうにも動かなくなるといった事態は避けられてきました。(10) しかし、個々に権利を強力に主張しはじめると権利と権利のぶつかり合いが生じて動かなくなってしまいます。ちなみに、政治家までも「ぶれない！」などと言い始めて（ここ二〇年くらいこういうフレーズばかりで）、ぶれないからこそにっちもさっちも動かなくなるという事態となるのです。(11) こうなってしまうと話し合いは成立しません。互いが自分の（自分達の）主張を繰り返すだけです。で、致し方なく採決となります。が、少数派からすればこれは絶対に「強行採決」と映ることでしょう。おおよそ、これがこの頃、特に多くなってきた強行採決の真相（深層）でしょう。あるいは特に最近になって顕著になってきたトップダウン型の（上意下達の）組織運営の真相（深層）でしょう。そして、こんなことを繰り返していると（色んな場面で生じていると）話し合ったところで致し方ない、というあきらめの感情がジワジワと人々の間に広がってくることでしょう。どちらかがうまく譲るということをしなければ社会は動かないと分かっていても自分が関係する局面になると大方の人は自らの権利をかつてよりも主張するようになったし、また、そのように行動して当然であるとされるようになったのです。かくして政治が機能不全に陥ることとなるのです。少なくとも、こうしたことが政治の機能不全の根幹にあることは事実でありましょう。それがすべてではないにせよ、です。(12)

近代性の帰結としての限界の相貌

かくして、どっちを向いても、どうにもこうにも限界だ、と言うべきなのではないでしょうか。そうこうしているうちに危険な独裁者の出現を許してしまうのではないでしょうか？　事態はそこまで切迫していると僕は見ています。奇しくも、ドイツにヒトラー政権が出現したのは、史上もっとも民主的でドイツ文化がまさしく爛熟期にあった、あのヴァイマール憲法下だったということは指摘しておきたいと思います。ただし、即座にヴァイマール期のドイツと日本の現状がかなり異なるということも指摘しておかなくてはなりません。前者は非常に劇的な変化の荒波のまっただ中で揺れ動かされていた最中だったのに対して、今の日本はジワジワと、着実に下降線を辿ってゆく、という違いです。劇的なものには劇的な破綻が出現し、緩やかなものには緩やかな破綻が準備されるのではないでしょうか。

まあ、いずれにせよ、民主主義の過剰が民主主義を壊滅させ、近代の過剰が近代を崩壊させてしまう局面にわれわれは入り込んでいるのではないでしょうか？　考えなければならない時代の曲がり角にわれわれはさしかかっているようです。

それにしても、かかる事態は近代社会の、そして近代性の当然の帰結である、とは言ってもよいでしょう。近代の理念を推し進め、それが遍く人々に浸透してくると、このような事態に至ることは当然のことに思われるからです。それは一面だけを見ると、あたかもわれわれが賢くなって、よく物事を考えるようになったからのように見えます。たしかにわれわれはよく考えるようになったのではありましょう。しかし、それは字義通りに真の意味で本当なのか？　ということをここであえて僕は問うてみたいと思うのです。

例えば、多様性の時代だとか何だとかいう言葉が巷には溢れていますが、僕には、どうにも人々の口に上る言葉の数々が単調化してきたように思われてなりません。すなわち、多様化と言いつつの一様化です。あるいは皆が皆、判で押したように多様化と言い始める多様化という一様化です。もしくは、多様化全体主義とでも言うべき事態です。ここにも（いや、ここにこそ）、権利と民主主義と、つまりはリベラルなフランス革命由来の価値観がたっぷりと含まれています。次回はそんなことを論じてみましょう。

註

（1）これを前回の講義で紹介したボームの理論では enfold（包み込む）、unfold（抜き出す）と称しています。
ここで述べている「すべての情報」というのは、前回の講義で述べたように過去から未来までの情報のすべてのことです。電子（のような物理的な粒子）はこうした情報を空間的な一点に収束させてインプリケートされた秩序から射影された現れである、とボームの物理学は考えます。つまり一点には時空の文字通りすべてが含まれているのです。そう考えなければ事態の一貫的な説明は不可能であるとボーム派（ということは僕も含まれる）は考えています。
また、ここで、対象を身体にまで拡張した表記になっているのは、現代の主流的な生理学でも本当に思考しているのは脳だけなのか、ということについては、ハッキリした答えが得られていないからという理由と、もう一つには、ボーム流に物理学を行えば思考が脳に局在するものとは言えないからです。思考はむしろ身体を形作る物質とそれを根底で秩序づける全体が相動するトータルな運動（これをボームはホロムーブメントと述べています）と述べるべきなのです。つまり、いくらか極端に述べれば、髪の毛の先もわれわれの思考に寄与するはずだ、ということです。

（2）経済学も自然科学の一種である、と述べる人もいますよね、特に経済学者は……。もっとも僕は夢にもそうは思わないんですが、口の勢いで「自然科学——物理学の事例を考えてみる」と言っておいて経済学を入れてしまいました。まあ、このままにしておくことにします。経済学者さんも経営学者さんも、きっととっても嬉しいんだろうなぁ〜。

（3）これは、ボーム流の自然観がおおよそ近代の自然科学の範疇に収まらないからです。そうなってくると、そもそも問いとして認められない（認識されない）のです。

（4）エドマンド・バーク、佐藤健志訳『［新訳］フランス革命の省察「保守主義の父」かく語りき』（ＰＨＰ研究所、二〇一一年）。

（5）ここらの含意は分かる人だけ分かってください。それにしても、これらの国は本当に素晴らしいですよね！　敬意を表したいと思います！

（6）ダグラス・マレー、中野剛志・町田敦夫訳『西洋の自死——移民・アイデンティティ・イスラム』（東洋経済新報社、二〇一七年）。

（7）ここで新しく正義感覚などと述べているけれど、これも結局は人権感覚の異常な高まりへとカテゴライズできるでしょう。なぜならば、正義感覚から発動された炎上事件のほとんどは、誰かの人権や自由といったものを誰かが侵害することに対する抗議活動として生じるからです。

（8）もちろん、こうした諸々の事象の直接的な原因にはやっかみや鬱屈した想いなどがあることでしょう。しかし、その根本は（つまりそうした想いを人々に抱かせた根本は）、こうした意識の高まりであるということです。その証拠に、一群の人々は、表向きには他人のよからぬ行為や言動を社会的な正義という衣を纏って糾弾するのです。

（9）例えば、中島聡は、『なぜブルマーは消えたのか』（春風社、二〇〇七年）で「人のいやがることはしない」の原則が絶対の真理であるかのようになってゆく過程を描いています。かつて、女子児童・生徒の体操着として一般的であったブルマーが一部でイヤらしいものとして認識され、それが広がってくるにつれ、ブルマーを嫌がる女子生徒が現れ始めるのです。その結果、「嫌がっているんであればやめてあげよう」ということでブルマーが一斉に日本中の学校から消えるのです。

（10）おそらくその際に政治家から住民には「ちょっと今回は辛抱しといてくれ」とか「こっちの方が皆にとってはいいんやから……」といった説得があったことでしょう。しかし、今日では、もし政治家がこんなことを口にしようものなら、それこそ炎上しかねません。こっちの権利はどうなるのだ！　というワケです。その結果、なかなか政治家も説得することができなくなってきて結局は聞くだけになり、それは住民からはたしかに「聞くだけで何もしない政治家」というイメージをさらに強固にすることでしょう。こんな悪循環と明らかに誰も幸せにならない状態（全員が不満を抱く状態）が出現してしまっているのです。

（11）ちなみに、これもおかしな話で、本当は適度にぶれることが政治家の仕事じゃないか、と僕なんかは思ってしまうのですが、どうでしょうか？　というのも、色々と議論をした結果、持説をひっこめたり変化させたりすることがないと議会制民主主義など成り立たないからです。

（12）例えば、調整のために一方に（譲ってもらった側に）利益誘導することもままならなくなりました（利益誘導がいい、必要だと言っているのではありません、念のため……）。それも、権利や正義や民主主義の過剰と無関係でないことは明かでしょう。

第Ⅳ部　奪われた思考

第9講義　思考が乗っ取られた？

ここでは、前回で述べたことを少しばかり具体化してカリカチュアライズしてみましょう。それを踏まえた上で究極の口パク人間、完全にリモートコントロールされた人間を登場させてみます。極端な描き方をしてみますが、われわれはそれを笑うことができるのでしょうか？

われわれは、思考を乗っ取られ、奪われたのではないか、というういささか過激な問いを発してみたいと思います。

1　復習と簡単な概要から

前回の講義では、われわれがどんな時代、どんな社会にいるのかということの概略とそれに伴って生じる事柄などについて考えてみました。そこで問題となったのは、われわれがどのような原則の下に生きているか、われわれの社会はどんな原則を基盤にしているか、ということでした。で、例えば民主主義であれば、とかく日本人の僕らは自分たちが外国（特に西洋に対して、そして西洋の中でもアメリカ）に対して遅れていて、言い換えれば民主主義が不十分で、だからうまくいっていないのだ、と考えがちなのですが、事態はまったく逆であって、むしろ過剰なのではないか、ということでした。過剰すぎるからこそ身動きが取れないのだと。これを僕は「近代性の過剰」という言い方をしました。

今回は、この近代性の過剰に関連して、新しいものと古いものにまつわる思考パターンについて論じてから（つまり、ちょっと前回の続きのような話です）、こうした考察に関連してもう一度「中国語の部屋」について論じてみましょう。おそらく、この思考実験の考案者であるサール先生にすれば、こういう方面への考察で自分の提案した実験が用いられるとは思わなかったタイプの議論へと至ることでしょう。

2　古いと新しい――われわれの価値判断のフォーマット

われわれは、結局は、フランス革命の申し子、落とし子なのだ、というのが前回の趣旨でした。で、おそらくは、おおよそ近代人であれば、ほとんど例外なくフランス革命の理念を受け継いでいて（ある程度内面化していて）その強烈な影響下にあるのだということです。

さて、ところで革命とは何ぞや？　ということですが、これは要するに古くさいものをぶっ壊して新しいものに据え変えるということです。じつは、この新しいものにも色々とありまして、じつは復古的で古《いにしえ》に回帰することをもって新しい、としている場合も多々あるのですが、近代以降、こういう革命はほとんどなくて（古に復古するタイプの革命で思い浮かぶのは中東の革命くらいでしょうか……）、だいたいは古いものを文字通りにぶっ壊してしまうタイプのものがほとんどです。ヨーロッパ、アメリカ、そして日本などのいわゆる先進的とされる地域で生じた変革は、おおよそこういうタイプのもので、フランス革命などは歴史を断ち切ってしまい、そこから新たに時間をはじめるような革命なのだから、まったくそうした革命の典型でしょう。というか、そこが起源・起点だという話をしているんで、いささか錯綜した言いようになってるんですが……。

ともあれ、ここには、結果的に次のような価値観が潜んでいます。すなわち、古いものは悪い（Bad）

のであり、新しいものは良い（Good）のであると（ここで、良いは善いとすべきかもしれませんが言わんとすることはお分かりいただけることでしょう）。と、ここまで述べて即座に追加しなければならないのですが、ここには、進歩史観とか発展史観といった歴史観も濃厚に作用しています。むしろ、こうした歴史の見方が「古い＝悪い」「新しい＝良い（善い）」という価値観を醸成していった面が強いのですが……。ともあれ、われわれは、こうした価値観、あえて述べるとこうした根拠なきドグマをほとんど無批判、かつ無意識に受け入れてしまっています。特に、われわれ日本人にはおおよそ以下のような等式がいつの間にかできあがってしまっているようなのです。ものすごく大雑把でイメージに訴えかけるような話しなのですが、すなわち、次のような価値観の対応関係がありはしないか、ということです。

【古い】＝〔Bad〕

これらは、悪いもの、善くないもの、面倒くさいもの、……といった否定的な何かに結びつくもの、あるいはそういったイメージです。ここから、連想的に、日本的なもの、伝統的なもの、因習的・慣習的なもの、理不尽なこと（もの）、封建的なイメージがするもの……等々がズルズルと芋づる式に一体化して理解されていそうです。

で、こうしたものは、なんとなく否定的に捉えられていて、こうしたものを捨て去って、とまでは言わないけれど、乗り越えて、新しい社会へと（そして新しい人へと）変わっていかなきゃ、と思っているワケです。ということは「変わらない」は否定的な意味合いになっているんです。

ここには「閉じられた」イメージも付随しているようですよね。これに対して

【新しい】＝〔Good〕

これは、善いもの、良いもの、革新的・革命的なもの、民主的なもの、……という肯定的に捉えられるような、そんなイメージで括られそうなものです。ここから、【古い】とは反対に外国的なもの、開明的なもの、ということは開かれているもの、という現代的で合理的で理性的で科学的なイメージに括られるような、そうなることを目指さなきゃいけないような何か、といった感じで一体化されて理解されていそうですよね。あとは、「変わる」という言葉も「変わらない」ことと対になっていますよね。で、もちろん先に述べた通り「変わらない」はよくないワケです。

これは、【古い】とは逆に肯定的に捉えられるでしょう。

そして、このことは、表にしてキッチリと分けられるようなものではないのだけれど、たしかにわれわれは、漠然とこんな思考の傾向性を持っているのです。よくよく考えれば、少なくとも新しいからといってGoodであるという判断などできるはずもなく、同様に古いからといってBadであると判断などできるはずもないにもかかわらず、です。これがピンとこなければ、例えば、日本的でひどく因習的なことを述べたり主張したりしようとすると胸のどこかにひっかかりが生じるようなことって経験ありませんか？　このひっかかりはどこから来るのか、ということです。それは、そうした発言は思考をする時に、われわれが、こうした思考のフォーマットにいくらかでもさからっているからなのです。

このフォーマットは本当に根深く巣くっていて、日本の近代史もこのフォーマットにしっかりと乗って理解されています。われわれは良く（善く）なっていっているんだ、というのが基本的なわれわれの歴史を見るフォーマットでしょう（これが発展史観や進歩史観と通じるのです）。例えば、江戸時代より明治時代の方がよくなっているといったものです。「坂の上の雲」なんかだと明治時代を（特にその初期を）「開化期」などと言っていますよね。[1]「開化」というからにはその前は閉じられていた、ということです……ってたしかに鎖国なのだからその通りなのですが、そこには、そしてこの司馬遼太郎氏の最初の文章には明らかに閉じられた狭い状態、つまりは、よろしくない状態からよろしい状態へと開かれてゆく、との含意がハッキリとあります。で、江戸から開かれて良く（善く）なっていくのだと……。幕末から明治初期の変革とはそういうものなのであると。で、江戸よりもちょっとGoodになって、それでもやっぱり古くさくて閉じられていて、よからぬ因習的・慣習的・封建的な残滓であるところの何かはしつこく残っていて、だからBadであったのだけれど、それが一九四五年八月一五日を境にして（アメリカ様によって）さらに打ち壊され、ようやく諸外国並の国になったのだと。それが日本の近代化の歴史であると。で、さらには、近年では（一九九〇年代の）金融ビッグバンの時もこの図式であり、ＴＰＰで一悶着起きた時もこの図式であり、何から何までこの図式で、教育、社会、医療、政治の問題も基本的になぜかこの図式が根底にあります。

事ほどさようにしつこく、あるいは恐ろしいほどにこうした図式がわれわれの頭の中にしっかりとこびり付いてしまっているのです。ただし、繰り返しますが、本当にこの図式は正しいのかというと、ちょっと考えてみると、そんな保証はどこにもないことが分かります。それどころか、こういう述べ方をしたからかもしませんが、間違っているんじゃないかとすら思いたくなってくる図式なのです。事実、例えば司馬遼太郎氏の「司馬史観」は近年になってようやく問題視されるようになってきました。以上のことを前回のお話に付加する形で確認しておきましょう。

3　中国語の部屋——再考

口パク人間の登場

ここで、中国語の部屋の中に入っていた人に再登場していただきましょう。以前の講義で中国語の部屋に入っていただいていた人には外に出てきてもらったのですが、簡単にどういった状態で出てきていただいたのかを復習しておきましょう。

サールが述べた中国語の部屋は、閉じ込められた部屋の中に外の人（Aさんとしましょう）と会話（紙片での会話）するためのマニュアルがすべて揃っていて中の人（Bさんとしましょう）はマニュアルに沿って単純作業を繰り返すだけの状態でした。で、基本的にこの状態のままで外に出そうということです。いささか無理があるのだけれど、技術の力でもってマニュアルを、イヤホンを通して指示を与えるものに（この場合、指示を与えるのは機械でも、人間でも基本的に何でもかまいません）、眼鏡でもシャツのボタンでも何でもいいから、どこかにマイクを仕込んでおいてこれが相手（最初の設定では部屋の外にいた人Aさん）の声を拾ってくれるようにしておくと……。さらに、彼の応答は母国語でイヤホンに聞こえてきた言葉をそのままオウム返しに発話するとAさんが理解できる言語に即座に翻訳してくれるアプリなんかを携帯に入れておくことにするワケです。もちろん、ここでこの翻訳は即時で完璧であるとします。こうすると、この人物は何も考えなくてもAさんと会話することが可能となるわけですよね（これが会話なのかどうかということは、先の議論に戻っていってしまうのでここでは止めておきましょう）。で、Aさんは、Bさんが自分の母国語で話しているようだけれど（Bさんの母国語が即時翻訳されていることがAさんに分かる、分からないは本質的ではないことを確認してください）、少なくともAさんの言語を聞き取ることができて、それを元に考えて喋っているように少なくとも現象的には見えますよね。さらに、オウム返しに喋る時にBさんは何かを考えるかもしれないけれど（何か別のことかもしれないし、指示されたことに関することかもしれないけれど）、それはこの場合に重要ではありません。こうすれば、外面的にAさんと会話している状態になります。

　さて、こういう設定で、考察の視点を遠隔操作するイヤホンの向こう側とBさんとの関係にあてましょう。遠隔操作している側をCとすると、考えているのはCである、ということになります。繰り返しますが、何かをオウム返しに言う時にBさんも何かを考えたり思ったりするだろけれど、それはこの一連の現象には現れませんし、この設定にとっては本質的ではありません。なんとなれば、Bさんは口パクしているだけなのですから。考えている（思考する作業をしている）のはCである、ということがポイントです。で、もう一つ重要なのは、Cは人間である必要はないことですよね。

　さて、そこで、以前ちょっと仄めかしてはいたのですが、ゾッとすることを申し上げます。このBさんってわれわれの姿じゃないですか？　この設定では外側に思考主体があって、いわばこれがプログラムですが、われわれは、このプログラムを頭の中に入れただけなのではないか、ということです[2]。もっと単純化すると、プログラムが身体の外にあるか、内側にあるかの違いです。あれっ？　内側にあればいいんじゃない？　と思うかもしれません。実際に、微妙なところですが、それじゃあ、このプログラムは誰が作ったのでしょうか？　あるいはどういうフォーマットになっているのでしょうか？　あるいは、あるいは……、この外側にあるものをＰＣであるとか、スマホであるとか、つまりはＡＩ機器に置き換えてみると、これはもうわれわれとしか言いようがないとすら思ってしまいます。

　要するに、われわれは自分で考えているようで、そのように考えさせられているのではないか、という問いをここで提示したいのです（ＰＣやスマホだと考えているように錯覚させられている、と言えそうですよね）。自由意志でそう考えてそう発言し、そういう行動を取っている、と思っていてもじつは、そのような言動となるようにプログラミングされたフォーマットを学習させられた（頭に埋め込んだ、もしくは埋め込まれた）だけなのではないか、ということです。先にわれわれが議論していた話からもうちょっと進んだ話になっているんですよ。ここで、そのように考えている意識はある。しかし、その意識（思考）は操られていないか？　ということです。

そこで、このフォーマットですが、フランス革命が、あーでもない、こーでもない、と議論していた際に述べたようなフォーマットになっているのではないか、というのが私の申し上げたいことです。例えば〔古い〕＝〔Bad〕と〔新しい〕＝〔Good〕に纏わるような価値判断や、民主的であったり、権利であったり……つまりは、そうした近代を成立せしめている諸々の基本的なモードである様式のようなものがいくつかあって、われわれは、ただただそれに沿った言動をしていて、そこから外れることのないようにフォーマットにいわば操られているのではないか、ということです。であるならば、これは究極の自動的な反射反応（反射運動）であるにすぎません。したがって、中国語の部屋の人が思考していなかったように、われわれは「究極的な口パク」をしているだけではないのでしょうか。で、前章の繰り返しですが、こうしたものの過剰がわれわれ自身を押しつぶそうとしているのです。

かくして、話がグルリと回って、近代についての考察を媒介して最初に申し上げた「思考の技術」なる語への違和感を述べた時に申し上げたことの数々へと繋がっていることにお気付きでしょうか。

あえて身近な問題へ引きつけてみよう

卑近で身近な例に引きつけて（引き戻して）話をしてみましょう。

皆、大学を卒業したら就職して、それもできればいい会社に入って、稼がなければならない、と思っているでしょ。で、そのためには、あれが必要で、これも必要で、こんな風に大学時代を過ごして、できるだけ有意義な経験をして、クラブ活動でもリーダーシップを発揮するように活動して……、などなどと思っているでしょ。要するには、就活市場という場で商品である自分の市場価値を高めなきゃダメだと思っているんじゃないかな、と推測するのですが、どうですか？　でもね、こんなもん、誰が決めたんですか？　別に働かなくってもいいっすよ、と僕が言ったらどうします？　だってね、本当にそんなにあくせく働く必要なんてないんですから(3)。

そもそもね、君たちは自分の市場価値を高めるために生きているんですか？　というか、そんなくだらんことのために生きている、産まれてきたんですか？　と言われたら、これまたどうします？「そんなこと言ったって、金を稼がないと……」との反論はごもっともです。ごもっともで、金はないよりもあった方がいいんだけれど、しょせん金は金にすぎませんし、そもそも究極的には金なんてその時に持っているヤツが払えばいいじゃないか、と僕が言ったらどうします？

いささか無茶なことを言っているのは承知しています。反時代的であることも自覚しています。しかし、それでもやっぱり金なんて結局はその程度のものなんじゃないか、ということです。これはそれなりに納得いただけるんじゃないかなぁ、と思うのですが……。

それにしてもね、実際にね、僕が学生だった頃にはまだギリギリそんな感じが残ってたんです。夢のようなことを言っているように思うかもしれないけれど、本当にそんな感じでして、金がなくなると誰か友達の所へ行くワケです、「金ない」って……。するとそいつが持ってれば「あるぞ〜」って。で、「なんか食いに行くか〜」って。そいで二人でたらふく食って、当たり前のように僕は払わないの、だってないんだから……。もちろんこの逆もあるし、「金ない〜！」って誰かの所へ行くとそいつもなかったらまた誰かの所へ二人で行くワケです。そいで、誰が誰にどれだけ奢ってるか、あるいは奢られてるか、まったく分かんなくなっちゃって、でもまあ、そんなもんよね、ってな感じでしたねえ。もう滅茶苦茶と言えば、滅茶苦茶なんですけど、それで廻ってたんです。そんなんだから、誰も貧乏だとか、貧しいだとか思わなかったですねぇ。

というか、ここで決定的に重要なことは、これもまた先に述べたことなのですが、貧しいとか貧困とか、そういう概念なんてなければ貧困なんてないんです。金が絶対的な力の源泉になっちゃったから貧困という概念ができあがってくるわけじゃないですか。金の有る無しに関わらず十分に楽しく充実して生きることができる社会であれば貧困という概念が成立しないですよね。金を持っているとちょっとばかしできることが増える程度だったり、別に尊敬なんてされたりするはずがない社会だったらなおさらのことです。金のことばかり気にしているヤツが結局は一番貧しいんですよね、ホントは。で、「そんなもん、なんとでもなるわ！」、と心の底から思ってるヤツは貧しくないですからねえ。まあ、僕の経験からすると、たいていそういうヤツはホントに金持ってないんだけど。でも、言わんとすることは分かりますよね。たしかにすんごい理想論だけれど。(4)

さて、なんでこんな話をしたかと言うと、つまり、この中国語の部屋の中から出てきてもらったBさんは学生諸君、あるいは若者諸君であって、彼は（彼女は）君なんじゃないか、ということです。Bさんは思考を奪われています。同様に君らは思考を奪われているんじゃないか、ということを是非とも問いたいのです。もしくは、進んで自ら思考を放棄したんじゃないか、ということを問いたいのです。そして、君たちの思考を奪ったのは（Cさんは）誰かというと、企業であったり、経済であったり、つまりは近代社会であったり……、という図式になってはいませんか、ということです。というか、なっていますよ！　あちらさんの都合のよいように考えさせられていて、にもかかわらず、君たちは自分で考えている気にさせられているだけじゃないか？　もしそうなら、それは完全な口パク状態で、ここで設定した口パク人間そのものです。

疑ってみることの重要性

あえて皆さん（特に大学生や高校生といった若者）にとって身近な事例からお話しました。が、これは皆さんだけに当てはまることではありません。僕からすると皆が皆、同じことを口にしているように思われてならないのです。テレビでコメントしている人たちも、大学の教員も、会社で働いているビジネスパーソンも、み～んな判で押したように、金太郎飴のように同じことを言っている。しかもあたかも自分で考えたかのように……。「そう言うオマエはどうなんだよ⁉」とのご叱責と詰問には、あえて「僕はそうじゃないよ」と申し上げておきましょう。もちろん、僕の考えていることが正解である保証はありません。僕は常に自分の考えは間違っているだろうな、と思いつつ毎日を過ごしているくらいなのですが、不思議なことにどうも昨今は、この「自分は間違っているかもしれない」あるいは「間違っていて当然だ」という自分への問いが完全に欠落している人が大量発生しているようで、そういう人にかぎってとんと言葉が通じないのです。僕からすると、こういう人ほど規定のフォーマットに則った、そこから外れない傾向があるように思われるのです。本当にこれは恐るべきことです。

ここで重要なのは、疑ってみるということです。がしかし、「疑ってみる」という言葉も陳腐化してしまっているので⑤、この機構を説明しておきましょう。こういう文脈で疑うという言葉が表そうとしていることは、おおよそ次のような作業です。まずは、その概念であったり、意見であったり、言葉であったりしたものをかみ砕いて自分の言葉で整理してみるということです。それは、インプットされた言葉なり概念なりを、自分の既存の知識や経験の中にどのように接続するかということなのです。そうすることで、そうした概念や言葉が表しているものを自分なりに色分けできて（この講義のこれまでの言葉で述べるなら「分けて」そして「分かる」ことができて）、鵜呑みにすることを避けられるのです。ある言葉をグラデーションに分けることができれば、場面に応じてその言葉がその状況下でどのグラデーションの領域にあるかをまさしく照合できるのです。そうすると適切な意味を見いだすことが可能となって、適切な言動となって出力できるのです。逆にそうしないと、ほとんど教科書を暗記したかのようなチグハグな状態となってしまいます。というか、僕には、こうしたチグハグな状態のなれの果てが現在であるように思われるのですが、いかがでしょうか。

さて、この一連の頭の中の作業が、言葉によって線引きをして分けて、そして区別してゆく作業に他ならないことがお分かりいただけるのではないでしょうか。多くは、言葉だけがなんの繋がりもなく浮かんでしまっている状態にあって、そうであるからほとんど口パク人間のように判で押したような金太郎飴の状態となってしまうのです。では、次に、奪われた思考の典型例を見てみましょう。

4　政治的に正しい言動

皆さん、前回、ちょっとお話しましたが、ポリティカル・コレクトネスという言葉をご存じですか？略してポリコレなんて言ったりしますが、要するにはポリティカル＝政治的に、コレクト＝正しい、という、まあ、そういう言動のことです。差別はいけないとか、人権は大切であるとか、環境を大切にとか、民主的でなければならんとか……、いわゆるそういう類いのことですね。で、これらには、なかなか面と向かって反対できない感じのものです。ピンとこない人のために申し上げると、例えば街中でテレビ局のクルーなどに何らかの社会問題について意見を求められてマイクを向けられた時に口にするような言葉の数々です(6)。もしくは、テレビ局の担当者に「〇〇〇のように言ってください」なんてそれこそ言外に頼まれるコメントの類いです。で、そんな何か優等生風のことを言ってほしい雰囲気を感じたり頼まれたりがなかったとしても、こういった場合に、政治家の不正とか、人権に関することで、間違っても、「まあ、そういうこともあるやろぅ、人間なんやし、一筋縄ではいかんのが社会やから」などとは言わないでしょうし、そう言ったら多分オンエアーはされないだろうということです。なお、僕は、人権を無視してよいとか、政治不正がいいとか、そういうことを言っているんじゃないんですよ、念のため。

要するには、勇気を出して批判を覚悟で言ってしまえば「なんか胡散くせぇなぁ」「嘘っぽいよな〜」と思っちゃう類いの言動です。ここで、「胡散臭い」とか「嘘っぽい」という臭気を感じ取ることができればまだしも思考している証拠になるのですが、そういうことをまったく感じない、一切の留保も付けずにこれらを絶対的な真理であると思い込む一群の人々がいるんですね（これが結構多いんじゃないでしょうか）。こうなると完全な思考停止の状態であって、先に述べたように完全に思考が奪われてしまっている状態です。しつこく繰り返しますが、僕は差別していいとか、人権は大切じゃないとか、そんなことを言おうとしているワケではまったくありませんよ！　ホントに念のため（これ重要なところです！誤解なきように！）。これらは状況によって適切に判断しなければならない類いのものなのです。ところが、これらをどこでも無批判・無思考に振り回しはじめると、途端に社会は窒息しそうなほどに息苦しくなります。で、社会は動きを止めて崩壊しかねないのです。

ものすごく大雑把に述べれば、これによって自壊してしまったのがヨーロッパである（あった）というのが先に申し上げたダグラス・マレーの「西洋の自死」に赤裸々に描かれていたヨーロッパの二十年、いや三十年だったのです。マレーが描き出したことは、ヨーロッパといういわば新しい物語を理念として打ち出してはみたものの、その理念が現実に飲み込まれてゆく様子です。ポリコレの文脈に乗っければ、ヨーロッパという正しい物語に対して、皆が本当のことを言えずに、あるいは言ってしまうと社会的に抹殺されてしまうために、気が付いたら社会が瓦解してゆく様子です。そういうことがヨーロッパの各地で起こったのです。(7) もちろん、だからと言って、本音だけを述べればよい、というものでもありません、当然ながら。建前はあくまでも建前としてしっかりと立てておかなければならんのです。建前を「そんなのは建前にすぎん」と言って蔑ろにするとこれもまた社会を崩壊させます。ここで重要になってくるのが歴史に培われた智慧であり、われわれの身体感覚からくるバランス感覚なのです。ポリコレなる言動は、こうした言ってみれば常識的で、社会的にも歴史的にも連続的な智慧や思考、そして身体性からも遊離している言動なのです。だから、遠隔操作されたような事態と相成るのです。

それにしても、近年、こうした概念がどんどん増えてゆき、あるいは既存のものでもブラッシュアップされたり、意味が拡張されたりしてより鮮明に言語化されていきましたよね。その結果、――まさしく、その結果なのですが（概念たる言葉が先にあって、対象をそのように認識するのですから）言葉の通りに世界が変化して、その言葉の通りの諸問題が頻発してきたように思われます。パワハラ、セクハラ、いじめ、PTSD、トラウマ、コミュ障、などなど、いっぱい言葉が出てきて、その言葉にぴったり当てはまるように現実が展開されていっています。つまり、言葉が先鋭化され概念がシャープになったが故にその言葉がその言葉の通りに社会を変えたのです。

大学の現場なんて怖くてしょうがないです。だって、ひょっと学生に気に食わないと思われたらすぐに訴えられて解雇されてしまいかねないのですから。信頼関係があれば大丈夫と言いつつも一週間に一度しか顔を合わせない、オンライン授業だったら文字通りに文字でしかやり取りしない学生に訴えられたら最悪です。かくして、「おかしいなあ」と思っても危険だから近しくない学生には何も言わない、あえて「そうですね～」と言って済ましておく、ということになってしまいます。そうすると学生は間違ったことを修正される機会を逸して、間違っていても正しいと思い込むようになることでしょう。しかし、危険すぎて本当のことなど言えません。特に決定的におかしな言動をする学生ほど指導が必要なはずですが、こういった学生ほど教員の側が危険視して何も言えません。こんなことでは、まったくもって教師失格でしょうが、誰彼かまわず叱責して訴えられて、一緒に学問をしたい学生との関係まで絶たれてしまう、などという事態となれば馬鹿らしいことこの上ありません。そんなのハッキリ言ってゴメンです。ものすごく正直に申し上げましたが、ほとんどの教員は大学教員だけではなく、本音ではそう思っているでしょう。かくして教育すらできなくなってくるのです。さらに、おかしなことに、本当に教育が必要な学生ほど教育されず、教育などさして必要のない学生ほどしっかり教育を受ける、という状態が出現することになります。その結果、叱責されたことのない若者は、さらに叱責されず、さらにおかしくなり、さらにおかしくなった若者はさらに相手にされない、という究極の悪循環となります。ここでも格差社会が加速する結果となるのです。大学や教育の現場だけではなく、こんな風に、あちらこちらで似たようなことが生じていて、もうどうにもならなくなってしまっているのです。

で、繰り返しますがこうして概念化された言葉の数々は、たいていは西洋近代に端を発する思想と密接に関連しています。これらの源流は西洋であり、起点としてのフランス革命に端を発するものなのです。こうしたことは、全部が繋がっていて結果的に自分で自分の首を絞めるような事態を招来させているることに気が付かないと完全に社会はアノミー状態（無秩序、無規律の状態で、極端な場合は無政府状態を指す場合もある）に陥り、崩壊してしまうことでしょう。いや、もう崩壊しているのかもしれません。

5　金の話で頭がいっぱいになっていないか？

さて、今回の最後に、次回に続くお話のイントロダクションを行って締めとしておきましょう。これもまたポリコレや奪われた思考に近いお話になるからです――というか、その根幹にあたる思考のフォーマットと言えるようなものです。

次回に論じようと思っているのは経済学（そして経営学）のお話です。これらは昨今の世界を、そしてとりわけ日本においては過剰に過激に社会を崩壊させたイデオロギーです。われわれは経済や市場のために生きているワケではありません。むしろ、われわれの人生にとって経済や市場や金儲けなどは、そのほんの一部にすぎないものだったはずです。しかし、昨今、これらの原理と原則は遍くわれわれの生活と思考と、つまりは人生に入り込み、文字通りわれわれの思考を奪っているのではないか、ということです。

どうして経済の話でアンタの人生が変わっちゃうんだ？　例えば「こっちの仕事の方が今の仕事より一〇〇万円ほど年収が高くなるから転職する」って、気持ちは分かるけど、よく考えたら変な話なんですよね。アンタにとって仕事ってのはそんなもんだったのか、という……。ものすごく簡単かつ端的に言ってしまえば、「金金金金……、と金の話で頭がいっぱいになっていないか？」ということです。これは非難なんだけれど、致し方ないと思いつつの非難です。なぜならば、こうなるのは、結局のところ、理論と世界がほとんど宿命的に有する循環の構造にあるからであり、必然的にわれわれはこの構造の中に組み込まれ、飲み込まれざるをえないからです。それにしても、根本的かつ抜本的というか、超基本的にはこれらは関連しないハズのものです。ところが関連してきて、それも深く絡んできて、人生が金に絡め取られてしまったのです。人生だけではありません、政治も社会も、ほとんどすべてが金に絡め取られてしまった。何度も言うように、それは致し方ないし、分かってはいるのです。しかし、それがいかにわれわれの思考を、そして世界を変貌させたかということ。次回はこうしたお話に繋がるように理論と世界との関係性について議論してまいりましょう。

コラム5　喫煙と社会

ポリコレでどうしても述べておきたいことがあります。まずは、昨今の禁煙・嫌煙ムーブメントです。今、ムーブメントと述べたのですが、これは、まったくもって極端な悪しき全体主義の一例です。

ハッキリと申し上げておきたいことは、喫煙と病気の因果関係はさしてない、ということです。特に癌と喫煙の因果関係は、科学的にまったく立証されていません[9]。相関関係だってほとんど逆相関になっています。こういうことを言うと大炎上したり、集団リンチにあったりするのですが、もう本当のことは本当なのだからハッキリと言わなければなりません。嘘話の代表がこの喫煙と癌、そして諸々の病との関係です。これらは関係ありません。というか、「分からない」、というのが正直でもっとも正確な言い方です。

もう科学的な根拠を挙げたり、論理的にゴチャゴチャ言ったりなどすることは止めにしておきます。さんざん科学的におかしい、という議論がなされて、しっかりと立証されていても、それでも、それにもかかわらず「タバコ吸うな！」となって何も変わらないのですから……そのうちに、健康や病気の話だったのに、いつの間にか議論がすり替わってしまって「煙たいから迷惑だ」「人に迷惑をかけるな」という話になっている場合だってあって、とにかく冷静な話ができないのです。

それに、恐るべきことは、近年、こういうことが言えなくなってしまっているのです。すぐに圧力がかかります。本当です。なんたって、講義で「喫煙と癌、病気の関係に科学的根拠などありませんよ」と言ったら脅迫電話が毎週かかってくるようになった当事者なんですから、僕は……。

それにしても「迷惑だ」というのもよく分からないのです。あるいは「人に迷惑をかけたらダメ」というのも僕には分かりません。で、あえて申し上げたいのですが、「迷惑かけたらダメですか？」「迷惑かけるのくらい許してくださいよ」と。だってですねえ、社会ってそういうものじゃないんですか？度を超しちゃあ、さすがにダメですよ。しかし、互いに迷惑を掛け合って、「お互い様」なのが社会なんじゃないでしょうか。それとも、社会は僕が知らないうちに互いに迷惑を掛け合わない人だけが創り上げるものになってしまったのでしょうか（っていうか、そんな人いるんだろうか？）。迷惑をかける人は仲間に入れてもらえないのでしょうか？　ちなみに、こう言っても「その通り！　社会は互いに迷惑を掛け合って、『お互い様』というものです。でもね、タバコはダメなんですよ」と言う人までいるんだから、もう話にならないのです……。

考えてみるに、これもまたポリコレなのです。このタバコの事例は、社会が社会として成立していない、あるいは成立しなくなっているということを図らずも傍証しています。

これからもこうした事例は出てくることでしょう。その度に社会はゆっくりと、少しずつ、しかし確実に壊れてゆくように思います。

なお、次に規制されるのはアルコールでしょう。そういう下地が徐々にできあがってきているように思われます。まずは、外でお酒が飲めなくなって、販売（販売方法）が規制され……、といったように進んでゆくように思われます。こうした状態が三〜四〇年後には現実となっているのではないか、と僕は勘ぐっているのですが……。

ともあれ、われわれは自分で自分の首を絞めている状態に陥っていることに気が付かなければならないと僕は思っています。

註

（1）「坂の上の雲」は「まことに小さな国が，開化期を迎えようとしている。……」という一文から始まります。

（2）プログラムを頭の中に入れた場合はたしかに哲学的には、つまり、この講義の最初の段階で議論した意味では「思考している」ということになるので、「思考している」ということに異論はありません。ただし、プログラムを外に出してしまった場合（すなわち中国語の部屋のような状態にしてしまった場合）、かなり話しが違ってきますよね。どうですか？　で、事態はプログラムが頭の中に埋め込まれた状態と外側にある場合とで違いはないですよね。

（3）高度経済成長あたりから「働かざる者、食うべからず」なんて言われるようになりましたけれど、よく考えてみたらヒドイ話でして、僕は、最近は、「働いてなくてもメシくらい食わせてやってくれよ（食わせろよ）」と言うようにしています。皆さんはどういう社会がいいですか？　働いてなくてもメシくらい食わしてくれる社会か、働かないと食わせてくれない（ということは死んじゃう）社会か……。僕は絶対に前者ですねぇ。なお、こうした話しは次回（第10講義）の雑談の時にでも続きをしましょう。

（4）ここら辺は完全に脱線なんだけれど、ちょっとさらに一つだけ。

昔、植木等という歌手がいました。昭和の無責任男と言われ（本人はまったく無責任じゃないんだけど）、コミックソングをたくさん歌って大ヒットさせた人です。彼の歌で「だまって俺についてこい」という歌があって、その歌詞が「ぜにのないやつぁ、俺んとこへこい／俺もないけど 心配すんな／みろよ青い空、白い雲／そのうちなんとかなるだろう！」ってのがありましてね。無茶苦茶なんだけど、こう言っているヤツは貧困とはまったく無縁だということですよね。この男は金がないことなんか何とも思っていないワケです。というか逆にあっても何とも思わないのでしょう。すごく逆説的なのですが、金の価値観にとらわれていないからこそこの男は少なくとも貧困ではないし、貧しくもないのです（ＪＡＳＲＡＣ 出 2110939-101）。

（5）この「疑ってみる」というのも「クリティカルシンキング」とか「批判的思考」とか、フォーマットのどこかにありそうですよね。というか、確実にあるからこそ陳腐化している、と言っているんですが……。

(6)　これらの言葉はけっして本音ではないですよね。あくまでも「そう言っておけば問題ない言葉」であり、もっと言うと、学校で習ったような、テストだったら赤点にならない類いの言葉ですよね。あるインタビューされたことのある学生は僕に「（インタビューしている人や観ている人に）馬鹿と思われないように答えた」と言っていました。つまり優等生っぽい答えをした、ということのようです。

がしかし、社会に関する問題である場合、事はそんなに単純ではない場合が多いのです。ところが、世論というのは往々にしてこういう発言をもとにして作られてゆき、いつの間にかそういう方向へ誘導されるように流されてゆき、極度に建前的な方向へと行ってしまう傾向があるのです。

(7)　具体的にはイスラム諸国からの移民問題です。ヨーロッパは、多様性を尊重してイスラム諸国からの難民を受け入れ、彼らにヨーロッパ人になってもらおうとしたのです。ところがマレーは言います。ヨーロッパ人は自分たちが他の国に移住して、例えばインドや中国に移住してインド人や中国人になれないことを知っている。しかし、他の文化圏から来た人々はヨーロッパ人になれると信じたのである、と。これがヨーロッパの新しい物語（それは、本当は新しくはなくて、フランス革命の理念の現代版なのだけれども）だったのですが、この寛容と自由と民主主義と、さらには多様性（と言いつつ実は一様化なのだけれど）とがないまぜになった理念は各地でヨーロッパ的なるものを自壊させる結果をもたらしているのです。

(8)　相関関係とは、例えばAのグラフが右肩上がりになっており、Bのグラフが右肩上がりになっており、それらが似たような動きであった場合、AとBは関連性があると見なす解釈です。これとは逆に一方が右肩下がりで一方が右肩上がりの場合は逆相関関係と見なせる場合があります。ただし、何と何が関連すると考えるかは恣意的かつ経験的であって、例えばGDPの伸び率と物価の上昇率は関連していそうですが、GDPの伸び率と大学の授業の欠席率の増加を関連付けるのはかなり無理があります。

本論中に述べているのは、喫煙率の大幅な低下にもかかわらず、癌の発症率は増加するばかりである、ということです。常識的に考えれば、関係ないんじゃないか、となりそうなものですが、どうもそういった議論にはなっていないばかりか、言ってはいけない雰囲気にすらなっています。また、マスクの着用率とコロナの感染者数もあまり関係なさそうなのですが（マスクをしていてもコロナの感染者数は増える時は増えるが、減るときは減る）、これも関連性を冷静に考えよう、などと言えば袋だたきにされそうな雰囲気になっています。はたして本当に関連しているのでしょうか。

第10講義　物理学と経済学における理論と世界像

理論は世界を己の型に沿わせるように改変してゆきます。世界が理論を規定するというよりは、ここでも認識の矢印の方向は逆転していて、理論が世界を創るのです。ここでは、こうした理論と世界の関係性を物理学と世界の関係性から概観しましょう。そして、同様のことが経済学と世界との間にも生じていることを論じようと思います。

それは、われわれの思考が経済学に最適化される過程でもあり、他ならぬわれわれが経済人と化す過程、すなわち、思考を奪われてゆく過程でもあるのではないでしょうか。

前回までは「思考が奪われている」といういささかショッキングな話をしてまいりました。特にその具体的な状態を昨今の風潮などと関連する形で話をしました。そこで、今回もその続きなのですが、今回はさらに原理原則的なお話をいたしましょう。理論と世界（世界像）との関係です。抽象的なお話ではありますが、概念（言語）と対象の関係（第5講義）が理解できていれば、今回の話はその発展版のようなものです。つまり、**図10－1**のような対応関係です。概念（言語）が対象を規定するように、理論が世界（世界像）を規定するのです。

大枠をつかみ取るために、物理学の理論と世界（世界像）との関係について講じるところから始めましょう。

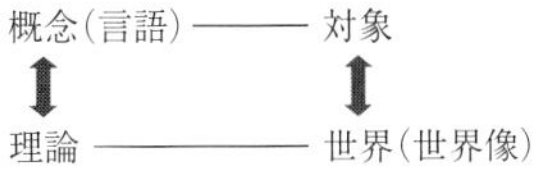

図10－1　理論と世界の対応関係

1　物理学の理論と世界像

皆さんは、世界がどのようなものだと思っているのでしょうか。ここで「世界」というのは、とりあえずは物質的な世界ということです。本当は人間も含めた「世界」であって、この講義でもできるだけそういう全体的でトータルな話にしようと思っているのですが、とりあえずは、物質の側面で世界はどうなっているのか、ということです。

これ対しては、とても単純な回答があります。われわれは世界を物理学の理論が描くように、さらに述べれば中でも量子力学と相対性理論が描くようなものとして理解・認識しているということです。量子力学も相対論も知らない場合でも（ほとんどの人がそうだと思いますが）、やっぱりこの二つの理論が描くように世界があるのです。いや、物理学と言ってもこれ以外にも古典力学や電磁気学（電磁力学）、熱力学・熱統計力学だってあるじゃないか、との反論はもっともです。が、これらは最初に述べた二つの理論がうまく包含していて、いわばその部分集合のような形になっていて、大枠はやっぱり量子力学と相対論なのです。ちなみに、理論という言葉は様々な局面で使用されています。が、正確には（少なくとも僕の理解では）理論とは境界線があるものです。たまに、適応範囲がほとんど無限で、一つの理論でもってほとんどすべてを説明してしまう人がいるんですが、こういうのは、本当は理論とは言いません。理論とはもっと精緻にできていて、ここからここまでがこういう理論で、ここからが別の理論で、これらはこういう具合に接続されている、というようになっていなければ本当は理論じゃないんです。たまに普通に会話している中で急に「理論的には～」などと言う人がいて、僕としては当惑してしまうんです。だって、どういう理論か分からないから……。

と、まあ、こういう話は適度にしておいて、理論と世界との関係です。

それでは、量子力学と相対論はどういう世界を描いているのでしょうか。ここのところをできるだけ簡単に解説しましょう。いくらか先に解説したことと重なる部分もあるのですが、今回はもう少し標準的な量子力学の解釈に近づけて述べましょう。

まず、量子力学がどのような過程を経て創り上げられたか、ということです。これは、必然的な流れであって、古典物理学はマクロの（雑に言ってみれば眼に見える世界の）物質の現象を扱っているのだけれど、それだと通用しない現象が見つかってきた、ということです。そこで、そういう現象を説明するためにスケールの小さい世界へと探求の歩を進めていった、あるいは結果的にそういう世界に歩を進めざるをえなかったのです。マクロ現象をうまく説明するためには、それを下支えする機構があって、それが原子・分子の世界で、さらに原子・分子の挙動を説明するためには、その下部構造を仮定して、その機構を説明しなければうまく説明できないということが分かってきたんですね。つまりそういう方向で物質世界を説明した結果が量子力学である、ということです。これはちょうど、マクロの社会現象がひとり一人の人間の行動の結果であることと同じです(1)。で、ひとり一人の行動を分析することで、それの合計としての全体というように現象を考えるワケです。

物理学の場合、具体的には、いわゆる黒体輻射《ふくしゃ》の問題が契機となってM・プランクが輻射の公式を導出したことから始まります。ここではじめて量子という概念が導入されるのですが、ここらはまあ、物理学史・科学史の教科書や文献にゆずりましょう(2)。それではこの理論の特徴です。

不連続性（離散性）

量子力学のもっとも特徴的な性質は、その不連続性にあります。この不連続性の遠因は原子論です(3)。

マクロの連続性は、統計的な均《なら》しの効果（結果）にすぎません。その最小単位が「量子」なのです。これも詳細に述べ始めるとどんどん難解になってゆくので、とりあえずは、そんなものと思っておけばよいでしょう。大枠はこれで間違ってはいません。

二重性――相補性と不確定性原理

次に波動と粒子の二重性です。これはボーアによる相補性原理として知られています。相補性とは、相容れない二つの性質が互いに補い合って一つのものの性質としてある状態のことを言います。物質は波動的であり、粒子的である、という二重の性質をあわせ持つというのが標準的な量子力学の解釈です。

波動性とは読んで字のごとく〝波〟であるということです。これは海の波や音（音も音波という波です）を思い浮かべてみれば明らかなように、非局所的な現象です。波はここにあるのではなく、遍く広がっていて海なら海水を、音なら空気を振動させる現象です。これに対して粒子性とは〝粒〟であるということで、波に対して一点に集中する局所的な存在です。これらは二つの意味で両立不可能です。まずは、現象と存在という異質性であり、もう一つが、局所と非局所ということです。このような存在が量子的存在である、ということであり、したがってそのようなミクロなものからわれわれが、そして世界ができているというのであれば途端に世界はその安定性を失うことでしょう。

この相補性に関連して、ハイゼンベルグが提示したのが不確定性原理です。これは、ミクロ物質は（ということは、本当はすべての物質は）、位置と運動量を同時に確定できない、というものです。運動量と言われてピンとこなければ速度と読み替えておいてもさして理解は離れません。一方を確定させると一方がまったく分からなくなるのです。あるいは両方を知りたければそれぞれがボンヤリとしか分からないのです。このボンヤリさ加減を表したのが不確定性の度合いたる不確定性原理です。ここで重要なことは、量子力学が述べていることは、一方を確定すると一方が本当は存在するのだけれど確定しない、ということではなくて、もう片方がそもそもない、ということです。こちらの知恵や測定の限界で測定できない（けれども本当はそういう数値を持っている）、ということではなく、そもそものような数値は持っていない状態である、ということです。で、どうしてそんなことになるのか？　ということを問うても無意味である、というのが量子力学の標準解釈（コペンハーゲン解釈）が述べているところで、これに対する回答は「自然はそのように振る舞うからだ」というものです。すなわち、そう現象するのだからそれは事実であって、その理由を問うても如何ともし難い、というのです。

これも論じ始めると（解説を始めると）どんどん長くなるのでこうした概略でとどめておきましょう。それにしても、なにやらどんどん厄介なことになってくるでしょ……。

確率性

いま一つが理論の確率性です。量子力学は決定論的にはなっていません。かといってまったくの非決定論というワケではもちろんなくて、量子力学が述べられるのは、確率的決定論です。かくかくしかじかの結果となることを確率的に決定するのです。そして、これを寸分の誤差なく確定するのです。

さて、では、どういう確率性でしょうか？

量子力学は、状態を、$\Psi = a\psi_1 + b\psi_2 + c\psi_3 + \cdots\cdots$のように記します。数式が出てきたけれど驚かないでください。計算なんてしません。図みたいなものとして見てください。この状態に対してある観測を行うと状態Ψが例えば1の状態ψ_1へと収束するのです。で、ψ_1の前に付いているaはこれを二乗すると状態ψ_1に収束する確率となります。言い換えれば、観測を行って1という現象を生じさせる確率です。量子力学は、こういう意味において「確率的」なのです。で、この確率は確定的でここにブレはありません。つまり確率を決定論的に確定させるのです。

観測依存性

もう一つだけ説明しておきましょう。ここまでの説明でそれとなく仄めかされていたのですが、量子力学の理論は、観測依存的であるということです。こちらがどうするか、ということが理論に入り込んでいるのです。不確定性原理の述べることは、こちらがどういう観測をするかに依存して（対応して）対象は姿（性質）を変えているということです。実際にハイゼンベルグ本人[4]も観測対象にわれわれは自分の意識を見ているのだ、という趣旨のことを述べています。観測対象を観測しようとして観測機器をのぞいたら対象が粒子として見えたということは、他ならぬわれわれが対象を粒子として観ようと思っていたことを示しています。波として観測されたのであればわれわれが対象をそう観ようとした、ということです。ちなみに、この粒子として見えたということが不確定性原理であれば位置を特定したことに相当して、波として見えたということが運動量（速度とイメージしおけばいい）を特定したことに相当します。

ホーッ、と思いたくなりますが、で、事実「なるほど！」と思いますが、ここから帰結される結論、あるいは世界像はとんでもない世界です。対象がこちらの観測に依存しているのであれば、そしてそこに見いだした以外のものが非存在であると言うのであれば（少なくとも量子力学ではそういうことになりますし、それがわれわれの物理的な世界だ、ということなのです）、断崖絶壁に咲いた一輪の花は存在でしょうか？　この一輪の花はおそらく誰にも見られません！　ということは、ここまでの言葉だと観測されません。いや、それどころか、今、僕は研究室にいるんだけれど、東京は存在するのか？　京都は？　名古屋は？　パリ、ロンドン、ニューヨークは？　つまり、月は誰も観ていなければ存在すると言えるのか？　ということです。[5]

ここでわれわれは、論理を飛躍させたかに思われます。ミクロの話を日常世界へと拡張したからです。しかし、物理学はミクロの集合体がマクロであるとの存在論から構築されています。であるなら、ミクロの世界観からマクロが自然に導出されなければ（少なくとも連続的になっていなければ）どうにも気持ち悪い話になるでしょう。ところが明らかにここには断絶があるのです。理論的には、この断絶はボーアの対応原理のところにあります。[6]

さて、以上がこの理論の特徴と言ってよいでしょう。その結果として、われわれは世界から姿形を失うこととなるのです。古典物理学の描いていた世界は、対象が何であれ（対象を原理的に記述することが不可能であったとしても）、対象自体（カント流には物自体）という客観世界の存在までは疑っていないのです。しかしながら、量子力学はそうした世界について頓着しない、あるいは、その存在を理論的に担保することがまったくできないのです。かくして、客観の世界は存在しないも同然となったのであり、それを語るにも対象はまったく掴み所のない雲のような対象なのです。

相対論の世界像

次に相対論（相対性理論）[7]についても述べておきます。が、あまり深入りすることは避けておきます。重要な点は第3講義で述べたことにほぼ尽きているという理由もあってのことです。

この理論は量子力学ほどに劇的で、一面では破壊的とも言える世界像の変更を迫ってはいません。この理論が述べる決定的に重要なことは、われわれが日常的に抱いている時間と空間の感覚が特定の条件下（光速に対してかなり遅い速度）でしか成り立たないことを示すものです。相対論では、われわれは曲がった時空間にいて、そこではユークリッドの幾何学は成立しません。また、同時という概念も変更を受けますし、時間の進み具合も個々で異なっており、光速に近くなると時間の進み具合は遅くなります。また、認識論的には第3講義で述べた通りとなります。

現代物理学の持つ力

おおよそ、こんな世界を描いているのが現代物理学です。もちろん、われわれはこんな世界を日常的に意識してなどいませんが、こうした理論がわれわれの文明を支えているのです。すなわち、君のスマホはこうした世界を描く理論に則って作動しています。そこで、ここが重要なのですが、仮に君が量子力学のことも相対論のことも、な〜んにも知らなくても、君の周りが量子力学で相対論なら（という言い方も変なんですが）、つまり、そうしたものに下支えされた環境下にあったのであれば、やがては君もそうした理論の枠組みの中に絡め取られてしまいます。君だけじゃなくって、もちろん僕も、皆がです。それは、仮に君がこれまでまったく自動車というものに乗ったことがなく、バスにも乗ったことがなかったとしても、君は当然のように自動車なるものがある社会（あるいは世界）を前提とした、そしてそれに適合した頭になっていて、それに適応した行動を当たり前のようにとっていることでしょう。知らず知らずのうちに、そのように強いられるのです（強いられるというより、知らないうちにそうなっているのです）。

これと同じように、理論がそのような世界を描いているのであれば、理論は現実の世界をそのようなものへと理論の鋳型にはめ込むように改変してゆくのです。特に物理学の理論の威力とは、その理論が、説くように世界を改変してゆく力を有するということです。だから、ここまで述べてきたような世界を理論が描いているのであれば、世界はやがてそのようなものへと変貌するのです。理論は世界を眺める色眼鏡であり、(8) いわば認識の雛形です。ここでもやはりわれわれは「そのように観ている（理論を元に観ている）からそのように観える」のです。

人間だって物質です（われわれの身体は物質からできているじゃないですか！）。ということは、人間もまた原理的にその理論の対象となりうるのであり、その結果としてわれわれは物理学の理論の通り、その存在としての基盤がきわめて根拠薄弱なものと化します。先の言葉で述べるならば雲のようなものと化しているのであり、したがってわれわれすらも姿形をなくしてゆくような、あやふやな存在にならざるをえない結果を招来させるのです。

古典物理学の場合であっても物理学は（そして科学全般は）、人間を物質や機械と見なし、社会は個人の寄せ集めと見なし（ちょっと先走ると、この寄せ集めの行動を理論化したのが経済学です）、一人の人間のレベルにあっては個々の臓器という部分としての機械の寄せ集めの存在と見なす見方を優勢なものとしてきました。ここでも理論がそのように世界を描いていれば、対象はそのように認識されるのです。

いかなる理論であれ、理論と対象はそのような関係から逃れることはできません。すなわち、しつこいですが、理論は理論のように世界を創るのです。

なお、ここで述べた理論と世界（もしくは現実）との関係性は今後の考察でとりわけ重要になってくるので繰り返し言及することになると思います。

2　経済学の理論を問う

さて、では経済学の理論はどうなのでしょうか。この理論と世界との関係はどのように考えるべきなのでしょうか。

経済学の理論は、驚くべき事に徹底的に物理学に似せて創られています。[9] 経済学者は「必然的にそうなった（似た）」と述べたいのでしょうが、そうではありません。意図的に物理学に似せて創られているのです。では、どういう意図から創られているのかを見てみましょう。

経済人と限界効用逓減《ていげん》の法則

経済学は「経済人（ホモ・エコノミカス）」なる存在を仮設します。この経済人があたかも物理学の物質のように、与えられた条件に対してもっとも適切な状態に落ち着く、という設定になっているのです。ここで、もっとも適切な状態というのは、経済的にベストな状態ということです。さらに言ってしまえば「もっとも得する状態」ということです。経済学はこうした最適化の問題として数学的に理論化されているのです。

その骨格は、いささか非現実的な設定に幾重も仮定を重ねたかのような理論になっています。いわゆるミクロ経済学の「限界効用逓減の法則」というやつです。

例えば、居酒屋で飲んでいる場合を想定しましょう。この場合、経済人は、ビール一杯で1の幸せという効用を得ます（ビール一杯で幸せ1という効果を得る、つまり「得する」ということです）。で、二杯目には効用は2となりますが、三杯目には効用が2.7とちょっと下がってきます。つまり、一杯の効用が1から0.7へと下がってくるのです。さらに四杯目には0.3にまで下がってしまったとするとこれまでの効用はトータルで3となります。で、五杯目を飲んでも効用に変化はないとするのです。しかし、経済人は、ここで枝豆を食べたり、焼き鳥を食べたりして、その複合で全体の効用をあげようというのです。このようにして人は（経済人は）自己の効用（というところの、要するには得した気分）を最大化するように経済活動を行い、その結果として効用 $F=f(x, y, z, \ldots\ldots)$ の値を最大にする、という設定なのです。ここで、お分かりのことと思いますが（言い遅れたかもしれんのですが）、効用とは、「得した気分」の度合いで、変数の x, y, z……は、それぞれ、購入したものの個数です。で、ここに条件なども色々と入ってくるのです。例えば、この場合であれば予算であったりとか、複雑にしようと思えば時間であったりも入れ込むことは可能です（複雑なモデルはいくらでも作れます）。

要するには結局のところ損得勘定の話です。どうすればもっとも得するか、という問題に数学的な衣を被せたようになっています（もっとも、それもかなり怪しいのですが）。で、この効用というものを（効用の関数というものを）適当な関数の形で表しておくんですね。ただし、この関数の形がどうしてそのような形になるのかは、ケースバイケースということにいちおうはなります（ここでいちおうは、と述べたのは、物理学を学んだ僕からすると、まったくいい加減でテキトー極まりないお話になっているからです）。いや、正直に述べると、その形にする必然性も妥当性もじつはない、というのが正直なところでして、結果的にその関数にすると適度なところで効用の値が最大化してくれるという、モロに逆算的な発想であったにすぎないように思われます、少なくとも僕には……。

ともあれ、経済学の基本は、このような建て付けになっています。「エッ！　それだけ？」と思うでしょうが、ハイ、これだけです。あと、色々と細かい話もありますが、結局はこれだけなんです。基本的にここで説明した概念が経済学の根底にあって、そこから色んな枝葉として様々な理論が作られているのです。

物理学を真似た経済学

ところで、この理論と発想は完全に物理学（古典物理学の中の古典力学＝ニュートン力学）です。どういうことか？　古典力学は、物体を取り巻く「力の場」（これをポテンシャルと言います）の中で物体がどのように運動するか、ということを説明する理論です。例えば、惑星の運動であれば、万有引力という

「力の場」の中で惑星という物体がどのように運動するかを記述するワケですね。経済学の場合、「力の場」に相当するものが与えられた条件です。例えば、予算制限であったり、購入できる財の種類であったり値段であったりで、その条件下で経済人がどのように購買活動をするか（どのように経済活動という運動をするか）ということが物質の運動に相当します。こういうように経済学は物理学の理論（古典物理学）に完全にパラレルに構築されているのです。

そこでよくよく考えてほしいのですが、はたしてここに描かれた「経済人」なるもの（なる人間）のようにわれわれは行動するのか、ということです。おそらく何もかもこのようになど行動しないことでしょう。それどころか、自己の利益をあえて無視して行動してみたり、得などしそうにないけれどあえて行動してみたり、ということが当たり前に生じることでしょう。それどころか、むしろそういう非合理的な行動こそが人間的だという理解の方がしっくりくるでしょう。つまり、経済学の理論はまったく机上の空論なのです。何も現実を説明などしていませんし、そもそもできない類いのものなのです。

ところが、こうして学化され、数学の衣をまとって理論化されると理論はいかにも不変的で普遍的に見えてくるのです。それは「経済学」という理論の色眼鏡で世界を眺める傾向を加速させます。そしてそれは、問題のないところに、問題を見いだし、解決すべき対象のないところに解決と称するアクションの必要性を迫る結果となります。すると現実の世界は少しばかり経済学の眼鏡にかなったように変化することでしょう。そうすると、世界は経済学にとって以前よりも問題化しやすい様相となって、さらに改変の力を受けやすくなります。こうした理論と現実との循環の過程が延々と繰り返され、現実の世界はいつの間にか経済学が説く世界へと姿を変えられてゆくのです。

直接的な変化を被るのは、まずは制度であったり、市場のルールであったり、なのですが、そうした変化は世相の変化を促し、そうした変化が巡り巡ってやがては人心までも変えてゆきます。その結果として、経済人のような仮設的な人間を設定して構築された経済学は、やがて人間を経済人のように改変してゆくという結果を招来させるのです。

思考を奪われた結果

思考が奪われている、という話をしてきました。

さて、ここへきてお話がつながってきたのではないでしょうか。この経済人は、徹底的に自己の利益の最大化を試み、いかなる場合でも経済的な合理性を実現させるように行動する人間です。そのようにプログラムされているのです。(10) なぜならば、そのような設定の理論の駒なのですから。そしてまた、この理論は、人間とはそのようなものにすぎない、という考え方を隠に含んですらいます。まあ、そこまで言わずとも、個人たる自己があってその集合体として社会がある、と考える文化的土壌にあって醸成されそうなモデルです。一方、世界にはこれとは逆の考え方、社会があって自己がある、という思考傾向が優勢な文化だってあります。さしずめ日本は後者でしょう。前者の代表は、やはりヨーロッパ、特に西ヨーロッパの一部と、より過激にはアメリカでしょう。つまり、数学化されて、非常に一般的で普遍的に見えるようでも、この理論にはこうした文化的な刻印が刻まれているのです。

それにしても、経済人は思考しているのでしょうか？　おそらくしていない、と回答することが妥当でしょう。それは、古典物理学の粒子が（あるいは物体が）なんらの意思も持たずに与えられた場の中を運動する様子と完全にパラレルです。あるいは、理論通りの行動をする様は先に述べた口パク人間のようでもあります。

大雑把に述べてしまえば、こういうことです。まずは、物理学的（科学的）には、人間は物質の寄せ集めであり、社会がそうした物質の寄せ集めであるところの人間の集合体であって、その集合体の挙動を理論化したものが経済学である、ということです。こういうマトリョーシカのような構造になっているのです。

そこで、僕は次のように問いたいのです。われわれはいつの間にか、ここで概観したような経済人になってしまってはいないかと。昨今の企業の姿や世相を揶揄して、よく「今だけ、金だけ、自分だけ」などと言われますが、それはまさしくこの経済人の姿ではないでしょうか。そして、経済人はわれわれなのではないか、ということです。

さて、今回は難しいお話だったでしょうね。次回は今回の続きとして経営学、経営コンサルタントなどにも眼を向けてみましょう。

コラム6　経済学の理論を再考する

経済学の理論と古典物理学（古典力学）の理論がほとんど同等の形式になっていることを数式も示してもうちょっとだけ詳しく説明しておきましょう。古典力学は、例えばポテンシャルUのもとで粒子がどのような運動をするか、ということを確定させる理論です。その際に、運動する粒子はそのポテンシャル（これを古典場と言います）でもっとも安定するような軌道を描いて運動するわけです。

一方、経済学は、経済人（経済人＝ホモ・エコノミカスは、以下で述べられるような原則に従って行動する人のことで、経済学は人はこの経済人のように行動する、と仮定して構築されています）が、ある特定の制約のもとで効用を最大化するように行動する、ということを理論化したところからスタートしています（そう言っても過言ではありません）。

ここで、次のような関係性があるわけです。

最大の効用（効用関数の最大値）→古典物理学の粒子の軌跡
特定の制約→ポテンシャル

さらに、古典物理学は、粒子の位置をx、質量をm、ポテンシャルをU、時間をtとしてラグランジュ関数Lを$L=\frac{1}{2}m\dot{x}^2-U$として、ラグランジュの運動方程式$\frac{d}{dt}\frac{\partial L}{\partial \dot{x}}-\frac{\partial L}{\partial x}=0$から位置$x$を時間の関数として特定します。

同様に経済学は、効用関数を$F(x_i)$、制約条件を$G(x_i)$として、古典物理学のように（古典物理学を真似て）ラグランジュ関数を$L=F(x_i)-\lambda G(x_i)$とします（λは定数——ラグランジュの未定乗数と呼ばれる）。そして、$\frac{\partial L}{\partial x_i}=0, \frac{\partial L}{\partial \lambda}=0$を満たすように経済人は行動（経済活動）をする、という設定です。なぜならば、それがもっとも経済的に得だからです（自己の利益を与えられた条件下で最大化できるからです）。で、ここからが重要なのですが、こうした経済人の行動は普遍的であり、どのような文化状況であれ成立する、と述べるのです。最後の普遍性についての主張は、物理学の古典粒子がいついかなる場所でも方程式の規定通りに運動することとパラレルな主張となっています。

詳細は拙著『社会科学系のための鷹揚数学入門——微分積分編』（学術図書出版社、二〇二〇年）などを参照してください。

註

（1）本当は社会はそんな単純ではないのだけれど、そう思いたくなるのです。
（2）例えば、森川亮、『量子論の歴史——その概念発展史と哲学的含意—黒体放射からプランクの量子仮説まで』（近畿大学「商経学叢」六二巻 第一号、二〇一五年）。
（3）実際にプランクが量子を導入したのは、ボルツマンによる原子論に触発されてのことで、ここから量子力学が始まります。例えば、前提の拙論、を参照してください。
（4）ハイゼンベルグはドイツの理論物理学者で「不確定性原理」の提唱者です。ハイゼンベルグの著作はかなりの数が翻訳されており、主要なものはほとんど日本語で読めます。
（5）これは、アインシュタインが述べた有名な言葉です。ちなみに、この言葉を受けてコーネル大学の著名な物理学者デヴィッド・マーミン（1935～）は、「月は誰も見ていなくても存在していると思う」と述べていて、しごく当たり前のことです。ということは、量子の理論は何かが欠落しているのではないか、という含意があるということです。
（6）対応原理は、あるところまでは古典物理学の手法で定式化してきたものを理由はともあれ、それらを一気に量子的なものへ対応させる手法です（そうするとうまく現象を説明できるからです）。その理論的な説明は行なわれないのですが、古典的なこの数式を量子の文脈へと、文字通り「エイヤッ！」と移してしまう、というものです。理論的にはここに飛びがあります。
（7）遅ればせながら「相対論＝相対性理論」です。
（8）N・R・ハンソン――第4講義の註（9）と同じ。
（9）森川亮『社会学系のための鷹揚数学入門――微分積分編』（学術図書出版社、二〇二〇年）を参照してください。
（10）そのようにプログラムされているのだから、これこそ思考のアウトソーシング状態で、リモートコントロールされた人間の見本のようなものですね。

第11講義　自発的な思考にせまる

　ここでは、われわれは思考そのものを経営学や経営コンサルなるものに奪われてしまっているのではないか、ということを考えてみましょう。正確に述べれば、経営学と経営コンサル的な発想、つまりはいわゆる標準化と経済的・経営的な合理性を標榜する言説に思考を奪われたのではないか、ということです。医療、教育、政治に行政、そして他ならぬ企業すらもが経営学的・経営コンサル的発想の一色に染められてしまったことが諸々の問題の根幹なのではないでしょうか。こうした論点から昨今の現状を問い、思考のエンジンを再始動させる術を模索してみたいと思います。

　最初、われわれは、「思考とはなんぞや？」という問いを超哲学的に分析してきて、中国語の部屋という思考実験を導入したのです。で、これをちょっといじってやると非常に示唆的で、思考についての哲学的な問いと共に具体的で今日的な問題にまで射程を広げることができることを見てきたのでした。

　前々回あたりまでの中国語の部屋の人物は完全な口パク人間でしたよね。もうこれはロボットでしょう。ところが、話が進んでいくうちに、この中国語の部屋の人間がものすごく身近に感じられてきたのではないでしょうか。そして、物理学の理論も経済学の理論も、現代という時代を特徴づける理論であって、われわれはこれらの理論の影響から逃れることができません。いつしか僕たちは、物理学の理論が描く世界に順応し、経済学の理論が求めるように考えているのではないか、ということです。すなわち、意思を持たない単なる物質で、意思を持たない出来損ないのロボットたる経済人のように、ということです。現代に生きる限り、これは致し方ないことなのだ、と思う一方で、やはりわれわれはどこまで自発的に思考しているのか、と根本的に問わざるをえません。

今回は、さらに具体的な側面からこうした問題を原理原則的に考察してみましょう。

1　洗脳の過程——経営学とか経営コンサルとか

前回の講義では、経済学の理論の構築のために仮設された経済人なるものに、いつの間にかわれわれ自身が化してしまっているのではないか、ということでした。今回はそのような具体的な事例を見ていきましょう。そうすることで、よく考えてみると、いかに思考が奪われているか（いったたか）、そして思考が奪われるということは具体的にどういうことなのか、ということを考察してみたいと思います。

ここで、この講義の最初に述べた論理思考系の本や経済学・経営学に出てくる言葉（用語）の数々を思い起こしてみてください。そして、その際に述べた、僕の決定的な違和感——薄っぺらだ！　と言ってのけてしまった違和感についても思い出してみてください。これらの言葉は経済人が経済人としてまさしく最適に行動するにはうってつけの言葉でしょう。これらの言葉が示唆するように行動するとミクロ的な効用の最大化は得られるだろうからです。で、これらがどのようにして人口に膾炙《かいしゃ》していったかといえば、まずは、経営学を通してであり、それらが論理思考系の本やそれらの周辺からまさしくトリクルダウン(1)よろしく末端にまで浸透していったのです。つまり、経営学とその周辺が先兵となって、経済学の理念を末端にまで浸透させたのだ、と僕は穿っています。

さてそこで、まずは、経営学なるものの位置づけについてです。この学問分野は（もし学問であれば、という前提が付くのですが(2)）、ここ三〇年ほどの間に特にアメリカを中心として急速に体系化されてきた分野です。その基盤は経済学で、そこから派生的に台頭してきた分野です。

では、経営学、あるいは経営コンサル的発想がいかに現実を改変したか、いかに現実に関与したかを具体的に見てゆきましょう。

医療

医療は営利企業と化しています。もう言うまでもないことです。残念なことに。一部の医療関係者は「そんなことない！」と反論するでしょうが、これは完全に利益を生み出す産業と化しています。お客さんである病人に来てもらって——ということはお客さんに病気になってもらって（あるいは病気だということにして）——医療行為をさせていただいてお金をもらって経営しているのです。だから、お金を支払って帰ろうとすると「お大事に」と言ってくれますが、本心は「まいどありがとうございます（また次回もよろしくお願いします）」なのです。[3] 医療関係者がいかに「そんなことはない！」と言い張ってみてもこういう構造になっちゃっています。これは否定しようがないでしょう。

ここで、個々人の医師や看護師などの医療関係者がこのように思っていると言っているわけではありません。むしろほとんどの個々人たる医療関係者には後から述べるように、問題などありはしません。彼らは、どうにもならない構造に巻き込まれているだけであります。どんな高い志を抱こうとも、お金の原則に絡め取られてしまうわけですから。

まずもって成果主義というのがおかしいワケですよね、本当は。患者さんを何人診たか、というのが医者の（病院の）収入の基本にあるわけです。この設定だとおかしくなって当然です。だって、この設定だと皆が病気になればなるほど、もしくは病気にしてしまえば儲かるわけですから。

それでも昔はまともな医者はたくさんいたのです。ところが、戦後の高度経済成長を契機に徐々に、医者が経済原則に飲み込まれていっています。とりわけ二〇〇〇年代に入ってからは、儲けることしか考えていないのではないか、という医者が多くなったように思われます。そこまでいかずとも、儲けが気になって仕方のない医者がたしかに増加傾向にあるように思われます。つまり、繰り返しになるけれど、個人が経済原則に飲み込まれるのです。赤ひげ先生なんて今ではもういませんし、存在すらできません。医は仁術だったはずが、医は算術なり、ということで金儲けの手段となってしまっているのです。

「儲けなきゃ潰れちゃうだろ！　潰れたら医療を提供できないじゃないか！」という反論はごもっともです。たしかにその通りです。ここで僕が問いたいのは、むしろ仕組みについてです。一部でおかしな人がいるのは事実にせよ、基本的に医療従事者の志を疑っているワケではないのです。志があってもそれを挫く仕組みになってしまっています。だって繰り返しになるけれど、患者の数に収入が比例するんだから……。つまり、どう制度をいじろうとも、医療が経済原則と市場の原理にしっかりと埋め込まれてしまっているのですから……。もういっそのこと医療従事者は全員を公務員にしたらどうか、とすら思います。

教育

初等中等教育は言うまでもなく、大学教育もまた異常な締め付けがなされるようになってきました。例えば高校は、ほとんど大学への進学率や生徒の学力でもって数値的にその成果を測られるようになってしまいました。こうなってくると、学校と塾の違いすら分からなくなってきます。というか、違いがないんでしょうね。違いは部活動があるとか、遠足や修学旅行があるとかで……あっ！　今は塾でもそういうのがあるんですか？　となるとどこに違いがあるんじゃ？　ということになってしまいます。実際に最近では塾が学校経営に乗り出していたりしますよね。僕のゼミ生がこうしたとある有名な塾に就職して散々な目にあいました。色々と支障があるので詳細は申し上げられませんが、そこで行われていたことは、ハッキリと金儲けです。

大学は、もう随分前からとにかく異常なほどの成果主義です。研究については、とにかく論文数なのです（中身は問われません。アホらしくてやってられません）。これ以外にも自分で目標を立てて、その目標をどれくらい実現したかを意味不明に計測させられたり、報告させられたり、学生の就職率なんかも計算させられたりしています。で、これが成果なんです（アホらしくてやってられません）。もっとも就職率なんて母数をいじることでなんとでもなりますけどね（だからこそ、アホらしくてやってられません）。

それに、最近どうにも気になるのは、経営学の用語が大学、そしておそらくそれ以外の教育の場にもどんどん入り込んでいることです。成果主義だけじゃなくて、ステイクホルダーであったり、付加価値であったり、イノベーションであったり（横文字が多すぎてアホらしくてやってられません）、本当に大量の経営学の用語が大学の現場に入り込んでいます。例えば、大学は、ステイクホルダーたる出資者である、学生本人、親、ひいては社会に対して、学生に高い付加価値をつけて卒業させた、という成果を数字で示さなければならない、なんていう言葉の使い方です（商材を作ってるんじゃないんで、アホらしくてやってられません）。ホント、ウンザリします。まあ、「稼げる大学にしよう」って国まで言い出しているんだから、こうしたビジネスっぽい発想はより加速してゆくことでしょう。

さて、それで、困ったことに、例えばこの構図――「付加価値を付けて云々」――ですが、これを学生本人すらも疑っておらず、当然だとすら思っていることも僕からすると異常に思われます（だからこそ末期的でアホらしくてやってられません）。商品じゃないんだから。君ら、自分を商品にしちゃっていいんですか？　と僕は問いたいのですが、いかがでしょうか？

色々と言おうと思っていたけど、悲しくなってくるから、もうここらで止めときます。なお、小さな声（本書では括弧内の言葉）が聞こえたかもしれませんが、空耳です。お気になさいませんように。

公共機関・政治

気を取り直して公共機関と政治についてを見てみましょう。

お役所だったり政治だったり、交通機関だったり、これもまた本当は利益とは関係のない場でしょう。しかし、ここでもまた利益を出そうとしたり、無闇に効率化を図ったり、そんな話ばっかりが聞こえてくるようになったのがこの二〇～三〇年だったのではないでしょうか。例えば交通機関は公共のもので必ずしも利益を出さなければならないようなものではありません。「黒字であるに超したことはない」程度のものだったはずです。しかし、赤字が続くからと国鉄が民営化されて、最近では大阪の地下鉄が民営化されました。大阪では採算のとれない路線の延長計画も凍結されてしまいました。人口の多い少ないにかかわらず、赤字であっても金を出さなければならないところには公の名において出さなければならないのです。その結果、お金が回るようになるはずなのですが、赤字だから止めにして、赤字だからお金を出さないようにして、なんてことをやっていたもんだから、さらに全体を収縮させるという馬鹿馬鹿しいサイクルに入ってしまっています。実際にそういうサイクルに入ってすでに二〇年ですか？三〇年かな？　とにかく、この発想だと停滞を通り越して墜落してゆくことは必然です。

政治の議論の現場すらもほとんど経済原則で議論されるようになっています。それこそどっちが儲かるか、どっちが得をするかという話にどんどん矮小化されていきます。選挙ですらこういう次元での話になっています。個々の政治家は、まるで「政治屋」という会社を経営していて、合法的に利益を出そうとしているかにすら見えます。

何から何まで、およそ政治とは言いがたい内容になっているのです。とにかく、政治という名目で議論され、実行されていることは、どの政策が（どうすれば）もっとも得をするか、どうしたら個人（政治家本人も国民も）が儲かるかというレベルのお話が大半です。われわれは、いつからこんな卑しい国民に成り下がってしまったのでしょうか。

経営的知見のもたらしたもの

以上、いくつか取り上げてみました。これ以外にもこうした事例があるかもしれません。が、もうこれで十分でしょう。これらは、そもそも経済原則や経営原則に則していなくともよい場だったはずです。社会にはそういう場も必要であって、なんでもかんでも会社のようでなくてはならないハズなどないんです。繰り返しますが、これらは儲ける必要などないのだし、儲ける場ではないのです。経営の原則で計る必要もないところだったハズなのです。ところが、ここ三〇年、特に二〇年にわたって、こうした場から、そしてこうした場に関連する言動から聞こえてくるのは経済学と経営学の用語ばかりなのです！　あるいは数字ばかりなのです！

最初にこうした場に浴びせられた非難は、「そんなんじゃあ、民間ではやっていけない」というものでした。お役人は（あるいは教員は、医者は……など）世間知らずで、そんなことではとても民間の企業では務まらないだろう、といった類いの非難だったのです。で、そう言われると、今でも「そうだよな～」と思ってしまう人がほとんどなのですが、はてさて、この非難自体がまったくおかしな非難じゃないか？　ということです。よく考えるとまったく的外れなのです。しかも非難された側も「お説ごもっとも……」と思っているのだからさらに始末に悪いのです。これに対する真っ当な回答は「当たり前じゃないか、民間企業じゃないんだから」というものだったハズです。それでいいんです。だって、繰り返しますが、利益を出すことを目的に設立されてはいないのだから。しかし、こういうちょっと考えれば当たり前のことが吹っ飛んでしまったのです。で、全部が同じ営利基準で語られるようになったのです。では、それはなぜか？　ということでして、それこそが、経済原則と経営原則だけに頭を乗っ取られてしまった証なのではないか、ということです。非難する側も非難される側も、です。

こうした場に経営学的知見であったり、経営コンサルなるものであったりがどんどん入り込み始めたのがこの二〇年であったと述べてもまったく過言ではないでしょう。その結果、こうした場は端的に言って壊れたのです。どうにもアホな話としか言いようがないのですが、利益を出そうとしてコンサルなどに入ってもらって経営的知見のアドバイスを受けて、経営改革を行った結果、経営的にも壊れるという事例が相次いだのです。色々と原因は考えられるでしょうが、そもそも利益追求の場ではなかったところにまったく異質なものを入れ込んでもうまくいくはずがありません。しかし、人々は経営的な知見を入れて改革しなければならない、と信じ込んでいたのです。これは改革する側も、改革される側も、です。ここに事態の深刻さがあるのです。

そのままでよかった（そのままでいい）、と言っているのではありません。ここで、利益を出す、効率化する[4]、無駄をなくす、というだけの頭になっている、そういう方向でのみ変えなければならない、と思っていた（いる）ことが問題だと言っているのです。それ以外に考えが浮かばない状態こそ、洗脳状態ではないのか、思考停止状態なのではないのか、ということです。

2　じゃあ、民間企業は？

誰も幸せにならない

それでは、民間の企業はどうなのでしょうか？　これはたしかに儲けなければなりません。儲かっていなければ倒産しちゃいます。がしかし、この場もまた狂ってきてはいまいか、というのが僕の素朴な見立てです。というか、そもそも企業は儲けることだけでいいのか、ということです。そうではないでしょう、というか、そればかりであっていいハズがない。かつては誰もが当たり前のようにそう思っていたのではないでしょうか。しかし、いつの間にか、このほとんど当たり前のことが吹っ飛んでしまったのです。で、結局は儲けられなくなった、というアホな事態に陥っていったのではないか、と僕は外目から穿っています。

儲けられなくなったのは、株主資本主義の影響とか、M&Aとか……、きっと色々とあります。経営的にも色々とあるんでしょう。企業経営もしたことないのに文句を言うな、と言われそうですが、次の一点だけを指摘させてください。

そもそも商売って社会的な営みじゃなかったのか、ということです。先にも述べたことですが、よく言われるように多くの企業が、あるいは企業家が「今だけ、金だけ、自分だけ」になっていませんか、ということで、要するに社会的どころか個人的で、ひどい場合には反社会的にすらなっていませんか。周りを数々の経営学の用語が取り巻いていて、それはこうした疚《やま》しさを覆い隠すためなのか、あるいはこうした言葉に取り巻かれていると疚しいことになってゆくのか、どちらなのか判然としないところがあるのですが、とにかく利益第一主義の会社こそ経営学的な用語に取り囲まれているようなのです。これは偶然の一致でしょうか？　いずれにせよ、言葉は思考なのであってみれば、両者は双対の関係で持ちつ持たれつになっていることは事実でしょう。厄介なのは、これらの用語や概念が非常に巧妙で、うまい具合にそれを発する側に利己的で利益第一主義ではないように思わせつつ、結果的に利益と資本の増大だけを指向する構造になっていることです。雇われる側はすっかり雇う側の用語や概念に染められているように見えるし、雇う側はすっかり資本や市場の概念に染められてしまっていて、僕のような外目からは会社という組織がまるで新興宗教のようにしか見えないのです。

「今だけ、金だけ、自分だけ」と述べたけれど、さらに事態は進んでいて「今だけ、金だけ、もひとつ金だけ」になっているように思われます。こうなってくると、結局は巡り巡って「自分だけ」どころか誰も得しないほどに視野狭窄が進行します。これでは、会社というシステムは誰をも幸せにはしないだろうと思います。というかそういうシステムになってしまうだろうと思います。

これは、まったくもって経営学の罪であると僕はハッキリと思っています。

石門心学の精神

かつて、われわれは石門心学(5)と呼ばれる商人の哲学を生み出した文化的土壌を持っていたはずです。その神髄は「三方よし」という思想にこそあったと思うのですが、いかがでしょうか？　ここで三方とは客、世間、そして自分です。自分は最後です。これが巡り巡って自らを豊かにするのではなかったのでしょうか？　自らの利益のためには客と世間を納得させなければならないのであり、この納得は利己的な文脈から出てくる類いのものではなかったはずです。あの人なら、あのお店（会社）なら、といったものであったはずです。こうした価値観からずれた者をわれわれは守銭奴と称して蔑んだのですが、昨今は他ならぬ守銭奴が、お金を持っているという一点でもって偉い人、立派な人ということにすらなっていませんか？　よく使われるセレブなどというのは、大方がこういう人のように見えます。もちろん、中にはまともな人だっていますよ。でも、なによりも（彼らよりも）、彼らをセレブリティとして持ち上げる世間の感覚のズレが僕には恐ろしいのです。とにかく、何かが根本的に狂ってしまっており、何かが根底から崩れてしまったのです。言ってみれば国民全員が成金趣味に走ってしまい、落ち着いた本物が追いやられてしまった状態と言っていいと思います。

それにしても、何が狂って、何が崩れたのでしょうか？　他ならぬわれわれの思考が狂って、思考が崩壊したのだ、と僕は穿っています。そして、これを壊したのは経済学であり、経営学であり、科学であり、ひいては近代ではないのか、と。

失速してゆく日本企業と日本――理論と現実の逆転現象

それにしても、本当に不思議なことは、ここ少なくとも二〇年にわたって、こうした様々な経営改革なるものが多大の犠牲を払って行われてきたにもかかわらず、日本の企業の業績はズルズルと落ち続けているということです。同様に日本もズルズルと落ちていっています。素直で曇りなく観察すれば、この事実をもってそれらが失敗であった、と結論できそうなものなのですが、いまだにそうは認めていないようなのです。それどころか、経営が一向に回復しないことをもって、改革が進んでいない結果である、とすら言うのが経済学であり、経営学なのです。で、改革が進まないのは日本の社会の後進性の表れであると。だからさらに改革して、その結果として当たり前のように落っこちてしまい、「まだダメだ！」と言ってまた改革して（壊して）、というアホらしいスパイラルに陥っていったのです。こんなのほとんど自虐です。以前に第9講義で述べた「古い」と「新しい」のお話なども思い出してみてください。

ここには理論と現実の逆転現象があります。明らかに理論は現実を壊しています。あるいは現実にうまく対応できてはいません。しかし、理論は正しいとされているのです。したがって理論通りにいかない現実が間違っている、と経済学も経営学も宣うのです。そして、それを本気で言っているところに事の深刻さ、病的さが端的に表れています。

なお、もう分かっていると思いますが、ここで述べた論法が日本を長年にわたって席巻し、日本の社

会を根底から壊していった「改革」なるものの思考パターンです。思考を奪われるとこのような結果を現実に及ぼすのです。(6)

3　思考を取り戻すには

日本の近代化を考えてみる

今し方、何が狂って何が崩壊したのか、と問うて思考が狂って、思考が崩壊したのではないか、と述べたのですが、では、そのようにしたさらなる原因は何かということを問わねばなりません。言ってみれば倫理の崩壊の原因を問うのです。

戦後この方、七〇余年を閲《けみ》しました。その間、われわれははたして自分の頭で思考してきたのでしょうか。戦後の七〇余年にとどまらず、明治の御代の始まり以来、つまりは日本の近代化が始まってこの方、われわれは思考してきたのか、ということを問わねばなりません。

われわれ日本人の近代史・近代化史は、欧米化そのものでした。社会制度も生活スタイルも欧米化してゆくことが近代化であったと述べても過言ではないでしょう。もちろん他の側面だってあったでしょう。しかし、近代化の主潮流は間違いなく欧米化だったのです。最初は、つまりは明治維新の初期には欧米化の目的はハッキリしていました。彼らに追いつき、国を富ませ（まさしく富国強兵で）、国を守ることにあったのです。ところが早くも明治の中期には目的と手段が逆転している、という批判が現れます。ところが、こうした批判は長続きせず、徐々に忘れられてゆき、手段と目的を取り違えたことすらも忘却されてゆきます。こんな具合に、われわれは、どんどん自分の頭で思考することを忘れていったのです。おそらくは、忘れたことすらも忘却するというレベルで忘れたのです。まさしく国家を挙げて思考が近代というプロジェクトへ委託されたのです。これは国をあげての思考のアウトソーシングです。思考する主体はかかるプロジェクトであって、いつの間にか、知らぬ間に思考が乗っ取られているのです。もっとも、乗っ取られた側は乗っ取られたことに気が付きません。この種のシステムの恐ろしいところは、操られた人間に自分が操り人形になったことをまったく自覚させない点にあります。なぜならば当人は、進んで、好んで、そのように振る舞おうとするからです。その自らの思考をそのようにせしめた力の大元が見えなくなってゆくのです。

さらに戦後は自らで自らを守るということまで放棄してしまいました。先に思考の身体性について述べました。思考は己の身体の自覚から始まるのであると。国家にとっての身体性とは防衛そのものでしょう。思考が身体から（身体を通して）始まるのであれば、国としての身体性を取り戻すことこそが、自らで思考することにつながるハズです。国家と個人の問題を同一にしてしまっているとお思いになるかもしれません。しかしそうではありません。国とか国家という言葉が大きすぎるのであれば、われわれの故郷であるとか大地であるとか、そんな言葉に置き換えてみると分かるのではないでしょうか。人の思考はこうした大地と不可分に結び付いているのです。ふとした時に思い出す故郷の風景と結び付いているのです。そしてその光景はなぜかもの悲しくて寂しくて、しかしどこか暖かいのです。けっして楽しくて嬉しくて、という風景ではありません。これはなかなか君たち（特に若い読者）には分からないかもしれませんが……（しかし、必ず分かる時がきます。君たちが一生懸命に生きてみれば）。

人間の思考は、そうした原初的な感情と原風景とが渾然一体とした源を持つものです。先に、人間の思考は自他の区別から発現することを議論しました。その際に、根源的な風景として自己から区別された最初期のものとして、われわれの心象風景に刻まれている光景、それが故郷なのです。その故郷を守ろうとすることは自己を守ることであり、自己の思考を守ることです。戦後の日本人が口パク人間と化してしまったことと自らを守ろうとしないこととは、このように根本的に繋がった、根深い現象なのです。つまり、もう一度、大地に足を付けよ、ということです。

再び大学を問うてみる

さて、もう一度、身近かな例にもどして、大学、あるいは学問の話をしましょう。

近年の大学改革とは、結局のところ「日本の大学をアメリカの大学のようにする」ということです。まあ、明治維新この方、外国のようにする、というのは今に限ったことではないし、戦後もその通りなのですが、近年、この傾向が著しく加速しました。ところが、考えてみるに、教育はその国の文化的・社会的な土壌や歴史と切り離されてあるようなものではありません。しかし、その事実を無視して変え続けたのです。

学問だって、ほとんどの研究者は研究者であって学者ではないのです。自らの頭で考えて自らの言葉で語り得ぬことを語ってみようと試みる輩は本当に希少です[7]。というか、そんなことをすると大学という場ではたちまち変人扱いされることでしょう。

加えて、最近は英語で授業をやらなきゃ国際的じゃない、などという風潮まで出てきて、実際に英語での授業も増えています。母国語で大学教育を受けることができるアドバンテージを自ら捨て去ろうとしているかのようです（母国語で大学教育を受けられる国は世界中でも数えるほどしかありません！）。それは、先人たちが様々な外国語由来の概念を適切な日本語に翻訳してうまく運用してきたからです[8]。この膨大な蓄積を捨て去るのでしょうか。ここでもやっぱり基準はアメリカなのです。

かくして、日本の大学はほとんど瀕死の状態にまで追い込まれています。大学以下の教育もほとんど壊滅状態にあります。具体的に言い始めたらキリがありません。もうそれは本屋にでも行って適当な本を手に取ってみてください。あらためてここでグダグダと述べるまでもないでしょう。で、この惨憺たる状況は、口パク人間が口パク通りのことを視野狭窄的、かつ自動的に実行した結果です。

口パク人間には裏も表もありません。その言葉通りです。その言葉通りに自動的に実行されて、完全にすべてを真に受けるのです。だって本当に言葉通りなんだから。というか、自動的なんだから、裏も表もへったくれもないし、そのまんまなんです。

本家のアメリカなら、あるいはヨーロッパならここで忖度なり加減なりが分かるところなんですが、口パク人間には分からないので、言葉を言葉通りに受けて結果的に過剰に順応してしまうのです。その結果、さらに社会が機能不全に陥ってゆくという事態に至ります。これはほとんど病的な事態です。なんとなれば経済人も思考せずに自動的な運動に終始するという意味では、あの修正発展した中国語の部屋から出てきた人物と同じで、ほとんどできの悪いロボットで、実在する人間だとしたら精神に深刻な病を抱えた人物としか思えません。しかし、思考が奪われていると（思考が奪われているがために）病的な振る舞いを自覚することなく実行してしまうのです。そして、それが現在のわれわれの姿なのではないか、と僕は問いかけたいのです。

言葉を取り戻す

では、いかにして思考を取り戻すか、ということですが、これまた言葉を取り戻すことでしかなしえません。取り戻す、という言い方がいささか不適切であれば、再起動・再始動と言ってみましょう。それは、自らの身体と連関するものとしての言葉を獲得することに尽きるでしょう。言葉は喋っているし使っているじゃないか、身体だってあるじゃないか、と思われることでしょう。たしかにその通りですが、はたしてわれわれは言葉にどこまで自覚的でしょうか？　あるいは、自らの思考が大地や身体と、そして文化や歴史と連続性があるものなのだ、ということにどこまで自覚的でしょうか。つまりは、結局のところ、「その言葉で思考するのだ」、ということに神経質なほど自覚的になってみて、どのような思考を展開しているかを内省的に自戒してみなければなりません。そして、その言葉が本当にわれわれの文化や歴史と疎通性を有するかを自らに問うてみるのです。

横文字のカタカナ言葉が出てきたら、あるいはアルファベットの頭文字で表される欧文式の略語が出てきたら意味を自分の頭で理解するまで徹底的に考えてみることです。考え尽くしてみることです。そしてちゃんとしっくりくる日本語に置き換えて説明を試みるのです。で、分かった、と思っても、そこでストップしてはいけないのです。絶えず、それでも間違っているかもしれない、と思い続けなければなりません。これは、事と場合によっては遠回りになるかもしれません。立ち止まってしまったり、すべてのものが確実性を無くしてしまったりするかもしれません。しかし、あえてここで立ち止まってでも自らを省みてみなければならないほどに（その結果としてさらに停滞して凋落したとしても）、われわれは追い込まれています。事態はまことに切迫している、ということを述べて締めとしましょう。

註

（1）ピラミッド状に積み上げられたシャンパンタワーの天辺からシャンパンを注ぐとシャンパンがしたたり落ちて、やがて一番下のグラスにもシャンパンが注がれることになる現象のことです。

この現象と同じことが経済的にも生じるとされて、天辺《てっぺん》、つまり富める者をさらに豊かにすれば富がしたたり落ちてやがて底辺まで潤う、というのがトリクルダウン理論です。がしかし、事態は理論通りにはいきませんでした。上にいる富める者は下にシャンパンをこぼさなかったです。

これに対して、経済学と経営学の理論と思考は都合良く末端にまで浸透したようです。もっとも、トリクルダウンの理論は間違っていたんですけどね……。

（2）こうした「物言い」はじつは根強くあって、経営学は学問ではない、と断言する論者も少なくはありません。私は、ケースバイケースだと思っています。しかし、少なくとも、理論的な側面はほぼすべて間違いである、と述べても過言ではないと思っていることを付言しておきます。

（3）もっと括弧内を詳しく述べておくと、続きはこうです――次回は、数日後にまた死なない程度の病気にすぐになっていただき、即座に当院にご来院いただき、治ってもらい、で、数日後に別のこれまた死なない程度の病気で来ていただき、を繰り返していただければ幸いです。では、速やかに治って速やかに病気になってください――ということです。

（4）無駄を無くして効率化する、ということで昔はどの職場にもいた宴会部長は解雇され、仕事はあんまりだけど皆のことを思いやってくれる優しい上司も解雇され、コンプライアンスが行き渡って……、となったのが現在の会社の姿なのでしょうが、それで誰が幸せになったのでしょうか？　昔に戻せと言っているわけではありません。しかし、余裕のない社会になったことだけはたしかでしょう。

本当にこれでよかったのか？　とやっぱり考え込んでしまいます……。皆さんはどうでしょうか？　それに、こんなに無駄を削っていったらやがて自分が究極的には無駄だった、ということになってしまうのではないでしょうか？　昨今の不要不急のこと以外はやるな、といったムードを鑑みるに社会の中で究極の無駄で不要不急であるヤクザな学者たる僕は、死んでもしょうがないのかしら？　って思っちゃったりします。

（5）石門心学とは、石田梅岩（1685～1744）によって体系化された倫理学であって、多く、そして長く我が国の商人の必修となっていたものです。ここで述べた「三方よし」とは石門心学の神髄であると僕なんかは思っています。

（6）森川亮『社会科学系のための鷹揚数学入門――微分積分編』（学術図書出版社、二〇二〇年）、森川亮『社会科学系のための鷹揚数学入門――線形代数編』（学術図書出版社、二〇二〇年）、佐伯啓思『近代の虚妄――現代文明論序説』（東洋経済出版社、二〇二〇年）。

（7）もっとも、こうした事情は日本にかぎった話ではありません。近代というプロジェクトはヨーロッパに発し、学問までも画一化したのです。そこでは一定の手法なり技術なりを習得すれば誰でもマニュアルに沿って研究なるものができて、その業務報告書としての論文なるものを生産できるのです。つまり、何も考えないでエライ学者先生風を装うことができるのです。

なお、ホワイトヘッドは一九世紀ヨーロッパの最大の発明は方法の発明である、と述べています（イントロダクションを参照のこと）。

（8）英語に関しては色んなことが言われていて、色んなことが行われていますが、意味不明なのが「留学生を増やすために英語で講義する授業を増やそう」というものです。本来、留学生を増やしたいなら（僕は、増える必要などないと思うのですが）、魅力を増すことを考えるべきです。というか、英語で講義されているならわざわざ日本に来る必要などない、と考えるのが普通じゃないかと思うのですが、どうにも発想が狂ってしまっているのです。

それにしても、この発想は完全に植民地の発想です。宗主国のようになりたい、ならねば！ と思っている人がいかに多いかということでしょう。特にこういう考えを持つ人は知的な階層に多いのです。どうにも希望のない話ですが、ほとんどビョーキです。

第12講義　思考の放棄

ここでは、思考のアウトソーシングについて考えてみましょう。それは、まさしく思考が奪われた状態であり、それとは気が付かずに思考をコントロールされている状態であります。奪われるというよりも「思考を放棄する」と述べる方が適切でしょう。

こうした現象が日常的になっていった先で、われわれの社会がどうなるかは分かりません。価値観すら変わってゆく、あるいは変えられるのかもしれません。確たる答えはなかなか出せそうにありませんが、危機感を持ってこうした問いを扱ってみたいと思います。

本書のイントロダクションで意図的にせよ、意図的でないにせよ、考えることを放棄する事例をいくつか挙げました。今回は、こうした問題に関連する考察です。

先にサールが提示した「中国語の部屋」をどんどんデフォルメしていって部屋の中に入っている人間を外にまで出してしまい、この人を（お気の毒にも）なんの意思も持たない、何の思考も持たないただの口パク人間（スピーカー人間？）にしてしまったのですが、いささか非現実的ではありましたよね、そんなヤツいねぇよ、と。もっとも、思考実験なので、現実的に存在するかしないかは問題ではないのですけれども。でも、今回は、デフォルメはしているけれど、とっても現実的な中国語の部屋の中の人です。まず、この人の設定からクリアーにしておきましょう。

1　超検索人間

今回のこの人は言ってみれば「超検索人間」です。何かを受けたら、あるいは何か頭に疑問でも浮かんだらとにかく検索するのです。……言っていて自分のことみたいなんだけど、皆、言われてみると自分だ、と思うのではないでしょうか。あるいはそれとは気が付かずに（それとは気が付いていない状態は徐々に述べてゆきます）検索結果、もしくはそれに類するものを受信している人間です。先のデフォルメされた中国語の部屋の人もそうだったけれど、要するにリモートコントロールされているんですね。今度の設定は、先の人が完全に自分の意思を剥奪されている（意見や意思をとりあえずは表明してはならない約束になっている）のに対して、そうした縛りを表面上はまったく受けていないのが特徴です。であるからこそ、さらに厄介なのですが、それは追々と……。

検索に時間はかかるけれど、それも技術の進歩でどんどんと縮められるだろうと目されています。というか、これもまたある種の思考実験ではあるので、原理的にこの時間を問題にする必要はないでしょう。また、事実上、この時間がアルゴリズムの予測からゼロになっている場合もありますし、マイナスになっている場合だって考えられます（というのも、当人が検索する前に検索しそうなことをあらかじめアルゴリズムが先回りして準備している場合だって考えられます。この場合、時間はマイナスとしか言いようがありません）。いずれにせよ、とりあえずここでは時間は主要な問題ではありません。

で、この人がどういうことをするか、ということです。

この人は、ありとあらゆるものをＡＩなり、ＰＣなり、プログラムなりに入力してその出力の通りの言動を為すのです。繰り返しますが、先の「口パク人間」との違いは、この人は、とりあえずは自分の意思でそのようにしているのです。あるいは自分でそう信じているのです。ここは強調しておきたい違いです。

実際には、デフォルメしているけれど、こっちの方が、よりわれわれの言動に確実に近いですよね。この人の思考の傾向性、そこから派生する問題について色々と考えてみましょう。

2　思考のアウトソーシング

端的に結論めいたことを最初に述べておくと、「超検索人間」とは思考をアウトソーシングしている、もしくはアウトソーシングする人間、ということです。しかしながら、人間ってのは、ホントに自分に甘いというか、自分に都合よくできているというか、要するにかなりいい加減ということなのですが、思考をアウトソーシングしているにもかかわらず、自分で考えた気になっているんです。皆さんも、そして僕も言いながらなのですが、自分のことを思い浮かべて考えていただきたいのです。例えば、皆で話しをしている時なんかに、フッと疑問になったり分からなかったりすることが出てきて、スマホとかPCでググってですねぇ、なんか調べ物をしたとするじゃないですか、そうすると、たいして考えちゃあいないのに、自分で考えた、あるいは自分たちで考えた気になっていませんか、ということです。こういう場面はものすごく多くなっていますよ。というか、日常的ですらあります。

ごくごく単純なこと、それこそ歴史上の年号が分からないとか、字が分からないとか、地名を忘れたとかであればこの限りではありませんよ。しかしですねえ、これがもうちょっと複雑になってきたらどうでしょうか。あるいは、単純な知識ではない場合などではどうでしょうか。

例えば、そうですねぇ、皆で食事に行くとします。人数は四人としましょう。で、場所は梅田近辺としまして（東京なら新宿とか池袋とかのそれなりの規模の町を思い浮かべてみてください）、一人あたり三〇〇〇円くらいで、個室があって、お酒も出してくれる店がいいなあ、となったとしましょう。すると即座に誰かがこれらの条件を検索エンジンに入れて検索して該当するお店を見つけますよね。で、いろんなタイプのお店、色んな料理のお店が出てくるのだけれど、お勧めで「焼き鳥屋」がトップに示されたとしましょう。するともうほとんど「焼き鳥にしよう」となるんじゃないでしょうか。あるいは、お勧めが出てこなくても、それぞれのお店に行った人が付けた星の数の平均値やら感想やら評判をザーッと斜め読みしてみて「ここがよさそうだね～」などとなるのではないでしょうか（星の数も感想もどこまでホントかとっても怪しいんですが……）。で、ここからが重要なのですが、この一連の過程で「どこへ行くか」ということをこの四人は考えていませんよね、ということです。彼らがやったことは、条件を入れて検索しただけです。で、最後に「ここにしよう」と判断（選択）して決めただけです。

考えるというのであれば、四人だから、ちょっと色々と話しもしたいからできるだけ静かなところがいいから、帰りは全員が電車だから、一カ月前は皆であそこの居酒屋で飲んだから、あっ、でもあの時は三人だったなあ、などなど……、あーでもない、こーでもない、と勘案して、考慮して、話をして最終的に「よし、じゃあ、あの駅前の焼き鳥屋にしよう！」ということになるのが考えて決めた、ということです。ところが、この種の行為をすべてすっ飛ばしているワケです。おまけに、行き方までグーグルマップにナビしてもらって行くんじゃないかな。

こうなると本当は考えてなどいない、と言わざるをえない。しかし、どうですか？　全員が全員、皆で考えて決めた、と思っているだろうし、自分たちで考えたということを露ほども疑わないのではないでしょうか。

この例だと、こういう反論もあるでしょう。「いや、考えている。だって、食事に行こう、って皆で考えたし、そのために検索してみようと考えたし、条件を細かくして検索すると考えて決めたじゃないか」と。そりゃあたしかにそうです。そこは考えているし、「考える」がゼロになってしまっているとは言わないけれど、その程度ですよね。「考える」の主要部分のほとんどはアウトソーシングされている。で、重要なことは、アウトソーシングしていることに気が付いていないということと、ここでもまた、以前に議論したそのように考えさせられている状態が出来しているということです。「検索」という行為を意識的に行った分だけ「考えさせられている感」がなくなったり意識できなかったりするからさらにタチが悪いかもしれません。まあ、追々、議論していきましょう。

さて、単純にこちらが意図して検索するだけではなく、最近はもっと便利になってきて、「食事会アプリ」とかがあって、その場合、そのアプリを立ち上げて、人数とだいたいの値段と場所を条件に入れるだけでしょう。おまけに、そのアプリが皆さんの個人情報をちゃんと拾ってくれていて、それも含めてＡＩに投げ込んでくれて「(君なら)ここだよ」と三つ四つくらいにまでお店を絞り込んだ結果を返してくれる場合はどうでしょうか？　というか、すでにほとんどこういった状態になっているのですが、この場合だとさらに考えないじゃないですか。さらには、そのアプリが「そろそろ皆で食事にでも行ったらどうですか」って提案までしてくれるとしたらどうでしょうか。そういうのがあってもおかしくないし、そこまでとは言わずとも、立ち上げると適当なお店を表示してくれて暗に「行ってみないか？」と提案してくる場合だって十分に考えられます。ここまでやられても、実際に、その店に向かって移動を始めたら皆は無意識に「自分たちで決めて、自分たちで考えて行動している」と思って歩き出しているんじゃないかしら。っていうか、実際に思い返すと僕もそうだもん……。

帰りの電車などでゼミ生の女子学生と一緒になって「ねえ、ねぇ、先生、美味しいもん食べに行きましょうよぅ〜」とねだられて(とたかられて)、ちょっとマシな店に行ってちょっとマシなものを食べて

「いいお店～」などと言われて（などとおだてらて）、「いやいやぁ、そうかなあ（←アホやから決して悪い気はしていない）」などとやっている場合でも、その学生をそのお店に連れて行ってその料理を食べさせたのは（われわれにその料理を食べさせたのは）、コックさんと店員さんはそれぞれ作って運んできてくれたので食べさせてくれたのは当たり前のことだけれども、究極的には本当は僕じゃなくて文字通りに雲の彼方の僕のあずかり知らないところのクラウドのアルゴリズムなのです。僕は考えてなどいない！　と悪ノリしましたが、ここんところは、ポリコレとも相まって幾重にも思考停止状態といったところです[1]。

それにしても、われわれの周りって、こういう事例ばっかりですよね。料理にしても料理アプリがあるし、読書のサイトやアプリだってあるし、旅行に特化したものもある。これらはちょっと条件を入れると、たちどころにそれに見合った結果を出力してくれる。料理アプリだと当然ながら材料の分量まで示してくれるし、旅行の場合だと適当な時期に（前回の旅行から半年もすると）「こんなところへ行ってみない？」と言わんばかりに提案までしてくれるんですから……。

他にも挙げれば色んな事例が出てくることでしょうが、とにかく自力で考える、試行錯誤することができなくなっているんですね。もう随分と前からですが、ゲームまで攻略本や実況動画を見てやっているって言うじゃないですか……ゲームくらい必死になって自分で攻略法を考えろ、っていうのは僕が古いんでしょうか？　で、ここでも、なぜか都合よく「自分でやった」と思っている人がほとんどのようです。いったいどうなっちゃったんでしょうか……[2]。

しかしどうですか？　繰り返しになるけれど、よほど意識的でなければこうした数々の行動について、本当は思考をアウトソーシングしていても、われわれは自分で考えたと、さらには自発的であるとすら何故か思い込んでいますよね。ホント、都合よくね……。

3　乗っ取られた思考

こうして人間は、本当は考えていなくても考えている気になっちゃうのですが、この鈍感なところへもっと怖い事態が入り込んでくる、というお話をしましょう。

まずは、先にもちょっと仄めかしておいたのだけれど、あなたのスマホのアプリは、あなたよりもずっとあなたを知っていて、あなたに特化した情報を示してくれている、ということです。行くお店から好きな料理から読書の傾向、などなどを文字通りしっかりと考慮して情報を絞り込んでくれるのです。恐ろしい話はいくらでもあるけれど、本題から逸れるのでそれらはバッサリとカットしまして（コラム7などを参照のこと）、要するには雲の彼方のクラウドは、あるいはグーグル先生はなんでも知っている、ということです。ホント、おっかないんですが。

それでも、この知られている、という事情はあくまでもこちらからあちらへ情報が筒抜けになっているというだけで、あちらからこちらが操られている、思考が乗っ取られているというまでの事態ではないような気がします（本当は乗っ取られているのですが、それは後ほどの議論で……）。例えば、旅行でも、料理でも、食事に行くお店でも今のところ、クラウドの彼方のＡＩが統計的なアルゴリズムであなたの年齢、性別、これまでの行動履歴から最適なものを出力しているにすぎません。もっともこれだけでもそこから逸脱する可能性が極端に遠のいてしまうので行動を制限してコントロールすることになるのだけれど、あくまでもそれは消極的な結果であって積極的な意図を持って行動を右側なり左側なりに変えてやろう、というまでのものではありません。言い換えれば、これに従っていても現在をそのまま未来へとまっすぐに外挿するだけで、いわば直線的なレールに乗っているだけの非常に慣性的なものです

（じつは、これも問題なのですが、この問題は次に論じます）。

ところが、アルゴリズムをちょっと変えるだけで人の行動は変化するのです。そういう実験結果はハッキリと出ていて、もうこれは疑いようがない事実なのですが、そういうことに意識的である人はほとんどいません。

例えば、オンラインで選挙を行うとすると、人はたまたま一番上に示された候補者に好感を抱くのです。そしてその結果、その候補者に投票する人が多くなるという実験結果が得られています。また、否定的な言葉が含まれた投稿と肯定的な言葉が含まれた投稿では見た人の言動が有意に異なることも疑いなく示されています。ここまで来ると、もう直線からは明らかにはみ出していてあちら側の意図によって変えられているという感じが濃厚になってきますよね。先にもちょっと述べましたが、直線的で慣性的であってもわれわれの思考はその線でもって変化させられている、影響を受けているということは事実なんですよ。

それにしても、そんな簡単に騙されるはずがない、と思っていても（あるいは思いたくなるのだけれど）、われわれは現実として簡単に騙されるのだ、ということです。もちろん、時と場合、どういうものについてかということで、度合いは変わってきます。選挙であれば〇・一%からせいぜい一%程度の影響度だし、商品の購買行動を変えるのもその程度であるとほぼ分かっています。しかし、これをマクロに行った効果は絶大でしょう。選挙であれば結果を変えることだってできてしまいます。例えば、両者が一万票程度で拮抗する選挙なら一〇〜一〇〇票の差は十分に結果に影響を与えることでしょう。そしてそんな選挙は現実で当たり前にあります。

じつに巧妙にうまい具合に思考が乗っ取られているのですが、この場合も、人は自分がそのような影響を受けているとは夢にも思いません。やっぱり自分で考えて、自分の意思で行動していると確信しているのです。

この事実は、現代にあっては深刻に捉えるべき事態でありましょう。なんとなれば、例えば一％程度の変化を生じさせることを、あるいは〇・一％の変化であっても、これを意図的に長年にわたって続ければ明白に全体を変えてしまうことが可能となるのですから。例えば、計算してみれば分かるのですが、たった一％の変化を一年で生じさせるとしても二二年でその違いは約二五％になっています。これはもう無視できないどころか、全体で四分の一が変わってしまったのだから様相はまったく異なってしまうでしょう。これを意図的に密かにできるのです。

繰り返しますが、こうした変化をそれとはまったく知られずに生じさせることができて、人々はその変化を自らが（自分たちが）そのように考えて行ったことだと信じて疑わないようにすることが可能なのです。これを思考が乗っ取られていると言わずして何と言えばいいのでしょうか。

4　どんな世界がいいですか？

ここまででも十分に問題なのだけれど、さらにもっと深刻で、根本的な事態へと議論を進めましょう。

現在を未来に外挿するとはどういうことか

先に、現在の状態をそのまま外挿する、と述べました。それはいわば線形的で直線的な外挿です。ここに明白な意図は入り込んでいません、いちおうは。しかし、ここで考えたいことは、それこそが問題なのだ、という事例です。そのまま外挿されるということは、例えば現在の何もかもが、それこそ差別的で不平等な現状や、明らかに問題である事態も何から何までそのまま未来へと外挿されてしまうということです。これらを変えるのは他ならぬ人間の思考以外にありはしません。こう言うと、よい方向へと一％だけ、あるいは〇・一％だけ変えていけばいいじゃないか、と思うのかもしれません。がしかし！そもそもその「良い」とはどういうことなのでしょうか？　あるいはどういう価値観でそれを「良い」としてそれじゃないものを「悪い」とするのでしょうか。少なくとも、絶対的にここになんらかの価値観が外側から入り込まざるを得ないのです。で、そうした価値観は、その時代に支配的なパワーを有する国なり文化なりの特定の偏向を伴うことが常です。ということは、絶対に間違いなく世界は一色に塗りつぶされたような状態へと変貌することとなるでしょう。ここにも多様化ならぬ一様化の力が働いているのです。すでにわれわれは、そのような世界への途上にあると言っても過言ではありません。

例えば、ハンナ・フライが『アルゴリズムの時代』の中で紹介している事例などは社会的な差別が固定されてしまう典型例でしょう。かつてウィスコンシン州の裁判では、裁判官が再犯評価のアルゴリズムCOMPASなるものを使っていました（今では使っていないようです）。このアルゴリズムは、もちろん人種や肌の色で（もちろん宗教などでも）人を差別するような仕組みにはまったくなってはいませんでしたが、結果的に「アルゴリズムの誤検知エラーは黒人が圧倒的に多かった。逆に、二年以内にふたたび犯罪に手を染める被告人が白人だった場合、黒人に比べると、再犯リスク予想が二倍も低く評価される。アルゴリズムの見逃しエラーは、白人が圧倒的に多かった[(3)]」のです。

これは、端的に述べれば、それまでのアメリカ社会の差別的な状態による結果をアルゴリズムにインストールしてしまい、その統計的な差異が機械にも引き継がれてしまう典型的で分かりやすい事例でしょう。こうした細かな差別、区別は、それとは気が付かれることなく、そして意図することもなく、要するには悪意などなく機械にインストールされてそれを固定化してゆく結果を招来させるのです。

そして、この種の差異は、あらゆる方向にいわゆるロングテール効果[4]を生じさせ、小さな差異であったものが社会を分断し、個々人と社会との繋がりすら断ち切ってしまうほどの結果をもたらすことでしょう。実際に、これらはエコーチェンバー効果[5]として知られているものの結果でもあって、近年のアメリカでは完全に社会を分断してしまった感すらあります。それが顕著に表れたのが、二〇二〇年のアメリカ大統領選挙であり、さらにはその前のトランプvs.クリントンの大統領選挙であったのでした。あるいは、トランプ現象とでもいうべきものだったのでした。

どんな世界がいいのか

さて、話がいささか拡散してゆくので、戻そうと思います。

そもそも、われわれはどんな社会が良い社会であると考えているのでしょうか。ある種のアルゴリズムが（あるいはあるプログラムが）かくも絶大な影響を社会に及ぼすにもかかわらず、われわれはこうした問いにあまりにも無知すぎます。もしくは無頓着すぎるのです。どこかの会社のエンジニアがプログラムの中にさしたる悪意も意図もなく当たり前にインストールしたアルゴリズムが、ここまでの影響力を持つのであれば、複数のそれらが相まって作動することで結果的に社会はどう変化してゆくのでしょうか。こんなことすら本当のところは分かってはいないのです。

一例にすぎませんが、例えば、時事通信が二〇二一年一〇月六日に伝えたところによると、メタ社（旧フェイスブック社）が元従業員から「フェイスブックの法的規制」を求めて訴えられています。訴えによると、メタ社のアルゴリズムは「怒りなどの極端な反応を引き出す投稿を拡散する危険性を会社側は認識していた」とのことで、「子供に害を与え、分断をあおり、民主主義を弱めている。安全より利益を優先している」とのことです。まあ、裁判の結果がどうなるかは分からないのですが、特定のアルゴリズムが人々の思考に影響を与えるらしいことはハッキリとうかがい知れます。というか、それは事実なのです。

それにまた、「良い」「悪い」も先に述べたように究極的には文化的な何かです。そして、誰と誰が議論してこれを決めるのでしょうか？　……って、こんなもの、決められないでしょう。しかし、繰り返しますが、事態は、どこかの会社のエンジニアがさして考えることなく作っているのです。仮に深く悩んで考えたとしても、どこかでその思考を止めて「とりあえずここらで」ってな具合に確定させなければなりません（そうじゃないと納品できないし、完成しない！）。

百歩ゆずって、ひとまずはそういうことにしておいて、つまり、とりあえずは今現在の状態の暫定的な何かを入れ込んでおいて、後から修正したらいいじゃないか、という意見もあることでしょう。しかし、この種のプログラムは、そのプログラムが描くように現実を改変してゆくのです（第10講義参照のこと）。さらに、より深刻な懸念は、時間の経過と共に、われわれはそうした修正をするための思考力すらも喪失しかねないということです。そういう発想すら失われるのかもしれません。あるいは、その思考力もそのプログラムに依存的なものであることを避けることはできません。究極的には、認識できなければそもそも問題として俎上すらしません。

さらに、修正をかけるにも何らかのアルゴリズムに従って「修正をかけるべきだ」と判断するような状況になっていたとしたら、もはや完全に人間の内的基準ではない外側の何かが事態を動かしていることになります。そして、これもまたありえない想定ではないのです。一人の人間の生《なま》の観察だけで全体を把握することが困難なのであれば、全体からあがってくる情報を把握するために何か特定のアルゴリズムに従うことは十分にありえそうなことだからです。いや、これもそうせざるをえないでしょう。

これらはすべて、思考のアウトソーシングによる結果です。われわれがアプリを起動するごとに、PCやスマホの画面を眺めるごとに、われわれの思考はジワジワと本当に〇・一％なのか、〇・〇一％なのか、あるいはもっと大きくなのか、それすら分からないのだけれど（トータルでどうなるかは分からない！）、確実に変えられ、乗っ取られて、その結果として世界が変えられてゆくのです（あるいは、まったく変えられないという意味でも変えられるのです）。繰り返しますが、われわれは今、その途上にあるのです。

ということは、僕らは「超検索人間」へと向かってゆく進化の、いや退化の途上にあるのだ、ということです。あぁ、なんたること！　このままだと、ホントのホントにクルクルパーになっちゃう⁉

5　われわれの歴史は無思考化の過程であったのか？

さて、いかがでしょうか。こう考えてくると、われわれが二重の構造で無思考化していることが分かってくるのではないでしょうか。

一つには経済学や経営学の学理・学説の説くような社会のフォーマットからの作用としての無思考化であり、もう一つは、われわれの身近にあるアルゴリズムからの作用です。両方ともほとんど無自覚ですね。特に、前者はさらに遠くにある基盤や基準、とでも言うべきものでしょう。

自由からの逃走なのか？

では、これらは何に起因するのでしょうか？　端的に述べれば、これは近代性そのものです。ここで近代とは何かを論じるのはあまりにも無理で無謀なのですが、ものすごく、おもいっきり単純化してみましょう。

これは結局のところ、絶対的基準の喪失と言えましょう。かつては、神という絶対的な基準があったのです。ところが、この基準がその絶対性を失うのが近代なのです。もちろん、昨日まで権威あったものが、いきなりその力を無くすわけではありません。徐々にゆっくりと力を失ってゆくのです。近代の進展とはこの力の喪失度合いと比例すると述べることもできます。つまり、全知全能の神からちょっとだけ力が失われて、その代わりに、その失われた力は人間の理性や合理性や科学が担って肩代わりしてきたのです。こうしていわば、神聖なる力の世俗化が生じてきて、その世俗化の度合いが近代の進捗具合の物差しですらあったのです。

ヨーロッパ、特に西ヨーロッパの一部に生じたこうした流れは世界的に拡散し、アジアではアジアの、南米では南米の、アフリカではアフリカの、つまり世界各地でそれぞれの地のそれぞれの神々を殺してゆく結果となったのです。同様に、ヨーロッパは自らの神も殺してゆくのです。殺すという言葉がキツイなら、その神々はどんどん力を削がれていきました。それが近代化だったのです。

それによって人間は神の呪縛と束縛から解放されて自由になったと言われます。これはきっとたしかなことなのでしょう。そして理性的で合理的な判断を自ら行うように、一見するとなったかに思われます。しかし、それは神が別のものに置き換わっただけで、理性的で合理的であったものが外側からあたかも人間をコントロールするかに見える現状を鑑みると、なにやら、この一連の過程が、あたかも、フロムが述べるところの「自由からの逃走」であるかにすら見えてきます(6)。つまり、内的な孤独（神との決別による孤独）と引き換えに得た自由を自らの手で創り上げた枠組みによって自ら進んで放棄してゆく過程です。僕は、こうした一連の過程がついには人間の「考えるということ」にまで及んでいるように思われてならないのです。

理性や行動規範や、諸々のものがプログラミングされていれば、それはそれで便利で楽ちんで、とにかく快適ではあります。ところが、その代償として人間の人間たる所以まで失ってゆくのだとしたら、繰り返しになりますが、はてさて、これは進歩だったのか退化だったのか、もちろん、そのどちらもがない交ぜになった状態というのが本当のところなのでしょうが、よくよく考えてみなければならない事態に至っていることだけはたしかなことのように思われます。

われわれは、言ってみるならば「脱‐脳化」の最前線たる最終局面にいるのかもしれません。

カスタマイズされた神

ところで、ＡＩ技術の進歩はこういう視点で眺めてみると先祖返りかもしれないのです。今度はアルゴリズムが神となるのです。ほとんど未来のＳＦの世界でしか描かれなかったことで、オーウェルも真っ青の世界なのだけれども、このままでは次代のビッグ・ブラザーはアルゴリズムになるのではないか、とすら思います。おっかない話なのですが、これまた、ありえない話ではないでしょう。というか、正直に述べるとそうなるだろう、と僕なんかはうっすらと感じています。

その際に、じつは全体を統べるような統一的な神がモニターに現れるというのではなく、きっと個々人におあつらえ向きにカスタマイズされた神が現れるだろう、と予測されます。ちょうど、アルゴリズムが個々人の趣味・趣向によって表示する内容を変えるのと同じように、神すらもカスタマイズされることになるでしょう。同じ名で呼びながら、その対象はまったく別物であるところの神です。こういう事態はかなりあり得る未来のように思われます。ほとんどバベルの塔の現代版であるところのサイバーバージョンです。

かくしてバラバラになって個人と社会の繋がりの糸は切れます。いや、すでに切れかかっている、ほとんど蜘蛛の糸のようなもので繋がっているにすぎないのではないか、というのが僕の見立てです。しかし、それは経済人なるものの集合体として社会を描いてみた当たり前の結果なのではないでしょうか。なぜならば先にも述べた通り、理論は理論のフォーマットにはめ込むように世界を改変してゆくからです。そしてまた、人間をそのように変えてゆくからです。

救いはあるのか

さて、なんとも救いのない話になってきてしまうのだけれど、唯一の救いというか希望は、今、われわれがこうした現状と機構に考察を向けてみた、ということです。いくらか極端なことを述べてみたのは、ここに意識と考察を向けてみたいがためです。

今、われわれは、仮にこうしたとんでもないことが事実であったとしても、その隠された機構に意識を向けて意識化してみた、ということは重要です。なぜならば、少なくとも、それがわれわれの思考のエンジンを作動させるスターターになると思うからです。

さあ、皆さんはどう考えますか？　次代のビッグ・ブラザーに帰依しますか？　それとも……！

やれＡＩだ、やれＩＣＴ（情報通信技術）だと、さかんに言われていますけど、その先はどんな世界になっているのでしょうか？　手放しで「これからの時代はそういう世界だから」とかなんとか言って簡単に飛びついていいものでしょうか？　少なくとも何らかの留保はないのでしょうか？

僕は、こういうものには最後尾から付いて行くのですが、そろそろそれも止めようかとすら思い始めています。

もっとも、もはや検索しないでは色々と困ってしまうし、それにさすがにまだ「超検索人間」にまではなっていないのかもしれないけれど、原理的にデフォルメされた「超検索人間」はやっぱりわれわれの姿なのではないでしょうか。あるいはすでに、知らないうちに、カスタマイズされた神はわれわれの前に、そしてモニターに現れてはいないか、ということです。考えてみなければならん、ということです。

コラム7　あなたよりあなたを知っているAI

思考を哲学する、という観点からはいささか拡散するので雑談として述べて提示しておきましょう。AIはあなたよりもあなたを知っている、ということです。いや、正確に述べれば、かなり近いうちにやがてそうなるだろう、ということです。そんなことはさんざん言われてきたことだからあらためて言うまでもない、と思うかもしれません。しかし、その含意と真意は、どうも明確に受け止められているようには思われません。

ここでは二点を提示しておきましょう。

まずは、AIは、その膨大なデータ（いわゆるビッグデータ）とあなたのデータを比べることであなたがどういう人間であるかということを明確に（あなたよりも）知ることになる可能性が高いということです。あなたが今後、どんな成功をし、どんな失敗をするか、そしてどんな人生経路を辿るか、さらには、どんな政治的な信条を有するかまでAIは知るようになるだろうということです。

さらにもう一点です――おそらくはこちらの方がより衝撃的だろうと思うのですが――やがてAIはわれわれの文字通り身体の内部にまで入り込んでくるでしょう。あなたのスマホはあなたがどれだけ歩いたかを知っています。しかもどの程度の気温やどの程度の都市で、つまり、どの程度の環境下でどういう行動をしていたかをすべて把握していることでしょう。ウェアラブル端末などを身につけていれば血圧から心拍数などなど、その他われわれが把握していないわれわれの文字通り身体の内部のことまで明確に知っているでしょう（知ることになるでしょう）。今はそこまで測定はできないけれど、やがてウェアラブル端末などを使ってさらに色々な情報を知るようになることでしょう。つまり、AIはあなたの健康状態をあなたより明確に知っている可能性があるということです。

こうした未来は、絵空事ではありません。その結果として何が生じるでしょうか？　あなたに何か決定的に悪いことが生じる前に先回りしてＡＩが教えてくれて、それを回避できるかもしれません。それはいいことなのかもしれませんが、恐ろしいことであると同時に、教えて欲しくないことかもしれないし、そもそも悪いとどう価値判断するのでしょうか。あるいは何も教えてくれなくとも、つまり表面上は何も今までと変わらなくとも、自分がどうなるかを自分よりも明確に知っている何かが存在するという事態はわれわれの心理や行動にどういった影響を及ぼすのでしょうか。最悪の事態は、このデータが政治権力の下に管理されるような事態となったらどうなるのか、ということです。例えば、端末がクラウドにリンクしているのであれば、クラウドから君の身体の内部を変えることすら原理的には可能だということでもあります。あるいは、そこまでいかずとも、恐ろしい事態はいくらでも想像可能です。

いずれにせよ、われわれは、とんでもない管理社会へ突入しようとしていることは事実のようです。外的な行動も監視され、内的な状態や個人の思想や信条までも筒抜けになっているような社会になったとしたら、自由や尊厳はどういった変化を被るのでしょうか。われわれは今、そういう未来への入り口にいるのです。

コラム8　何もしなくていい未来？

人間の文明の進展度合いとは結局はアウトソーシングの度合いである、と述べる人すらいます。例えば、原始時代はなんでも自分で作っていました。ところがいつからか、これらの一部をどこかでまとめて作るようになっていきます。これがアウトソーシングです。で、その結果、その原始人からある特定の技能が失われるのです。と同時に一人が個別に行うよりもまとめて行えば効率的なのです。

　車が社会に登場した頃は皆がちょっとした故障なら自分で直していました。しかし、大衆化して一般に広まると、そうした機械いじりができる人なんてほとんどいなくなります。それどころか、最近は自動運転が現実的になってきて、こうなるとおそらく未来の人間は、車を運転することすらできなくなることでしょう。記憶に新しいのは、オートマチック車が出てきて、現在はマニュアル車を運転できる人が激減してしまったことです。それと同じ事が車の運転そのもので起こるでしょう。つまり、やがて誰も車を運転できなくなる社会の到来です。これらもやっぱりアウトソーシングの結果です。

　かくして何もできない状態になってゆくのです。で、何がどうなっているかがブラックボックスとなり見えなくなってゆくのです。

　例えば、身近なもの、電気についてです。電気だって機械を利用するために、例えば産業革命期のロンドンでは各工場が個別に電気を発電して使っていました。ところが電気を使うところが増えてくると、皆で共同してどこか工場の近くでまとめて発電しようとするのです。これでも十分にアウトソーシングですが、さらに電気が普及してくると発電所はさらに遠くになって見えなくなってしまいます。この過程はとても重要です。

　自分のそばで発電していると、あるいは自分で発電していると何がどうなっているか、まさしくリアルに理解できるのです。これが自分の手から離れて近所の空き地で発電するようになっても、まあまだ分かっているのです。言ってみればこの程度まではいくらか身体性から離れてはいない。ところが、発電施設が山奥に作られると一気にリアリティが失われ、さらにどこか遠くの町の人里離れた場所で、となると、まさしく自分の身体性とはまったく関係のない何かになってしまいます。

　こうやって、具体的な何かを自分の（自分たちの）手元から外側へ、できるだけ遠くの外側へと移してゆく傾向が文明（特に機械文明）にはあるのであり、その結果、われわれは便利になって豊かになるのです。ところが、同時に決定的にアウトソーシングしたものにまつわる一切の知を喪失するのです。

かくして便利になるとどんどん愚鈍化するという結果となります。

　ここで一考に値するのが、ボーイング社とエアバス社の考え方の違いです。両方とも有名な飛行機の製造会社ですが、オートパイロットに対しての考え方がまったく異なっています。人間のパイロットの行動と自動操縦のコンピュータの操艦に違いが生じた場合、ボーイング社は基本的に人間を優先させます。一方、エアバス社はコンピュータを優先させるのです。さて、どちらがいいのでしょうか。難しいところですが、絶対に言えるのは、後者の場合はやがて人間は何もしなくなるだろうな、ということです。責任を負っていると分かっていてもそもそもパイロットの緊張度が違うでしょう。で、前者の場合は人間の能力はさほど落ちないだろうということです。これまでに生じた飛行機事故の大半は、機械（コンピュータ）と人間の齟齬が原因です。で、機械オートパイロットを切って人間がなんとかして難を逃れる、というパターンが大半です。機械は確実に間違いを犯します。人間も間違いを犯すのですが（ここからはいささか印象のお話ですが）、機械のミスは甚大な結果を生じさせ、気が付いた時には手遅れという事態となっていそうな気がします。もしそうであったなら、少なくとも人間が最後は制御しなければならないのではないか、と理系としての僕なんかは思うのですが、いかがでしょうか。古いのでしょうか。

　いずれにせよ、こうして様々なものがわれわれの手元を離れてアウトソーシングされ、ついには、頭脳までもが外側に移されてゆく。すなわち、人間の最後の砦であった思考をわれわれはクラウドの彼方にアウトソーシングしているのだとしたら、われわれは、どんな未来にたどり着くことになるのでしょうか。

コラム9　トロッコ問題

アウトソーシングというのはビジネス用語で「業務請負」とか「業務外部委託」ということですが、先に述べたように車の運転までアウトソーシング可能な時代になってきたのです。便利だなあ、という一方で、コラム8（二三四～二三五頁）では、人間の側から技量が失われてゆく事態を考えてみたのですが、さて、自動車を自動運転するとどういうことになるか、ということを考えておきましょう。これはまったく未解決でありながら喫緊の課題です。

トロッコ問題と呼ばれる哲学上の問題を紹介しましょう。

今、ブレーキの壊れたトロッコ（列車でもいい）が爆走しているとします。止まれません。この事態に誰も気が付いていませんが、君は気が付いた（気が付いてしまった）としましょう。線路の先を見てみると、線路上で五人の作業員が作業をしています。この状況で君のすぐ近くには線路の切り替え器（分岐器）があって、トロッコを別の路線へ引き込むことができる状態だったとします。しかし、よく見てみると、その別路線にも作業員が一人いて作業をしています。さあ、君ならどうしますか？　という問題です。

そのままにしておけば確実に五人の作業員が死亡します。かといって別路線に引き込んだら確実に一人の作業員が死亡します。法的にどうだとか、自分が飛び込んで止めるとか（英雄だ！）、宇宙人ジョーンズを呼ぶとか、置き石をして止めるとか、色んな手段があるのでしょうが、この思考実験ではトロッコをそのままにするか（五人を死亡させるか）、別路線に流すか（一人を死亡させるか）、の二者択一しかできないものとして考えてみてください。

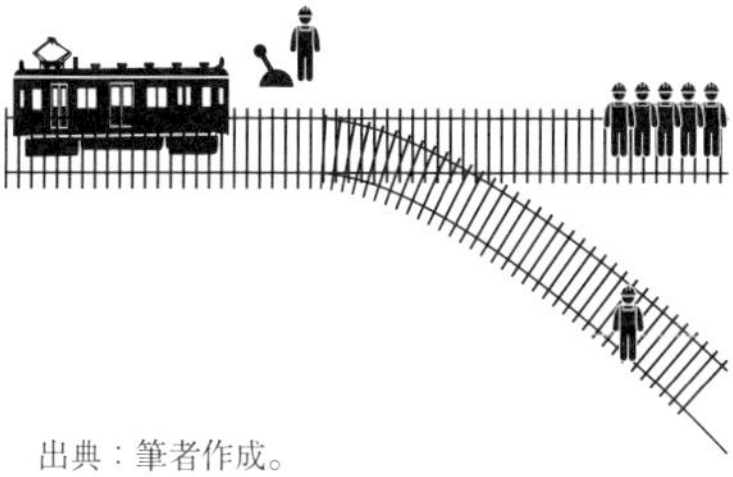
出典：筆者作成。

なかなかこれといった回答は得られませんよね。

実際に、確たる回答、つまり正解だ、というものはないと思います。

で、問題は、なぜここでこの話を取り上げたかというと、車の自動運転との関係からです。あるいは、他の機械の自動化でも同様の問題が生じてきます。

例えば、君が自動運転の車のプログラマーだったとしましょう。この場合、トロッコ問題のような事例は色々と考えられます。トラブルが生じて、そのまま突っ込むと一人を殺してしまうけど、左右の歩道に逃げても人を殺してしまうような場合です。設定は無数に考えられるのであえて事例を挙げたりしませんが、要するに、自動運転の車って、結局のところどのようにプログラムするのが適切なのでしょうか？　これは、プログラムを作っているエンジニアだけの問題ではありません。皆に関係しており、したがって皆で考えてコンセンサスが得られなければならない類いの問題でしょう。

某自動車メーカーの知人によると、車としては乗っている人の危害が一番少なくなるようにする、というのがメーカーとしての絶対的な正義だそうです。本当にそうなのかという議論はもちろんありますが、仮にそのように設定しようとしても、トロッコ問題の難問から逃れることはできていません。なぜならば、乗っている人を絶対に危険にさらさないように車を動かそうとしてみても、中に複数人が乗っているとどう設定していいか分からなくなってしまうからです（この場合でもトロッコ問題と基本的に同じ選択を迫られる思考実験を設定することは、ちょっと想像するだけで簡単にできてしまいます）。さらに、人々の属性（年齢、性別、それぞれの関係性などなど）まで入れたらもうどうしていいか分からない、というのが本当のところでしょう。

イヤな話ですが、関係する人々の収入まで関連してきたらどうしましょうか？　ありえない話ではありません。自動車にコンピュータが搭載されている場合は、その自動車が自前で自動運転されています。つまりトロッコ問題のような状況になった場合でも巻き込まれる人の属性たる情報は搭載されているプログラムには入っていません（とりあえず入れられないとしておきましょう）。ところが、個々の自動車に搭載されていたコンピュータすらもアウトソーシングされて中央制御されている場合に、トロッコ問題のような事態が生じたら巻き込まれると想定される人の情報を瞬時に生命保険会社の保険料のようなプログラムに沿って計算して人間の命に優先順位が付けられることだって考えられます。もはや、こうなってくると運命に左右されていた、いわば神の領域をいかに設定するかということにもなってきます。あるいは、危機的状況となったらランダムにすべて確率的にするとしても今度は、その確率のアルゴリズムが問題となって……、というワケで、どうにも埒があきません。

　それにしても、こう考えてくると、本当に自動運転させていいのだろうか、と思い始めます。あるいはどのレベルまでが妥当なのか、と考えざるを得ません。

　なお、これによく似た問題で、歩道橋問題というのもよく議論される問題です。骨子は次のようなものです。君は、暴走するトロッコが走る線路にかかる歩道橋にいて事態を把握したとします。今、君の横には太った人が一人います。ここからこの人を突き落としてトロッコに激突させれば五人の作業員の命は助かります。君の隣の人は事態にはまったく気が付いていないようです。さあ、どうしましょうか？　という思考実験です。

出典：筆者作成。

　どうにも悩ましいですね。真剣に考えれば考えるほど悩ましい。正解はありません。是非とも考えてみてください。

コラム10　国家の希薄化とアウトソーシング

　思考がアウトソーシングされる、という話をしてきました。そしてまた、前半では思考の核にあたるものがない、という話もしてきました。

　ここで、国家すらもアウトソーシングされているということを述べておきましょう。端的に述べれば「民営化」ということです。日本にあっては、国鉄の民営化から始まり、道路公団の民営化、郵政民営化、あたりが分かりやすいところで、本来は（あるいはかつては）国家や地方自治体といった公《おおやけ》が行っていたものが次々と民間に委譲され民間の会社が行うようになりました。近年では、気が付かないうちにお役所の日常的な業務すらも民間が行うようになってきています。例えば、お役所の窓口業務のいくつかは民間会社に委譲されていますし、官民一体の経営となっている場すらあります（こうした場合は、職員が派遣会社からの派遣という場合がほとんどです）。

こうした事例がさらに進行しているのがアメリカです。アメリカでは戦争やそれにまつわる諸々までも民営化されています。おまけに戦争の復興や災害からの復興も民営化されています。刑務所のいくつかだって民営化されています。それどころか、政府の中枢やセキュリティーに関わる部門すらも民間にアウトソーシングされています。学校だって株式会社に委託されてしまいました（もちろん州によって差がありますが、公立校はめっきり減少しました）。

このアメリカで生じた流れは早晩、日本にも到来することでしょう。というか、すでに生じています。例えば私立高校を無償化するというのは、一見すると私立高校の準公立化のように見えてしまいますが、まずはこれで公立と私立の差を無くし（特にお金の面での障壁を無くし）、基本的に誰でもどこへでも好きな学校へ行ける状態にしてから、つまり公立と私立の違いを実質上無くしてしまってから明確にバウチャー制(7)に移行させる第一歩でしょう。あるいはこの移行の間に何か別の形態が挟まれるかもしれませんが、最終的にはこうした形態とすることを目的としていることでしょう。

水道の民営化、コンセッション方式というのも完全に公から民への流れです。水道以外にも挙げていくと事例はキリがないほどです。自治体そのものを民営化する、などというアイデアすら出されているというのだからあきれ果てます。ちなみに、水道の民営化は世界各国で大失敗をしています。そのうちに、最低限の治安維持機構と軍事の中枢部分（司令塔）だけを残してその他はすべて民間会社が……、

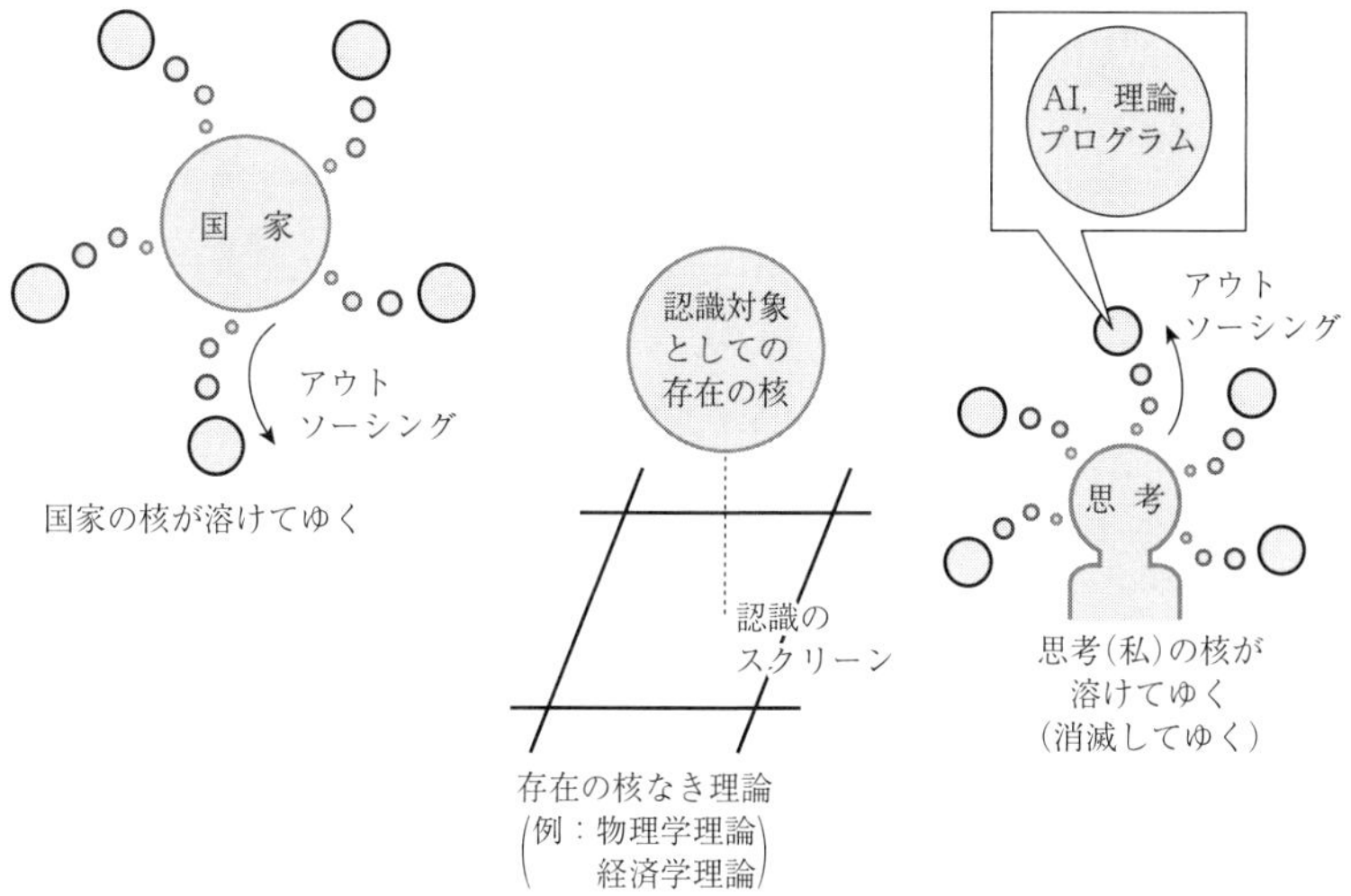

国家の核が溶けてゆく

存在の核なき理論
（例：物理学理論
経済学理論）

思考（私）の核が
溶けてゆく
（消滅してゆく）

などという冗談のような事態にまでなりかねません。そうなっても少なくとも僕は驚きません。

これらは結局のところ、国家が希薄化してゆくということであり、国家の核心が溶けて消滅してゆくということなのです。おまけに公の公たるその中心核であるところの天皇家に生じたとある私情を優先する行動は、国家の核心が溶けて融解してゆく傾向を精神の側面からも加速させることでしょう。ちなみに、この私情を優先させる行動を根拠づけているものもまた西洋流の個人主義であり人権であり、といったものなのです。こうしたものがうまく全体として機能しない事態となってしまっています。

かくして、すべては一貫した流れの中にあるのだ、ということが朧気ながら見えてきます。つまり、いずれにあっても核の消滅、あるいは喪失です。思考の核の消滅（哲学的考察の果ての消滅、テクノロジーの結果としての消滅の両面において。そしてそれは私の消滅でもあります）、社会・国家の核の消滅が近代の思想的潮流という深層の現れたる表面の現象として必然的にシンクロしているのです。もちろん、社会なき（経済人の寄せ集めとしての）経済学理論と存在の核なき物理学理論もまたこうしたシンクロと深く関連していることは縷々述べてきたことであります。つまり、図のような事態の同時進行なのです。

こうした事態の全貌を本当はもっと詳細に描いてみなければなりません。それは、われわれ現代人のあまりにも滑稽で哀しい自画像となるのではないでしょうか。

註

(1) なぜこれがポリコレかというと、例えば教師が特定の学生を（学生だけを）食事に連れて行ってはいけないとか、ましてや女子学生と二人で食事をするなどいけないとか、本当はその女子学生は社交辞令で「連れてってくださいよ〜」と言ったにすぎないのに実際に連れて行ったのはセクハラだとか、もう想定すれば色々と考えられるからです。けれども、そんなこと言っていたらそもそも人間関係が成り立たないじゃないか、ということで、事実、われわれの社会はそういった状態にまで至っていると言うべきなのです。ちなみに、この記述はフィクションであることを明記しておきます（多分……）。

(2) 昔、ルービックキューブという六面体のパズルがあって、あれなんかは必死に自分で考えたものです。で、たいてい試行錯誤しながら規則性を見いだして全面を揃えるのです。このパズルはものすごく流行って老いも若きもカチャカチャといじり回していたものです。かくいう僕も自分で考えて独自の方法でどうにか完成できるようになった記憶があります。

その後、もっとスマートな方法を知るようになって自分の独自の方法がどう回りくどかったのか、あるいはどこが一緒だったのかを自分の頭で明確化できた時の爽快感は忘れられません。最近の子供や若者はこういった経験をすることが少なくなったのだとしたらやはり問題だ、と僕などは思うのですが……。

(3) ハンナ・フライ、森嶋マリ訳『アルゴリズムの時代　機械が決定する世界をどう生きるか』（文藝春秋、二〇二一年）、九一頁。

（4）ロングテール効果とは、端的に言うと、通常の店頭ならさほど売れない商品が一部の人々に根強く売れ続ける現象のことです。インターネットが掘り起こした需要は、こうした、通常は店頭には並ばない商品が根強く売れ続けることでした。これによって、各方面で需要が広く分散し、より個々人向けにカスタマイズされる結果となり、それはいわゆる多様化の表れであるとも言われるようになりました。同様に価値観や趣味・趣向もまた、ロングテール効果のように広く分散するようになったのです。

（5）エコーチェンバー効果とは、同じ趣向や主張を持つ集団が集団内で互いに発言を繰り返すことでより極端な方向へと言動が加速されて過激化する効果のことです。つまり特定の認識共同体が作られて、それがより強化されるということです。

（6）エーリッヒ・フロム、日高六郎訳『自由からの逃走』（東京創元社、一九五二年）。

（7）バウチャー制とは、私立学校へ子供を通わせる家庭へクーポン券を配布し学費の負担を軽減する制度のことです。その結果、学校間でより自由な競争が促進されて学校は受け入れた生徒数に比例した補助金を受け取ることができます。つまり、より選択されるようになればより多額の補助金を受け取ることができる、という自由競争に基づいた制度のことです。

第Ⅴ部　狭窄化する思考

第13講義　奪われた思考の帰結

そんなことしたって意味ない！　と言いたくなる事例は日常の中でもたまに見られます。また、意味がないということが分かってもなぜか止められない、という場合もあります。

過激にダイエットしてかえって体調が悪くなるとか、リバウンドしちゃうとか……扉の取手の調子が悪いので分解して取手は直したのだけれど、なぜかかみ合わせがおかしくなって扉がうまく閉まらなくなった、とか……。まあ、この程度のことなら笑って済ませられます、とりあえずは……。しかし、これが社会全体に及ぶような行動であった場合はどうでしょうか？　ここで論じたいことはこうした現象についてです。

この講義もだんだんと終盤に差し迫ってきて、抽象的な話から具体的な話へと徐々に降りてきました。今回からは、もっと現実に起きている具体的な話を展開してみましょう。と言っても先の話とまったく関連しないわけではなくて、共通するポイントは、やっぱり自分の頭で考えなくなっていて、その結果として全体が見えなくなっているということです。これも思考が奪われている状態、そして思考が止まっている状態です。ここで紹介して論じたいのは、ちょっとした価値判断だけをしていて全体状況はまったく分からないし、夢にもそのような全体状況があるとは思ってもみない思考のことです。要するに視野狭窄の状態で、「狭窄化した思考」と言えるだろうと思います。

とにかくまずは、この事例を提示することから始めましょう。

1　CO2削減という取り組み

これはある自治体で本当に行われた取り組みです。

ある自治体は、CO2削減に向けて、電気使用量を減らす取り組みをしました。しかし、市民に「電気代（電気使用量）を減らしてくださーい」と言うだけでは減らないだろうから、インセンティブを与えることにしたのです。具体的には次のような仕組みです。

各家庭に対して、電気代の削減額に相当するポイントを配布することにしたのです。で、このポイントは自治体内の商店で現金のように使えるのです。具体的に削減額は、前年の同月との比較で行われました。前年の八月には一万円だった電気代が今年の八月には九〇〇〇円に抑えられたら差額の一〇〇〇円をポイントとして付与するのです（役所に明細を持ってきてくれたらその場で渡す）。こうすると、省エネ型の家電への買い換えも進むと思われ、CO2削減の施策としては一石二鳥でもある、と思われました。なお、このより消費電力が少ない省エネ家電に買い換えて消費電力を削減させた場合でももちろんポイントはもらえるのですが、この場合は次の事例で考察します。とりあえずここでは、お金の流れから考えましょう。

さて、それでは問題です。この取り組みは、思惑通りにうまくいっているでしょうか？　つまり、本当に狙った通りの結果＝CO2の削減に繋がっているでしょうか？　考えられる結果は次の三つですね。

①削減に成功する
②今までと変わらない

③今までより増えた

ちょっと考えてみてください。

こういう問いを投げかけると、皆さんまあ、だいたい考えてはくれますよね。でも、じゃあ、理由は？　と聞くとたいていが「なんとなく」とか「カンで……」といった答えが返ってくるのですが、こういう場合はそう考える理由も含めて考えてください。というのも、そう考える理由がなければ考えたことにはならないからです。

さあ、この選択肢で僕の経験からして多いのはですねぇ、①と②なんです。だいたい①と②が半々で、③を選択する人はちょっと変わった人か、すごく優秀な人です。という言い方をすると答えがバレてしまうのですが、正解は③なんです。①を選ぶ人は、「支払った金額が減ってるからいいんじゃないですか」と言いますね、だいたい。で、②を選ぶ人は「九〇〇〇円に減らしたけど一〇〇〇円を追加してあげたからトータルで一万円となって最初と変わらない」と言います。で、③の人は増えていることに気が付くワケです。これ増えてますよね。「エッ⁉」、と思うでしょうけれど、これ、増えてますよ。

どういうことでしょうか？　まずは、確かに一〇〇〇円の削減に成功しました。これで一〇〇〇円分のエネルギー削減に成功していますよね。ところが、役所で一〇〇〇円分のポイントをもらってしまっているんです。このポイントを使ってしまったらトータルで一万円の消費になって最初と同じですよね。あれ？　お金の話になってるじゃない、CO2の話じゃなかったの？　というもっともな疑問については、ちょっと待ってください、後からちゃんと説明しますから。そこで、さあ、同じだ、というところまで来ましたが、なぜ増えるのか、ということです。これは、最初に削減した一〇〇〇円をどうするか、ということです。最初に電気代として使わなかっただけで一〇〇〇円はどこかで、あるいはいつか使いますよね！　使ってしまったら、その時点でトータル一万一〇〇〇円の消費につながります。というか、一万一〇〇〇円を消費したということです。

さて、そこで、エネルギー使用量＝ＣＯ２の話がお金の話に変わってしまった、という先の疑問についての回答です。一〇〇〇円を使用する、ということはトータルで一〇〇〇円分のエネルギーを消費した、ということですよね。ということは、それだけのＣＯ２を排出したということです。エネルギー使用量は経済規模に比例しています。ということは、君が使った一〇〇〇円は一〇〇〇円分の経済活動なんであって（当たり前だけれど）、巡り巡って、それに見合ったエネルギーが消費されます。ということは結果的にその一〇〇〇円を使うことは巡り巡って一〇〇〇円のエネルギーを消費したことに相当します。

かくしてこの取り組みは逆効果となります。つまり、それまでは一万円だった規模を余計なことをしたために一万一〇〇〇円に拡大させてしまっているからです。で、余計なことというのは、この一〇〇〇円分のポイントを付与したことです。結果的にそれはそれだけ経済規模を拡大させたことになります。考えてみれば当たり前のことです。

では、本当に本気でエネルギー使用量を削減しようと思ったら、この自治体はどうしたらよかったのでしょうか？　答えはじつはすごく簡単です。一〇〇〇円の削減に成功した市民が役所に申請に来たら「ありがとうございます」と言ってその削減に成功した一〇〇〇円を申請者の財布から取り上げてしまえばいいのです！　「なんたること！」ってお思いでしょうが、事実です。それに、これしか方法はありません、絶対に！　もちろん、こんなことを本当にやったら暴動が起きますけど（っていうか、お金を取り上げられに行く馬鹿なんて絶対にいないけど）。でも、ちゃんと理屈に沿って行うとそうなります。去年は一万円じゃないとできなかったのが今年は九〇〇〇円でできたんでしょ、と。ということは、浮いた一〇〇〇円は必要ないでしょ、と。冗談みたいな話ですが、そうすることでしか本当はエネルギー使用量を減らす、したがってCO_2の排出量を削減する方法はないのです[1]。

　もちろん、これには条件がありますよ。例えば、削減した一〇〇〇円と付与したポイントの一〇〇〇円の使い道を、化石燃料を使わない経済圏でのみ使用する（またそのような棲み分けが確実に可能となっている）というのであればこのようにしてもCO_2は削減できます。でもそれは現状では不可能ですし、当面は化石燃料を燃やすことでエネルギーとするのが主流でしょう。それに、化石燃料を使用しない経済圏を拡大していっても、そっちはそっちでじつは同じ種類の問題を抱えます。そっちはそっちでCO_2という形ではないかもしれないけれど、別の仕方で環境に負荷をかけることになります。だから原理的には何も変わりませんし、やっぱり一〇〇〇円を取り上げるしか根本的には解決策はないんです。

　ここで、さらに注意しなければならないのは、一〇〇〇円を取り上げてその場で取り上げた一〇〇〇円を処分してしまわないと（以後に絶対に使わない状態にしないと）ダメだ、ということです。今まで、われわれの国、日本は、というか、資本主義はじつは、この取り上げた一〇〇〇円を別のところに投資して経済規模を拡大させることで成長してきたのです。結果的にそういうことだった、ということと同時に必然的にもそうならざるをえないのです。結果的に、省エネをして浮かせたエネルギーを別の産業に用いるんですね。で、その産業をどんどん大きくしてゆくのです。例えば、照明代に使用していた電気を今までよりも効率のよい照明機器にして浮かせて、その浮いた分のエネルギーを別の分野に使うのです。こうして拡大させてきたのです。そしてこれは資本主義としては当たり前なのです。本当に省エネしたいのであれば、浮いた分を使ってはダメなのです。

　事実はこれを証明してくれています。この五〇年間、日本はずーっと省エネを推進してきました。けれども、この五〇年間でエネルギー使用量は増えているのです。効率をよくするという意味での省エネならいいのだけれど、一般国民はそうは思ってはいないでしょう。そうじゃなくて環境との関連の方を考えているでしょう。で、環境との関連で省エネするなら、国レベルでは、「今年は去年の九〇％しかエネルギー供給しない」とすれば確実にうまくいきます。けど、できっこないですよね。こんなことしたら死者も出るでしょう。

これもまた随分と暴論に聞こえるかもしれませんが、すべて原理原則に従うとこのように結論せざるをえません。で、ここで死者も出る、というところは、環境問題とは命の問題なのだ、ということと直結するのです。これは後でさらに論じます。

さて、ここまでをまとめておきましょう。

いくつかレベルの異なった話が一気に出てきて混在しています。説明がよろしくないというか、一気に全部を述べたからなのですが。まずは、家庭での電気代の段階です。ここでは削減するとそれだけおトクです。次に自治体のレベルです。ここでもまだギリギリおトクでしょうね。その地方の商店はポイントを使ってもらって（これを後で役所に持っていけば現金化してくれるハズだから）売り上げが伸びるし、自治体もそれにともなって税収が増えるワケですよね。ところがさらにトータルで広い視点からすると結果的に環境負荷を増やしていて、この取り組みの趣旨とは逆のことが生じています。もっとも、自治体がここまで見越して意図的に嘘をついていたのであれば織り込み済みなんですが……[2]。

ここで申し上げたいことは、全体を眺めることができなくなっている、ということです。視野狭窄に陥っていてそこでプラスになってもトータルでマイナスになってしまう、あるいはイーブンになってしまう、という全体を俯瞰する視点がまったく持てないという事態です。こういうことがあまりにも多いのが現状です。次にもよく似た事例を挙げてみましょう。

2　エコポイント&エコ減税

　エコポイントって、最近やられているんでしょうか？　って先に述べたのもエコポイントなんだけれど……。エコカー減税なんてのはどうなんでしょうか？　よく分かんないのですが、原理として、エコとか環境とか、最近であればＳＤＧｓ（Sustainable Development Goals――持続可能な開発目標）[3]という取り組みは、じつはかなりしっかり考えないと意味不明、あるいは逆効果になるというお話をしたいワケです。で、それらは、だいたいが視野狭窄に陥っているというのが一つであり、もう一つ重要な点は、文明的な視点です。で、こうした考察は後から行うことにして、ここでもまずは事例を解説しましょう。

　エネルギー効率のよい家電や自動車などに特別にポイントを付与したり、減税したりして購入のインセンティブを与えて、エネルギーの消費量を削減しようという試みです。この場合は思惑通りにうまくいくのでしょうか？　例えば次のような事例を考えましょう。

　消費者が、例えばエアコンをエネルギー効率のよいものに買い替えたり、環境負荷が少ない自動車に買い替えたりしたらポイントを付けてくれるとしましょう。で、ポイントは現金のように使えるとします。一見するとまだ使えるものをスクラップにして新しいものにするのだからダメなように思います。しかし、結論を先に述べると、この場合はうまくいくんですね。とりあえず計算上は、うまくいきます。事態を簡略化して明瞭にするために次のようなモデルにしておきましょう。

　古いものは一カ月に一〇のエネルギーを使用する。新しいものは一カ月に五のエネルギーを使用する。両者ともに性能は変わりないとしておきましょう。で、買い替えに際して生じるエネルギーが一〇〇だったとします（新しいものを作るエネルギー＋古いものを廃棄するエネルギー＝一〇〇とみましょう）。なお、この数字は概算するためだけなので適当ですよ。この場合なら買い替えると一カ月でエネルギーを五だけ消費しなくてすむのです。買い替えで一〇〇を消費してしまっていますが、一カ月で五を削減できるのだから、二〇カ月経過すれば最初の超過分をチャラにできます。つまり、このレベルではうまくいっていて合理的な方法です。このレベルでは、と強調したのは、もっと大きいレベルではうまくいかないからです。理由は、先に述べた通りで、浮いたエネルギーはどうするのか、ということです。浮いた分は使わない（金輪際、絶対に使わない）のであれば確実に環境への負荷を減らせますが、そうではないんだから、というか原理的にそうはできないのだから結局は先に論じたことと同じです。しかし、目に見えるレベルでは、これはちゃんと機能するということは、とりあえず強調されてしかるべきでしょう。先の最初の段階でも辻褄が合わないレベルで破綻している例と比べるとずっとマシです。

ちなみに、これらは家電エコポイント、エコカー減税として実際に行われた事業ですよね。今でもエコ家電なんかは減税されてるのかしら。名称を変えてやっていたり、事業者レベルで国の政策として色々とやっていたりしそうですねぇ。

さて、典型的な事例を二つ見てみましたが、どうでしょうか？　モデル化して概算する方法などは会得しておくとよいでしょう。が、それにもまして、これらの事例を考えることはより重要な問題を浮かび上がらせます。次にそのような話へと発展させましょう。これもまた、じつは、われわれはどんな世界・社会に生きているのか、という問いへと繋がる議論です。

3　資本主義の持つ問題点

事例を提示する段階ですでに概略を述べているのですが、これら二つの事例は図らずも資本主義の持つ限界性を露呈しています。われわれは資本主義の社会に生きているのです。資本主義とはいわば、無限拡大のシステムで、基本的には無限に拡大を続けなければどこかで破綻するシステムなのです。この、「どこかで」とは空間的な意味でも時間的な意味でも、まさしく「どこかで」です。空間的には誰か、あるいは特定の集団に負の側面を押しつけることで一部の人間が破綻から逃れる場合、そして時間的というのは、まさしく全体的に未来のどこかでどうにもならなくなる、という場合です。現在、目に見える形で露呈してきているのは、ひとまずは空間的な次元であって、これが格差問題です。ただし、これは時間の引き延ばしだけで、原理原則的には、いずれは根本的な解決策を見いださなければ、全体的に破綻します。

そもそも、無限の拡大を続けるには、大地の無限が前提とされていなければなりません。資本主義の規模が小さかった頃、例えば資本主義がイギリスのロンドンの片隅で産声を上げたばかりの頃はその規模は本当に小さくて、ほとんど仲間内のご近所さんレベルの規模だったのですから、これに対して大地を無限と仮定することに合理性はありました。ところが、この規模が大きくなってゆくと、大地を無限としてきた仮定の合理性に疑問符が付きます。すなわち、もうそんな前提では語れなくなるのです。現在、われわれが直面している問題は、いわばこうしたレベルの問題です。資本主義の下で生きる以上、先に述べてきたように、浮いたエネルギーを別のところに使うことは、ほとんど自動的で自然な流れであって、これを止めることはできないのです。少なくとも資本主義のシステム下にあるのであれば。

この点をおさえておくと（原理を理解しておくと）われわれが直面する様々な現象についての思考や見方が定まってくるものです。で、世上に言われていること、流行していることが、いかに矛盾だらけかが分かるというものです。少なくともそういうスキルにはなります。

例えば、先にちょっと口走ったように、最近ＳＤＧｓなんてことが盛んに言われていますよね。あれなんか、完全に嘘話だと分かるワケです。持続可能にしようとすれば、発展や拡大はあきらめなければなりません。両立など不可能です。しかし、標語化されたこうした活動はそうした厳しい側面をうまく覆い隠してしまいます。というか、覆い隠すように意図的にそうされている場合がほとんどでしょう。このＳＤＧｓについては次回に詳しく議論しようと思っていますので、ここらにしておきます。

要するに、問題は、なんだか功を奏さない方法でもって色々とやってみても、結局、なんら効果はないということです。人によっては、それでも何もやらないよりマシだから、と言って省エネをしてみたり、環境問題に取り組んでみたりするのですが、申し訳ないけれど、その種の取り組みはほぼ無駄です。君が頑張って省エネしたエネルギーは資本主義の原理に従ってどこかで誰かが使います。使わないと破綻してしまいます。君が環境問題に取り組んで、例えば緑化活動を行っても、それはかえって環境の負荷を高めます（これは、ＳＤＧｓと一緒に次の講義で詳細に論じます）。何をどうしようが、確実にこの構造に絡め取られます。

わずかに意味があるとすれば、倫理的な面でしょう。無駄にエネルギーを使っちゃダメだよね、ということ。個々人のレベルで、各会社や職場のレベルで、使っていない部屋の照明は消しましょう、だってもったいないから、なんて取り組みです。こういうことを否定しているわけではないということは申し上げておかなければなりません。

この省エネだとか、環境問題だとかの取り組みにはさらに大きな視点が欠落しているのです。次にそうした観点からこの問題を眺めてみましょう。

4　社会で生きるということ

生きるって何？

欠落している視点とは、端的に述べると生きるということがどういうことかを考えていないということ、この一点に尽きます。資本主義がああだとか、こうだとか、よりも結局はこの一点に尽きるのです。人が生きるとは、まずは社会で生きる、ということです。無人島で一人で生きている人もいるんだけれど、それは「生きる」というよりも「生存している」という意味合いでの「生きる」でしょう。

それから、生きるとは、周りの環境に負荷をかけることに他ならないのです。ここで環境とは物理的な環境から社会から、すべてを含んだ意味で申し上げています。人が生きるということは、絶対的に何かの犠牲の上に成り立つことだ、ということです。つまり、極端でもなんでもなく、これはまさしく命の問題なのです。つまり、君の命を満たすことは誰かの、あるいはどこかの（動物ではなくとも）命を削るということです。この逆ももちろんしかりです。おそらくそこまで真剣に悩んで考えたうえで環境の問題を論じていたり、活動をしたりしている人はかなり少ないでしょう。でも本当はそうでなきゃスジが通りませんから、僕にはとてもできないと思います。まあ、人それぞれなので止めませんし、やってもいいのだけれど、少なくとも「あぁ、いいことしたな〜」などと暢気《のんき》に明るく取り組むようなものではありません。

環境に負荷をかけるという意味でもそうですが、生きていれば、周りに迷惑をかける以外にないわけで、これはどうしようもない。そもそも、生きるということは、他人にも環境にも迷惑という負荷をかけているということです。お互いに迷惑を掛け合っても「お互い様」だから社会が成り立つのです。これは環境問題から考えても社会を成り立たせる最低条件であり大原則です（六五頁を参照のこと）。しかし、昨今、この大前提をどこまでわれわれは自覚しているのでしょうか？　こうした原理原則を外して聞こえのいい耳障りのいいことだけを口にして、それ以外は考えないようにしているのでしょうか？

結局ポリコレである

要するに、結局は、環境だ、エコだ、という言動のほとんどはポリコレなのです。「迷惑かけちゃダメ」ってのもそのほとんどがポリコレです。

昔、若い頃に、環境問題をゴチャゴチャ言っている過激な人（環境過激派）に、「そんなの簡単に解決する、全国民、全人類で隣の人とジャンケンポンして負けた人が死んだらいい」と言って激怒されたことがあるんですが、これはさすがに言い過ぎというか、過激すぎる発言でして反省することしきり、といった感じです（まあ、向こうが過激派だから過激に言ったんだけどね）。でもね、根本的には、結局のところ、やっぱりそういうことです。こんな過激なことは言わないし、本当にそうしようなんて思わないけれど、結局は人が減るしか地球の負荷を減らす方法はありません。あるいは皆で貧しくなるか、結局のところ、このどちらかです。それも極論だというかもしれないけれど、じゃあ、どうすんの？　との僕の問いに説得力のある回答をしてくれた人はただの一人もいません。何をどうしようが、やっぱり全体の構造に絡め取られてしまうのです。

要するに、繰り返しますが、これも（と言うより、これこそが）ポリコレなんです。なかなか反対しづらいこと、面と向かって反論しづらいことを前にすると見事に思考が停止するのです。あるいは、いい人ほど（いい人だからこそ）こうしたものに弱いのです。それから、これは考察中というか、いまだによく分からないのですが、人は（少なからぬ数の人々は）、ひとたび思い込むとそれが間違っていることが分かっても考えを変えようとしない、さらには、行動も変えようとしないのです。そういう人が非常に多い。もとから多かったのか、ここのところ増えてきたのかは分からないのですが……。で、これらもまたポリコレ関連に多いようです。ここで紹介した事例（そして次の講義で紹介する事例）などはその典型です。

これらポリコレに共通することは、とにかく視野が異常なほどに狭いことです。全体がどうなるかが見えないのです。だからこうしたものを総称して「狭窄化する思考」と述べているのですが、近年、どんどんこうした傾向が加速しているように思われます。言葉が現実から遊離してしまっているようなのです。加えて、これらをカタカナ語で称したり（外来語だったり、外国由来のものだったり）、それっぽい略語で表現されると完璧に思考が止まってしまってノックアウトになるんです。どうしたもんかなぁ、なんでやろ？　といった感じです。

再び思考と身体性について

思考とは言葉を紡ぐことだと言いました。これら環境問題やポリコレに共通することは、困ったことに（情けないことに）言葉を紡いではいないのです。言葉だけが、例えばエコならエコという言葉がどこともなんの繋がりもなく、ポツンと虚空に浮いている感じなのです。繋がっていてもこれまた浮いた言葉と繋がっているだけなのです。さらに言い換えれば、いかなる説明も受け付けない（本格的に説明しようとすると論理的にも現実的にも破綻する）、すなわち、いかなる回路でもリアルなものと繋がらない言葉です。

言葉は、命の源からまさしく全身全霊を込めて紡ぎ出されるものです。この始原は先（第6講義）に述べた通りの機構です。そこでは、本当は身体性（身体性という社会性）、そして命に対する時の（あるいは魂に対する時、と言うべきでしょうか……）態度が問われるのです。そして、その処し方こそが文化と歴史なのです。こうした原点にまで降り立って思考しなければならないのです。で、どんどん原点にまで遡ってゆくと、考えるという行為は、われわれ個々人の人生観や死生観が問われざるをえないはずで、結局はそこに繋がっている行為なのです。言い換えれば、ここに繋がらない言葉を容易に信じるなということでもあります。

さて、ここへ来て、今回の話が前々回の講義と似通ってきたことにお気づきでしょうか。前々回は、思考がなぜ奪われてしまったのか、ということを議論していくと戦後のわれわれのあり方に行き着きました。いずれの場合も言葉が現実、つまりは究極的には身体と遊離してしまっているのです。かくして問題はこうした深層において共通の根幹を有していると言うべきなのです。

逆から述べてみれば、われわれはどう生きたいのか、どうありたいのかを真摯に自らに問うことで言葉は身体を通した地に足の着いたものとなることでしょう。そうすれば、いずれの問題もそれほど難しくはない解を見いだすのではないか、と僕は思うのですが、いかがでしょうか？

コラム11　環境への取り組みが環境を壊す！

講義で取り上げた環境への取り組みがおかしな事例ばかりだったのではないか、とお思いの方もおられるのではないでしょうか。ここでは、さらにいくつかの事例を挙げて述べておこうと思います。

1　風力発電、その他

簡単だけど、あまり言及されていない側面についての概要を述べておきましょう。風力発電だってエコではありません。それどころか環境に負荷をかけます。環境への負荷のかけ方が化石燃料を燃やす場合とは異なっているだけのことです。風力発電は、風の力で風車を回し、それで発電する、というものです。当たり前です。では、この一連の過程で何が生じているかです。風のエネルギーは風車に当たって風車を回転させることでいくらかを運動のエネルギーに変換されるのです。つまり、いくらか風のエネルギーは減少します。

最初の風が一〇だったとしましょう。で、風車を通り過ぎた風は五になっていたとすると、両者の差である五のいくらかが電気エネルギーとなるのです。もうお分かりのことと思いますが、ということは風車を設置すればするほど風は弱くなる（ということは風では発電できなくなる）ということです。そして風車が多くなってくると、確実に以前とは異なった風が吹くこととなるでしょう。その結果どういうことが生じるかというと、強い風が吹く草原だった場所はそよ風となり、その一帯の生態系がまったく変わってしまうことでしょう。強い風が吹き飛ばしていた湿気がこもって以前にはいない動植物が繁殖して草原の姿をまったく変えてしまうかもしれません。

これは水力発電でも、地熱発電でも同じです。例えば地熱発電なら、熱を奪って電力に変換しているのですから、その土地から湧き出ていた温泉は枯れてしまうかもしれません。三陸沖の波が大きいからといって、この波を利用して潮力発電を行えば、三陸のリアス式海岸に到達する波の形をまったく変えてしまうことでしょう。そしてあの美しい海岸線は失われてしまうことでしょう。

つまり、こういう影響が必ず出る、ということです。もっとも、現在行われている程度のことであれば何も変化らしい変化は観測されません。ほとんど無限から一を取り出す程度のことだからです。しかし、大々的に行えば、ここで述べたような影響が必ず出るのです。また、本当はこれらの発電方法もクリーンではありません。というのも、設備を作るのにも維持するのにもコストとエネルギーをおそらく今以上に費やすことになるからです。

2　ペットボトルのリサイクル、あるいは再利用について

リサイクルの代表格のようなものがペットボトル

のリサイクルでしょう。しかし、これもまたうまくいきません。基本的にプラスティックのリサイクルはほとんど割に合わないと断言してもよいものです。これらも目に見える「もったいない」と、より大きな目に見えないレベルでの「もったいない」を比べられないことから来る非常にナイーブな思考のためです。

しかし、これはちょっと想像力が働けば分かる類いのものです。例としてペットボトルからペットボトルへのリサイクルを考えてみましょう。想像してください。ペットボトルからペットボトルを作るにはどうすべきか？　まずは古いペットボトルを溶かして原料にまで戻さなければなりません。この行程には混入した不純物を取り除く（濾過するだけで取り除ける場合もあれば化学的な行程を通過させなければ取り除けないものもある）行程が含まれます。つまり、まずは、溶かす行程＝A、不純物を取り除く行程＝Bを経て原料となるのです。

これに対して新しくペットボトルを作る場合には、製油所から分離精製された原料を持ってくるだけです。しかも製油所での分離精製はたいていでい大がかりでその分だけコストは下がりますよね。まあ、しかし、ここでの分離精製をaとしましょう。一方はA＋Bの行程で、一方はaです。で、これらに必要となるエネルギーをそれぞれA＋B→E、a→eとしておきます。すると問題はEとeの比較ということです。

明らかに、ほとんど常識的に考えてE＞eとなることでしょう。すなわち、新しくペットボトルを作った方がいいということです。E＞eとなるということはその途中でエネルギーだけでなく、環境に負荷をかけることにもなっています。

これはペットボトルからペットボトルへのリサイクルでしたが、それ以外のものへのリサイクルでも、考え方は同じです。リサイクルしようとするものを用いた方と新しく作る方でどっちがよりたくさんのエネルギーを使用するか、という指標がほぼすべてです。少ないものの方が環境負荷は絶対に少ないと断言できます。厳密に比べたければ徹底して調べて勉強したら分かるでしょう。しかし、大まかに概算する場合はどっちが手間がかかるか、という指標でもほとんど間違わないハズです。なぜならば手間がかかる方がよりたくさんの行程を経るからで、例外がないワケではないでしょうが、たいていの場合は、その方がよりたくさんのエネルギーを消費する可能性が高いからです。

リサイクル系でうまくいくものは、まあ、だいたい金属ですね。鉄とかアルミとか銅とか。これら以外はちょっと眉唾であると思っておいた方がよいと思います。例えば、二〇〇八年に紙のリサイクルの偽装事件というのがありました。その際に、リサイクル紙を作っている人々が述べていたことを僕は忘れられません。かれらはとっても正直に「採算があわない」と言うのです。つまり、「リサイクルする方がコストがかかる」けれども、「リサイクル紙としないと買ってくれない」と言うのです。製紙会社の片隅に置き去りになって積み上げられた回収古紙の山が報道されましたが、この光景も僕には忘れられない光景です。コストがかかるということは、それだけ工程が複雑化してエネルギーを消費してしまうということです。ということは、バージンパルプから新しく作った方がよっぽど環境に負荷をかけないということです。

紙の話になってしまったので話を戻しましょう。さて、では、ペットボトルってどうしたらいいのでしょうか？

おそらく、焼却して再利用するというのがもっとも効率的だろうと思います。燃料材として燃やして、例えば発電に供するんですね。もしくは、公衆浴場などに使うとか、微々たるものだろうけれど、多少は燃料の削減に繋がるだろうと思います。無理して形あるものに変形しなくても再利用という方法はあるハズです。

あるいは、もうペットボトルの使用なんて止めるんです。止めてガラス瓶に戻す。ガラス瓶なら洗って数回は利用できそうですから回収して洗ってから利用したらいいのです。ただし、重要なことは、ちょっとくらい見た目が悪くても気にしないということです。何度も流通経路に乗っていたらガラス瓶はこすれたりして汚くなってゆくことでしょう。しかし、それくらいは気にしない。で、さらに言うと、水と洗剤で洗う程度で再利用することにして、その結果、ちょっとくらい細菌が混じっていてそれが原因でお腹が痛くなったりしても「まあ、しゃーないな」と我慢する。一万件に一件くらいはそういう不衛生が原因でお腹が痛くなる程度のことはあるだろうと皆が納得して我慢するんです。これは重要な点で、あれもこれも完璧に、というワケにはいきません。古い物を利用するということはそういうことも本来は含んでいたハズだったのです。本当に再利用して、エコするんだ、というのなら、ですが……。

3　電気自動車

さて、次に電気自動車についてです。これも結論から申し上げると現状ではまったく意味がありません。これほど講義の中で申し上げたような視野狭窄に陥っている事例もないだろうというレベルで滅茶苦茶です。

そもそもその電気はどうやって発電されたのか？という話なんです。遠くの発電所で油を燃やして発電されているんです。現状では電気の大半は火力発電です。車で油を燃やすのではなく発電所で燃やしているだけですし、それに、発電所から送電してくる間に熱力学の原理にしたがって確実にエネルギーのロスが生じます。

ただし、電気自動車が決定的に有利になる条件があります。それは、化石燃料から原子力へ燃料をすべて転換してしまうことです。加えて、プルサーマルで原子燃料を再利用できるようにする。こうすれば、電気自動車がもっとも効率がいいだろうと思います。もっとも、ここでも外部性があって、原子力で閉じさせるためにどのような影響を外部に及ぼすかは十分に考慮してはいません。がしかし、おそらくは、エネルギー効率という点からすれば現状での電気自動車などよりマシだろうと思われます。

なお、自動車というのであれば、生産から廃棄するまでを考慮すると、現状でもっとも環境的な負荷が少ないのはおそらくガソリン車です。社会条件が変化するにつれて変わってくるとは思いますが、現状であってもおそらくもっとも効率がいいのはガソリン車でしょう。ガソリン車はシートなどの内装を取り外したら残りはほとんど鉄です。これは、そこら辺の町工場でも朝飯前にできます。で、あとのボディはプレスしたら鉄くずで再利用可能です。これもそこら辺の町工場で朝飯前にできます。作りが単純なものほど面倒ではない、つまり環境への負荷が少ないのです。よく考えてみれば当たり前のことです。

しかし、だからと言ってこのままでいいというワケではないですよね。一つにはイノベーションを起こさなければ産業がもたないから、という理由もあるでしょうが、やっぱり、このまま油を燃やし続けるのはまずいなあ、という想いもあってのことでしょう。だから端っから否定して拒否しているというワケではないんですよ。よろしくないのは、無批判に電気自動車だったら環境にいいんだ！　と丸呑みして信じ込むことです。

それにしても、このままではまずいなあ、という想いをうまく現実的なものとするのは、なかなか難しいということは事実です。こういう点でもわれわれは限界点に立っているのです。

まぁ、いずれにせよ、ここでも視野狭窄に陥っちゃいかん、ということです。社会が複雑になってくると見えなくなってくるものが増えるのですが、冷静に判断しようと試みればケッコー当たり前の結論ばかりですからねぇ。

4　ゴミの削減？

最後にゴミの削減についても言及しておきましょう。

ゴミを減らせというのだけれど、そもそもゴミってなんですか？　ということです。ゴミとはわれわれが消費した（使った）ものの残骸です。ということは、結局はゴミを減らすということは、使うものを減らせということなのです。使うものを減らすということは、それだけ豊かさを失うということですよね。一気に結論まで持ってきてしまいましたが、ほとんどの人がこの理屈が分からなくなってしまっているようです。日々の食事でおかずを一品減らしたらその分だけゴミが減ります。個人のレベルでも国レベルでも同じです。過程をひとつひとつ頭の中で追いかけていってみてください。

ゴミとは、君の活動に伴って出てきた残骸だと、原理原則にしたがって理解しておくと、すべてが氷解するはずです。国レベルでも同じなのだから、残骸を減らすということは、巡り巡って国の活動レベルを下げることにつながります。もっとハッキリ言うと、貧しくなるのです。貧しくなれば決定的、かつ絶対的にゴミは減ります。

したがって、「はたしてそれでいいんですか?」ということです。この点に目を向けないでポリコレよろしく綺麗事を言っていると本当に貧しくなるのです。貧しくなる、という合意があって、そうした選択の結果であればいいのですが。しかし、大方はそうは思っていないだろうと思います。それどころか、ゴミを減らして豊かになろう、などと本気で思ってる人までいるんじゃないかな。いや、そういう人が大半でしょう。繰り返しますが、先に述べたように(先に述べたことのちょっとした応用問題かな)、ゴミを削減するビジネスを立ち上げて儲ける、などと考えても無駄ですよ。貧しくならなくともゴミは増えます。これもすべて外部性の問題です。

5　結局、命と身体性が問われている

ここで重要なことは、結局のところ、環境問題とはわれわれの命の問題であるということです。それはわれわれの生き方や人生観、死生観にもかかわってくる壮大な問いなのです。この点を外してしまうと、あるいは見えない範囲でしか考えないと昨今のような軽薄で表面的なお話のオンパレードになってしまうのです。

代表的なものをいくつか挙げてきましたが、いかがでしょうか?

ホントに、視野狭窄に陥ると人間は意味不明な行動を取り始めるのです。講義の中で思考と身体との関係について述べましたが、ここに挙げた事例も身体性の欠如と言うべき事例です。というのも、ここに書いた程度のことは、昔の人なら当たり前のように知っていたことではないか、と思われるからです。昔の人はなんでも自分で作って利用して……ということをやっていたワケですよね。その際に、「こんな割の合わないことはやってられん」とか、「この程度なら自分で作ってしまおう」とか、そういう身体感覚が今よりはあったのではないか、と……。ちょっと昔を美化しすぎかな、とは思うけれど、身体感覚の欠如はわれわれの思考・言動に決定的な影響を及ぼしていることはたしかでしょう。

註

（1）ここで、一〇〇〇円を使わないようにする場合についても述べておきましょう。まずは、銀行に入れて絶対に使わない場合です。この場合は、君が使わないだけで誰かが銀行からの融資として使ってしまったら同じです。というか、この場合は君の預けた一〇〇〇円は原理的に何度でも使えます。もっとも、この説明はMMT的には厳密には正しくないのですが、誰かが使う、という側面に焦点を当てるのであれば正しいでしょう。

もう一つは、家のタンスの中にしまい込んで永久に使わないことです。この場合はトータルで最初と同じになります。あるいは、削減した一〇〇〇円を使わず（永久に）、付与されたポイントも使わなければ削減できる、ということです。

どうでしょうか、両方とも不可能ですよね。

（2）おそらく、いや、確実に、僕がここで述べている程度のことなど自治体の役人や企画立案した人は分かっていると思いますねぇ。それとも本当に分かっていないでやっていたのだとしたらかなりお寒い状態だということですわ。なんか、分かっていないで、本当に良いと思ってやっていたような気もしてきたけれど……。

（3）ＳＤＧｓとは、Sustainable Development Goals（持続可能な開発目標）の略です。二〇一五年に国連が掲げた世界共通の一七の目標です。が、これは絵に描いた餅どころか、まともにこれを実現しようとすると各方面に甚大な被害をもたらすことでしょう。もっとも、甚大な被害によって人々の活動レベルが激減したら環境負荷は減るので、もしそれを狙っているのだとしたら正解なのですが（まぁ、そりゃないな……）。

なお、ＳＤＧｓは教育目標や人権などといったことも掲げています。ここで僕が言及していることは、ひとまずは環境関連のものについてである、と但し書きを入れておきます。

第14講義　俯瞰とモデル化

前回に引き続き、ここでも狭窄化した思考について具体例を挙げて論じようと思います。今回は、より高次のレベルから理論的に俯瞰するために熱力学の理論の概要を紹介します。これらは、昨今さかんに言われる持続可能性（ＳＤＧｓ）について原理原則的に考察することも可能にすることでしょう。そして、ここで講じたいことは、紹介するモデル化した事例の分析から全体を俯瞰する視点の構築でもあります。

最後には、もう一度、理論と現実について再考することで、より根本的な問題を照射してみます。

それから、前回から現実をうまくモデル化するという手法を用いていますが、こういった手法も会得していただければなあ、と思います（前回も申し上げましたが）。ただし、この種のものは本当にマニュアル化が不可能でして、見よう見まねで、あるいは何が本質であるかを考えて抽出する手立てを自分で獲得するしかありません。まあ、それには、いくつか複数の事例を練習問題のように学んでみることが有効でしょう。

では早々に具体論に入ります。

1　エコする村の思考実験

ここでも思考実験を行ってみましょう。「エコする村」という思考実験です。僕が講義のために作成したものです。で、エコはエコロジーでして、要するに環境や環境問題に熱心な村のある取り組みについてのお話です。

この村は、村を挙げてエコに熱心な村として知られていました。だから、十分にエコで省エネしているんだけれども、もっと頑張ろうということで、電気の購入量を一割削減することにしたのです。これによってCO2の削減[1]にも繋がるので一石二鳥だというワケです。でも村人の生活レベルを下げるワケにはいかないので減らした一割を村役場の屋上で若者に人力発電してもらうことにしました。概略はたったこれだけです。ポイントは削減した一割を人力発電で補う、というところにあります。もうこれだけでカンのいい人はなんとなく話しの流れが読めたかな……。

さて、ここでは計算を楽にするために（一割削減というのも計算を楽にするためなのだけれども）、今までは一〇〇の電力を購入していたとしましょう。で、一割削減するのだから、九〇を購入して一〇を人力発電するという設定です。**図14-1**のような事態ですね。ここで、まず注目しておくべきは、村の内部から人力で補填しているということです。

以上のような設定でこの村は思惑通りにエコロジーに貢献したことになるのだろうか、というのが問いです。次の三つが回答として考えられます。

①エネルギー使用量は減る

②エネルギー使用量に変化はない
③エネルギー使用量は増える

です。ポイントは明らかに人力発電をしたエネルギーの一〇ですね。この一〇をどう扱うかです。まず①は明らかにありえなさそうですね。だって、エネルギーを作ってそれを使っているんだから、トータルで変わることはない、とまずは結論できるでしょう（こうモデル化するとここを間違える人は少ないです、さすがに）。したがって、考えられるのは②か③か、ということです。これも確実な答えがありまして、答えは③です。つまりこういうことです。

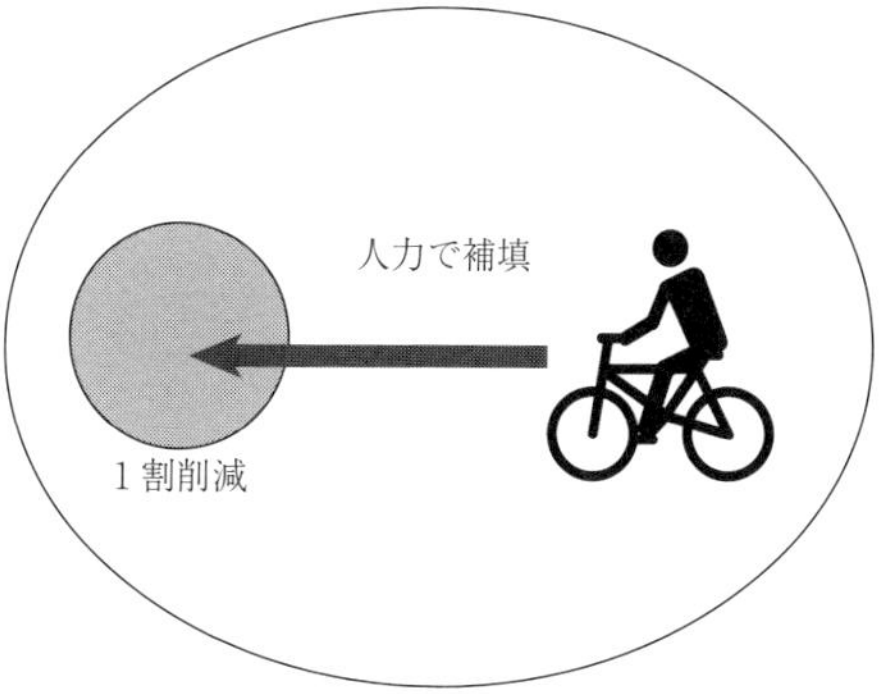

図14－1　エコする村

人力発電でエネルギー一〇を村に供給するのですが、人力発電で自転車を漕いでいる若者にどうやってエネルギーを供給するのか、ということです。要するにここがポイントです。で、若者にエネルギーをいっさい供給しなければいずれ若者は痩せ衰えて死んじゃいます。気の毒だけれど。今までと同じだけの食料を与えていたのでは若者は痩せ衰えていくはずですよね。自分でペダルを漕いで人力発電してエネルギーを作っているということは、身体に蓄えられたエネルギーを電力に変換しているということだからです。体力を電力に変換している、とイメージすればいいんです。で、その分だけ身体からエネルギーが抜けていっている、ということです。ということは、今までと変わらない食事だったら絶対に痩せこけていきます。だから

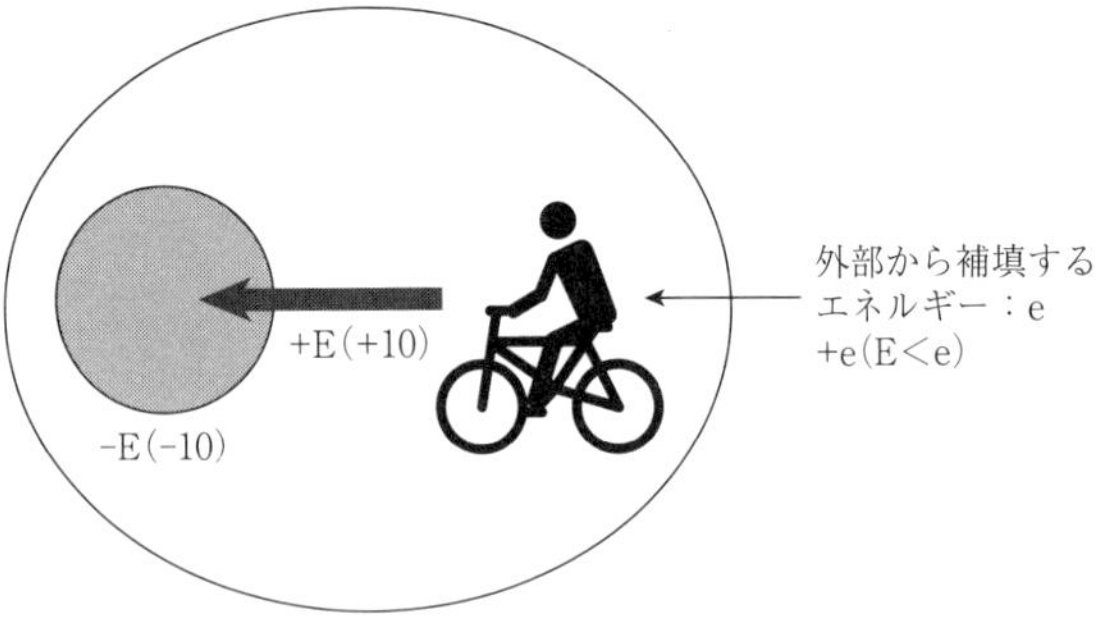

図14－2　エコする村（エネルギーを補填した場合）

今まで以上に食事を与えてエネルギーを蓄えさせないとこのシステムは機能しません。それで、問題は次のように整理されます。すなわち、

「電力10」＝E　「体力」＝e

とした場合E＝eで問題ないのか、それともE＜eでなければ無理なのか、ということです。もちろんE＞eなんて無理なのは明らかですよね。で、E＞eでなければ削減にはなりません。

結論はE＜eでなければ無理だ、ということです。したがって、この設定では余計にエネルギーを消費してしまい、かえって環境へ負荷を与える結果となるのです。**図14－2**をご覧ください。ここで注目すべきは、外側から新たにエネルギーを補填しているということで、そうしなければこのシステムが回らないということです。

この実験で重要なことは、E＞eが、何をどう頑張っても、どのようにシステムを組んでも実現不可能だということです。というか、どうにか実現しようとしてシステムを複雑化させてしまえばしまうほど原理的に差が大きくなっていくということです。つまり、これは結論を述べてしまえば理論上の原理的な限界点なのです。

次にこの理論上の限界点ということを簡単に解説しましょう。熱力学の原理です。じつは、この原理をまったく無視した取り組みが異常なほど多いのです。なお、これは科学の進歩によって、乗り越えら

れるようなものではありません。これは、そういう類いのものではない、ということを最初に述べておいて解説に入りましょう。

2　熱力学の法則

熱力学というのは、基本的な概念はフランスの物理学者カルノーによって定式化されました。一九世紀半ばのことです。(2) この理論の画期的で、重要なポイントは、仕事の最大効率を理論的に導き出したことです。ここで仕事とは、一般的には、あるエネルギーを得て外界になんらかの影響を及ぼすプロセス全般のことです。機械による仕事も人間が行う仕事もこの理論の外にでることは原理的に絶対に不可能です。

まずは、結論だけを述べましょう。細かい理論的なお話はコラム12で解説します。高温度 T_H と低温度 T_L との間で行われる仕事の効率 η は $\eta=\frac{T_H-T_L}{T_H}$ となって、理論上、絶対に1以下になるのです。つまり、効率一〇〇％はありえないということです。言い換えれば必ずエネルギーの欠損がでる、ということです。

なぜ高温度と低温度なのかというと、これはカルノーの思考実験なのです。カルノーの頭にあったのは、水車だと言われます。水が高いところから低いところへ流れることで水車は仕事をするわけで、この高低差に起因するエネルギー（この場合は位置エネルギー）が水車に仕事をさせるワケです。同様に、熱は高いところから低いところへ流れます（移ります）。熱であってもこの高低差が仕事になるのです

（言い換えれば、この高低差を用いて仕事を行うのです）。

なんだ、熱や温度の話じゃないか、と思ったことでしょう。ここでの話は、電気やエネルギーの話じゃないじゃないかと。しかし、これは結局のところ、熱に還元されて表現されるというだけのことで、電気であろうが、人力であろうが、すべて同じ話に一般化されて理解することが可能なのです。仕事とはエネルギーが行うのです。君がバイトで働くのもエネルギーですし、自動車が走るのもエネルギーが仕事をしているわけです。人間の場合は食物というエネルギーを取り入れてこれを生体のエネルギーに変換し、それを運動に用いて外界に働きかけて仕事をしているわけです。こうした一連の作業行程は高熱源から低熱源への熱の移動として還元的に理解可能です。で、繰り返しますが、一〇〇％の効率ということがないのであってみれば、ただただこの原理だけから「余計なことを行えば余計にエネルギーを消費するだけ」というごく当たり前の結論が導かれます。そして、これまた繰り返しですが、この原理は絶対に破れません。というか、難しく理論化されているけれど、当たり前の話です。ちなみに、この原理を破っているのが永久機関と呼ばれるもので、端的に述べれば、これはエネルギーを与えなくても仕事をしてくれる機関です。したがって、これが実現するとただの空間から無限にエネルギーを取り出すことが可能となってエネルギー問題は（そしておそらくは、社会の数々の問題も）一気に解決されてしまいます。要するにそんなことはできない、ってことです。

なお、熱力学ではエントロピーという概念も用いられています。これは、乱雑さの度合いとして一般的に理解されており、「孤立系のエントロピーは増大する」と表現されます。ここで孤立系とは、外からエネルギーを備給されない系のことで、言ってみれば、エネルギーを使用して整理しないと乱雑さが増す（例えば部屋は汚くなる、散らかる）ということを意味しています。これもまた、ここで述べている効率と関連がありますが、ゴチャゴチャしてくるので、事実関係だけ述べておきます。

事実関係と言えばもう一つ。乱雑さが増してゆく度合いとしてのエントロピーには方向性があります。放っておいて部屋が綺麗に整頓される、掃除されちゃう、などということがないということです。そこで、エントロピーの増大方向とは時間の進行方向として理解されます。これは、熱が高熱源から低熱源にしか移動しないことと理論の構造からして完全にパラレルになっているのです。大雑把に言ってみれば、効率が一〇〇％の仕事とは、放っておいたら部屋が勝手に綺麗に整頓されちゃうというような事態である、ということです。つまり、あり得ないのです。

熱力学という物理学理論は、まったくもって水をも漏らさぬ鉄壁の論理性で構築されています（科学の理論とは熱力学に限らずそういうものです）。つまり、この理論に逆らってみてもまったくの無駄であり、熱力学の原則が破られるということは、時間の進行方向すらも滅茶苦茶になってしまうほどの無秩序への転落を意味するのです。つまり、エコだとか、環境だとか言ってみても、究極的にはこの原理の外に出られない限りその活動自体が逆の効果となってしまうことを端的には意味します。それでもどうしてもエコで環境だ、と言うのであれば、この原理を包摂するように（もちろん否定でもいい）新しい理論を構築し、世界をまったく別物に変えてしまうしか方法はありません。もっとも、その際には、述べてきたように、エネルギー問題は問題じゃなくなっているので、そもそもエコも環境も問題とはならない世界になっているのでしょうけれど（活動家はきっと喜んでくれるんだろうな！）。

3　緑化活動ってエコなのか？

環境だとかエコだとか言うけれど……

では、さらに具体的なお話に下ろしてきましょう。今度は緑化活動についてです。端的に述べてしまえば、熱力学の法則を踏まえると、例えば苗木を植えるような緑化活動が（正確には緑化活動のような活動で言われている「環境によい」などというアピールが）いかにデタラメか分かってしまうのです――、もっとも、緑化活動そのものは否定しませんので誤解しないでくださいね。そういう活動を否定しようとしているのではないのです。

つまり、どういうことかと言うと、基本的には最初に提示したエコ村と同じことになっているのだ、ということです。(3) 環境を悪化させて（例えば、木を伐採してしまって）その穴埋めをしようとしたら、どこかにそれ以上の負荷をかけないとできないということです。例えば、マイナス一〇〇にしてしまったので、せめて五〇を穴埋めしようとしても、その五〇を埋めるためにはさらに五〇が必要になる、つまり、その活動を行うにはどこかをトータルでマイナス一〇〇にしないと不可能なのです。ということは、全体でマイナス一五〇となって悪化していますよね。ということは、結論として、環境の負荷だけを考えるのであれば何もしないで放っておいた方がいい、という結論になるのです。環境の負荷だけを考えれば、という但し書きが付いていますよ。だからやるな、ということではないんですよ、先にも言ったように。

しかし、大抵は、環境のためにやっていますよね（あるいは、そのつもりですよね）。企業なんかは、環境に優しい、なんてアピールしたりしています。本当は商売のためのイメージなんだけれども。が、それは嘘だということです。暴論のように聞こえるかもしれないけれど、僕はものすごく当たり前のことを申し上げているんですよ。原理的にこの種の活動は何をどうしたって無駄に終わるのです。あるいは意図とはまったく異なった結果を招来させるのです。つまり逆効果となるのです。ここで「意図とは異なった結果」は、環境を悪化させるだけではなく、見た目を綺麗にする、ということも含みます。なぜならば意図は環境負荷を減らすことでしたから（環境負荷を増大させても見た目を美しくしようとしている環境活動なんて矛盾でしょう、活動的には）。だから、緑化活動が一概に悪いと言っているワケではないのです。もうちょっと申し上げておくと、「見た目を綺麗にしましょう活動」だったら問題ないのです。だって、それって掃除の延長線上でもあるんですから。もっともっと率直に述べると「ここから見えないどこかを汚くすることで、見えるところを綺麗にしましょう活動」だったらより正直である、ということです。さらに、その際に、「余計に環境に負荷をかけることはしょうがないですね、だって僕たち生きてるんだもん」という但し書きも付けてくれればより正直で正解で誤解がありません。イヤミで言っているのではなくて（ホントに本気でイヤミじゃありません！）、本当にそうだし、そういうことはあってもいいのです。なぜこんな言い方をするかというと、こうしたことに自覚的でなければならないと確信するからです。倫理的にも(4)。

SDGsという視野狭窄

要するに、そこしか見ていないと（あるいはそこにしか眼がいかないと）、いずれにせよ意味不明なことになるんです。環境だとかエコだとかは典型的な視野狭窄である、ということです。それを取り囲んでいる外部にまったく眼が向かないのです（ということは、思考がそちらにまで及ばないのです）。

これらは経済学では「外部性」という概念で解説されるものです。ここをプラスにするためにどこかをマイナスにする、ということです。最近では『人新生の「資本論」』(5)で斉藤幸平氏が「SDGsは大衆のアヘンである」なんて述べていますが、アヘンという比喩が正しいかどうかは分かんないけれど、斉藤氏は外部性からSDGsの無意味性を論じています。彼の論理は、より具体性があるだけで基本的にはここまでに講じてきた熱力学の論理と変わりません。

と、ここでSDGsの話が出てきたので、SDGsについても述べておきましょう。「これからは環境によいビジネスじゃなきゃダメでしてぇ〜、持続可能性でしてぇ〜、ＳＤＧｓの取り組みを弊社も積極的に始めましてぇ〜……」、なんて言っている企業のビジネスパーソン諸氏にお伺いしたいのです。あるいはそんなことを一緒になって騒いでいる経済学者や経営学者にもお伺いしたいのです。「そんなこと、本気で言ってますか？」、と。ただただ、そうゆう風潮になったから、こうすると儲かりそうだから、という、そういう理由が根底にあるんじゃないですか、と。儲けを出したらそもそもダメなんですよ。儲けるんじゃなくて、そのＳＤＧｓに本気なら売り上げを減らさなきゃダメなんです！　最低でも横ばいが条件です。売り上げを増大させて持続できるように環境負荷を減らすなど論理破綻も甚だしい。それとも、これは我が社の持続可能性の言い換えなのでしょうか？　多分そうですね。「我が社」を括弧に入れて隠しておいて持続可能性と言って、自分だけ売り上げをあげて生き残ろうということなのでしょうが、仮にそれがうまくいったとしても、その結果、全体のパイが縮小してしまえばその件の「我が社」も持続可能ではなくなります。多分、そこまでは考えていないのでしょうけれど。

もっともね、本当は、僕がここで述べたようなことは百も承知で、つまりは、全体がおかしくなることなど十分に知っているにもかかわらず、やっているんじゃないですか？　あるいはまったく知らずに、考えが及ばずにやっている人もいるかもしれないけれど、その考えのなさ、欠如は、巡り巡って、確実に社会を、そして世界を壊してしまいますよ！　あなたの意図とはまったく反対の結果をもたらしますよ、ということです。で、壊れてしまってから「なんでこんなことになってるんだ！」などと言い出すのではないでしょうか？　あるいはもう今からうまく言い逃れする方便を作り上げているのかしら？僕のこれまでの経験からすると、うまく言い逃れる方便を作り出す可能性が高いのですが。

ともあれ、ほとんどわれわれの行動と言動は戦後この方、変わっていません。間接的には自分でしでかしておいて「困ったこと」になった世の中や社会、あるいは会社や組織の馬鹿さ加減をしたり顔でもって嘆いてみせるのです。多分、今回も、どういう経緯を辿るかは神のみぞ知るのですが、結果はそうなるだろうと確信します！(6)　まあ、そういう方は、今からしたり顔をして格好よくお利口さんに振る舞う練習でもしておくことをおすすめします。

4　環境問題のトリレンマ

とにかく原理原則に則って考えましょう。エネルギーの使用量、厳密には、メインとなる石油の使用量を削減したいワケです。これは間違いない。一方で経済発展もしたいワケですよね。じつはここですでにジレンマに陥って無理ではないか、と僕なんかは思ってしまうのですが（というか理屈からして絶対に無理です！）、昨今の風潮からすると、これらに加えて、われわれは人口減少も問題だと思っているワケです。で、これらに対する取り組みがさかんに行われているワケです。で、皆で頑張れば解決できる、と思っているんです（表向きは）。

しかし、これらの三つを同時に解決することは不可能です。原理的に絶対に不可能、と申し上げましょう。頑張っても無理です。というか頑張ると熱力学の原則に従って逆に無理になりますよ。

ここでさらに一つ概念装置を導入しましょう。ジレンマならぬトリレンマという概念です。ジレンマが両立不可能な事態を指すのに対して、トリレンマは三立不可能な事態を指します。トリレンマが指し示す事態は三つのうちで二つしか同時に成立しないような事態で、どれか最低でも一つを犠牲にしなければならない事態です。

エネルギー問題、少子化問題（人口減少問題）、経済問題、これらは互いにトリレンマの関係にあります。すべてを三立させて解決することはできないのです。

つまり、こういうことです。エネルギー問題についてはエネルギー使用量を減らすが○で、増えたら×です。少子化問題については、人の数が増えたら○で減ったら×です。経済問題は経済が拡大したら○で縮小したら×です。これを表にしておきましょう。**図14－3**を参照してください。この三つについて、すべてを○にできないだろうと。説明しましょう。

	エネルギー	人口	経済
増	×	○	○
減	○	×	×

図14－3　環境問題のトリレンマ

図14－3を見て考えてください。エネルギーが減って、少子化が解決した状態は貧しくならなければ実現できません。当たり前です。だから経済は×になります。

エネルギーが増えて少子化が解決した状態なら経済を拡大できます。あるいはエネルギーが増えて少子化が解決していなくても経済を拡大できます。つまり、少子化と経済を○にするにはエネルギーを×にしなければ少なくとも実現できないということです。これも間違っていないですよね。よく確認してみてください。

エネルギーが減っても少子化がダメなら経済の面は拡大させることができますよね。エネルギー使用量が半分になって、人口が四分の一になったら経済的には一人あたりの取り分は増えるわけですから、これはＯＫですよね。

さて、これらの中でもっとも現実的なのはどれですかねぇ。まず、経済的に×ってのは苦しいですよね。せめて現状維持か少しでもいいから拡大していたい。なぜならば、現状維持するためにも少しくらいは拡大しないと資本主義的にはまずいからです。となると、人を減らしてエネルギーの使用量を減らすか、つまり、「エネルギー＝○と人口＝×」とするのか「エネルギー＝×と人口＝○」、つまりエネルギー使用量を増やして人口も増やすとするか、しかないわけです。で、これらで現実的なのは明らかに「エネルギー＝○と人口＝×」でしょう。だって、エネルギーはこのまま使い続けるといつかはなくなります。もっともなくなるのがいつかは分からないけれど、有限なんだから（でも、本当は石油はここ数百年のレベルでなくならないんですけどね……）。それよりも何よりも、このまま環境への負荷を増大させ続けたら別の側面からの破綻を招きかねません。

極端に○と×のどっちかで、中間はないと仮定して思考を進めましたが、こうして思考してくると、何を適度に中間的に、つまりは○でも×でもないギリギリの△で進行させてゆくのがベストなのかも明白になろうかと思うのです。ギリギリ△で進行させてよさそうなのは、人の数ですよね。人の数を急激に減らさないように心がけながら、しかし減らしつつ、経済的にはいくらかでも成長することを試みる（あるいは、個々人の取り分が減らないようにする）、で、エネルギーの使用量は（ということは環境負荷については）少くとも現状維持か可能なら減少させることを試みる、というのが現今の正解でしょう。少なくとも僕はそう思います。

ちなみに、経済的に貧しくなるということは、われわれの子供たちが（子孫が）、われわれが享受してきた生活のレベルを維持できないということです。貧しくなれば、大学なんて行けなくなるでしょう。高校にも行けない子供が出てくるかもしれないですよね。経済的に普通の中間レベルの家庭で育った子供が、親が享受してきた生活のレベルすら保てなくなるということです[7]。これは想像するだけでも辛いですわ。

要するに、真面目に考えないでいる間に、こうした側面からもわれわれは破滅に向かっていると言っても過言ではない現状となっているのです。

とにかく、われわれが直面しているのはこういう現状である、ということです。まったくトンチンカンそのものです。それにしても、なぜこういうトンチンカンな事態に陥るのでしょうか。おそらく、これらを立案している人たちは僕がここで述べていることくらい分かりきっていると思うのですが、少なくとも、言われるまで気が付かない（言われても気が付かない？）という人は（ケッコー多い！）、端的に視野狭窄に陥っている、ということなのです。どれも、単独では○となることはいいこととされています（とりあえずはそう言われています。というのも、僕は本当にそうかちょっと疑っています）。いいことそうだ、と思うと、そこから視野が全体へと広がらないのです。

で、全体で無茶苦茶な、ほとんどアクセルを踏みながらブレーキを踏んでいるような事態、枝の先端側に乗って枝切りをするような事態が出来するのです。そんな運転をすると車なら壊れてしまう、自分が転落してしまうのと同様に、社会や国家だってトンチンカンが過ぎると壊れてしまいます(8)。そして、繰り返しになりますが、われわれの社会はそういう方向に突き進んでいる可能性が非常に高いのです。

では、壊れることを回避するにはどうしたらいいのでしょうか？　それには、われわれはどのような社会を築きたいのか、ということをよく問い直してみることです。それはわれわれがどういう人々、どういう国民であったかを問う作業でもあるのです。なぜならば、それはわれわれが何を重要視してきたか、何者であったかを明らかにするはずだからです。ここで、あえて過去形で述べました。それは、そうしたことを知るには歴史を知らなければならないからです。

こうしてやっぱり、前回、前々回に、そして後半あたりからずっと申し上げた結論にぐるりと回って戻ってくるのです。

5　どうして視野狭窄に陥るのか？

最後に、それにしても、なぜこうした視野狭窄に陥るのかをしつこいですが再考しておきましょう。ここまでは、こうした結果は、結局はわれわれの馬鹿さ加減の結果であるかのように述べてきました。

まあ、ぶっちゃけた話をするとそうなんですが、そうとも限らない側面も、ままあるのです。「経済人＝ホモ・エコノミカス」（一九二頁参照）の話を覚えていますよね。これはもちろん理論上の仮設的な人間ではありましたが、じつはこの理論上の人間らしからぬ人間へとわれわれは近づいていっているのではないか、ということです。先に世界は理論が描くようなものへと変化してゆく、ということを述べました。しつこいほど述べました。で、この「経済人」なる人間は自己利益の最大化だけを試みる人間です（横の繫がりはそもそもありません）。これこそが究極の視野狭窄ではないのか、ということなのです。自分の利益の最大化だけを考えて行動する人間を社会理論の根幹たる前提にすると、やがて社会はそのような人間による社会へと変貌します。そして、その結果として、社会は壊れるのです。というか、そもそも社会理論たる経済学の前提には社会が存在してはいませんでした。ということは結果的に社会がなくなってゆくのであり、社会が崩壊してゆくのです。経済人が跋扈《ばっこ》する世界に社会など存在していません。

同様に、物理学の理論は、人間は微粒子の集合体であると述べています（で、この粒子たちは先に紹介したような世界像でもって把握されています。あるいは把握されていないのです！）。と同時に量子力学はかかる微粒子の存在の把握に失敗しています。であるとすれば、人間はどうなってゆくのでしょうか？　なおかつ、経済人も物理学も、諸々のものはすべて近代というプロジェクトの一環として、あるいは近代そのものでもあるのであってみれば、人間も文明もどうなってしまうのでしょうか？

かくして、すべてを俯瞰して、こうした大問題を問わざるを得ないのです。

コラム12　カルノー・サイクル

カルノー・サイクルとは、現実にはありえない熱機関のことで、一種の思考実験の類いです。理想的な状況下でエンジンを回すという想定でどれだけの仕事を行うかを概算するのです。で、このサイクルが何を表しているかというと仕事をする際の最大効率です。以下、どのようなサイクルかを簡単に紹介します。

まず、ピストンを想定しましょう。車のエンジンに付いているピストン（のようなもの）です。が、このピストンは一切の摩擦もなく、理想的に作動させることができると仮定しておいてください。ピストンの中には空気が入っているとして以下の四つの工程を行います。

①等温膨張過程　A→B

まず、高熱源をこのピストンに接触させて、熱をロスすることなくピストン内部の空気に移動させます。その際に、まずは、与えられた熱がピストン内部の温度を上昇させないように体積を膨張させるのです。この時の温度がT_Hです。そんなことできるかぁ～！　と言われそうですが、そういう理想的な状況を仮定するのです。だから、思考実験なのです。

②断熱膨張仮定　B→C

次に外部と熱のやり取りをまったく行わないで（もちろん、さっきまで触れていた高熱源との接触は解除して）、さらに膨張させます。こうして温度をT_Lまで下げます。

③等温圧縮過程　C→D

次に逆向きの過程を行います。

まずは、低熱源にピストンを接触させてピストン内部の熱を奪います。その際に、ピストン内部の温度が一定になるようにすると必然的に空気は圧縮されます。

④断熱圧縮過程　D→A

最後に熱源との接触を外して圧力がAの状態になるまで圧縮します。

この一連の過程をカルノー・サイクルと言います。

このサイクルで、空気の膨張によってピストンが外へ出ていった分が仕事です。この仕事の効率が$\eta = \frac{T_H - T_L}{T_H}$だというのです。

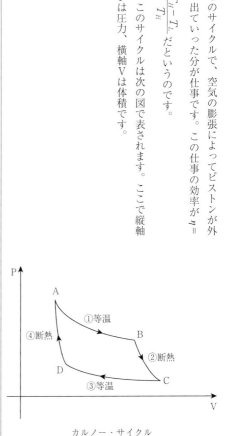

このサイクルは次の図で表されます。ここで縦軸Pは圧力、横軸Vは体積です。

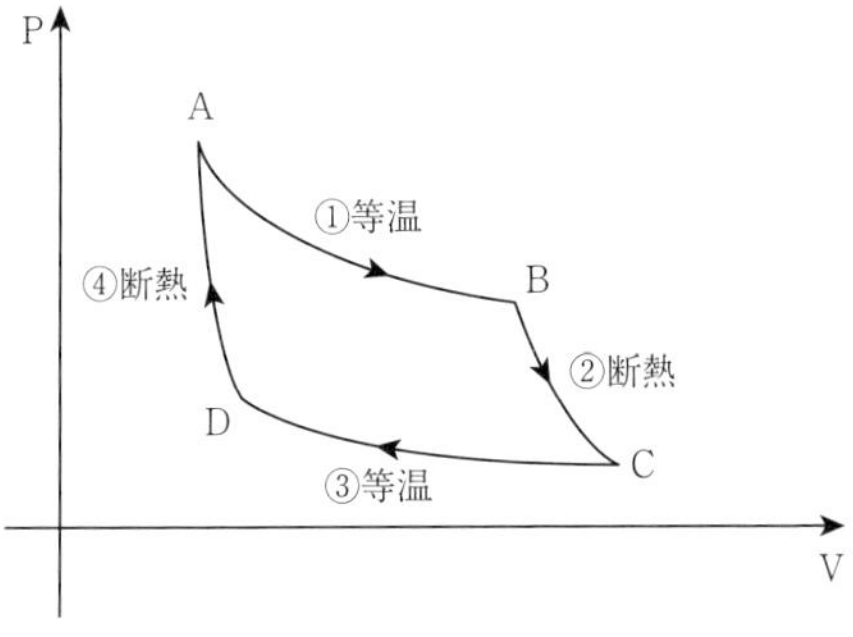

カルノー・サイクル

出典：筆者作成。

註

（1）CO_2のために地球が温暖化しているとのことですが、本当にそうなのかは分かっていません。ただ、そうじゃないかと言われているだけです。僕はおそらく言われているほどには温暖化などしないだろうと思っています。昨今、言われていることは、あまりにも極論です。

それよりも重要なことは、人間の活動と自然災害との因果関係です。これはほとんど何も言われていませんが、人の活動が低下するとその土地で自然災害が増加する可能性があるということです。これは科学的に実証されていませんし、今後もされないでしょうが、これらはおそらく関連しています。人の活動が低下すると経済活動が低下して町を維持できなくなって災害に脆くなる、という側面もありますが（これは、現実によってほぼ実証されています）、それよりなにより、僕が密かに思っていることは、人の活動の低下が地震や豪雨をもたらしている可能性がある、ということです。あるいは、人心も関係している可能性だってあるのです。これらの関連性は科学が合理的精神でもって断ち切っていますが、本当に関連しないのかは分からないのです。なんとなれば、世界は全体的な運動のはずです。どこかで繋がっている可能性は排除できない、と僕は思っています。

（2）完成されたことの象徴的な著作は、カルノー『火の動力、および、この動力を発生させるに適した機関についての考察』（一八二四年）です。翻訳は、広重徹訳『カルノー・熱機関の研究［新装版］』（みすず書房、二〇二〇年）に収録されています。

（3）システムとして、図14‐2と同じになっていることを確認してみてください。

（4）緑化活動についてはただし書きが必要でしょう。これは、結局はどこかでチャラになります。というのも、基本的に放っておけば自然の復元力で環境は元に戻るからです。ただし、余計なことを行ったがために元に戻るまでに余計な時間が必要になる、ということです。

　A地点のダメージをそのままにすると回復までに一〇年かかるけれど、これを緑化してA地点での時間をゼロにします。すると、別の場所にダメージが移されて、その別の場所のダメージをゼロにするには一〇年以上かかる、ということです。ただし、繰り返しますが、こういうことはあってもいいと思います。問題は目の前がゼロになると全部がゼロになったと信じて疑わない人がほとんどだということ、そして多くの企業がそのように偽りを述べて人々を騙しているということです。

（5）斉藤幸平『人新生の「資本論」』（講談社、二〇二一年）を参照のこと。

（6）多分、このSDGsというのも一過性に終わるか、まったく機能せずに（機能するワケないんだけれど）、その不甲斐なさを人々は嘆いてみせる、となるのが一番ありそうかな、などと思ったりしますねぇ〜。

（7）というか、これはすでに現実に生じていますよね。このままだと、現在の二〇代、三〇代のほとんどは、その親の世代が享受してきた生活のレベルを維持できなくなります。親は大卒だけれど、その子供は経済的な理由で大学へは行けなかった、という事例が出てくるでしょうし、経済的な理由で早死にした、という事例すら出てくることでしょう。貧しくなるということはこういうことです。

それを皆が納得するならそれもアリです。しかし、どうも現実的には皆がよく分からないうちにそうなってしまう可能性が非常に高いのです。もう時間はありません。いや、もう手遅れだというところまで来てしまった、と述べておきたいと思います。

（8）　ちなみに、人口問題とエネルギー問題は関連していることなど（ということは環境問題も）日本のお役人たちは百も承知です。ただし、これらを連動させた政治も政策も打ち出すことができないのです。その結果、国家をあげての視野狭窄の状態となるわけです。

第15講義　死ぬこととみつけたり

最後に簡単に全体を振り返ってみましょう。そして本当の最後に、なぜ生きるのか、生きるとは何かと問うてみましょう。そして、なんとか近代と対峙するための指針を考えてみたいと思います。

延々と小難しい話を続けてきて、しかもかなり雑に続けてきて、ついに最終回となりました。というかなっちゃいました。こんなんで（こんな状態で）終わっていいのか、という気もしなくもないのですが、ひとまずは、キリを付けなくてはなりません。

まあ、個々の題材について、さらにキッチリしたい人は関連書籍を読んでください、ということです。

1　全体を振り返ってみて

さて、最初に申し上げたことは、「思考の技術」なる言葉がそもそも気に食わない、という身も蓋もないことでした。だいたいその種のお話は、僕にとってはすごく表面的で、そしてまた、その表面はものすごく異文化の雰囲気が漂うものなのです。どうも、最近の潮流に乗っかった、最近っぽい表面的な話にすぎないように感じられて違和感を覚える、ということでした。事実、それらはこの講義で述べてきたような経済人を前提にした経済学と経営学が世界中を一つの色で染めていった流れと無関係ではないことでしょう。その結果、そうしたことを学ぶということは、知らず知らずのうちに思考をアウトソーシングさせてしまい、考えているような錯覚に陥っているだけで考えさせられている人間を量産しかねないことでしょう。口パク人間、と言った批判はそのような文脈だったワケです。さらには、「超検索人間」などという、いささかふざけた命名をして考察してきたことも思考のアウトソーシングであって、これは思考上の実験などではなく、われわれの現実そのものでもあります。

ともかくも、縷々議論してきての結論は、結局のところ、地に足を付けることで自ずと思考は立ち上がってくる、ということに尽きるように思われます。その「地」とは、まずは文字通りに大地であり、その大地とは故郷のことです。そしてその故郷とは歴史であり文化なのだ、ということです。そこからわれわれは、いかなる意味においても産まれたのです。そこを自覚すること。この点を内省的に自覚することで人は思考を始めるのであり、さらに述べれば、こうした根幹を外していかにしようとも人は思考できないのだ、ということです。逆に言えば、こうした根幹を自覚できれば人は自ずと思考するものなのだ、ということです。で、おそらく、戦後の無思想・無思考は、明治維新以来の近代化による無思想化・無思考化の過程の結果であったのです。とりわけ、日本は、思考する道具である様々な概念を（ということは、まさしく「思考の技術」なるものを）、欧米から和魂の上に洋才として接ぎ木するように継ぎ足しました。つまり、この点からもわれわれの思考は外在化していると言わざるを得ません。要するに、借り物の思考なのです。多分、われわれの本来の歴史的な流れに沿った思考には西洋流の権利や民主主義や……、そういった文字はないのです。

「和魂洋才」などと言われますが（言われましたが）、往々にして、表面はその下にあるものへと浸透してゆき、和魂たる和根を腐らせてしまいます。そのなれの果てが（と言うと言い方が悪いのですが）、現在のわれわれの姿なのではないでしょうか。もちろん、ここで表面は洋才でその下にあるものは和魂ということですよ。

そこで、最後に、とりとめもないいくつかの問いをあえて取り上げてみたいと思います。議論が行ったり来たり、あるいは重複するかもしれませんが、ご勘弁を……。しかし、ここでのとりとめもない問いを問うという試みが、われわれが何者であるかを探る一歩と一助になれば、と思います。すなわち、結局は、私とは何者か、ということです。

2　同語反復としての私

言葉がどのように出現してくるか、という問いを議論した際に、最初の言葉が（言葉の端緒たるものが）、いかにして全体環境から分離されて出現してくるか、という話をしました。その時に出現してくるものこそが他ならぬ私であって、最初の言葉は世界からの分離としての私としてあるのだ、と述べました。これは先にも述べたことですが、結局は「私は私である」という同語反復です（あるいはそういう最初の自覚＝自意識です）。どんな言葉であれ、言葉をたぐり寄せてゆくと結局はここに行き着きます[1]

ひっくり返して述べると、ここから外部世界が詳細化され、高度化されて言語化されてゆくのです。そして、それは外の世界の認識であると同時に内的世界の構築でもあったのです。というか、これらは同時に行われるものなのです。

ということは世界とは究極の、そして壮大な同語反復であり、この巨大な円環[2]こそが私なのではないか、ということです。この言葉＝言語による円環をいかに描いてみせるかが私の思考であり、同時に私の私たる所以となるのであり、世界ともなるのです。**図15-1**を参照してください。

ここで、「結局は同語反復であった」とあえて述べてみたいと思います。いささか否定的に聞こえることでしょう。事実、これはあきらめです。しかし、この円環は、まさしく無限であります。無限にい

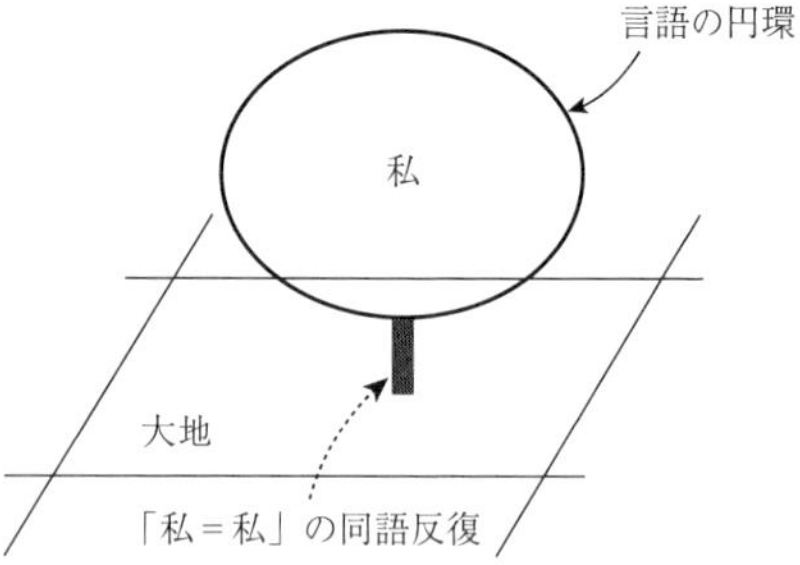

図15－1　言葉の言葉による円環

くらでも大きくすることができる円環なのです。ちょっとシニカルな気分でのあきらめなんだけれども、それが世界であるならば、可能な限り大きな円環を描いてみたい、と僕なら思うのですが、いかがでしょうか。

個人的なことをちょっとだけお話させてもらいますと、随分と前から、僕は世界とは何か、と問い続けてきました。でも、なかなか分かりませんでした（当たり前なのですが……）。しかし、徐々に了解して、実感してきたことが、この循環構造と円環構造に他なりません。そして同語反復です。そしてこれはまた、内が外となり外が内となるような全体的な運動そのものです。かくして、世界はこのようにして我の内面にこそ立ち上がるのです。

世界は汝の内面にこそある、思考にこそある、だからこそ考えよ、若者諸君、ということです。

3　何のための生きるのか？

思考の根幹は身体性にある、というお話も繰り返しいたしました。われわれはその身体で大地と繋がっているのです。あるいは、グルグルとした円環は私の身体性において（身体において）外部と繋がる接点を、ということは基準点を有するのです。そして、その基準点から、同語反復的に（あるいは同語反復として）出現した私は最初に世界たる大地から身を分離するように引き剥がすことによって出現するのでした。

では、われわれにとっての大地とは何かというと、それは抽象的なものではないはずです。それは、具体的な大地（すなわち故郷）であって、具体的だからこそ歴史や文化によって培われてきたもののはずです（八頁参照）。私が出現してから、私という幹に色んな枝葉がつき始めるのですが、それらは対象世界の認識なのだから、当然ながら歴史的・文化的でないはずがありません。というか、そういうものを必ず引きずっているはずなのです。

世のため人のため

そこで、近年ものすごく気になっていることを問うてみましょう。「君はなんのために働くのか?」という問いです。あるいは学生なら「君はなんのために学ぶのか?」という問いでも結局は同じです。どうしても気になるのは、近年は、こう問われるとやたらと学生さんは皆、自分のことばかりを回答するのです。で、それらの回答は色々とあるけれど、結局は「いい会社に入って、いい給料をもらって、いい暮らしをするため」ということに終始するんです。それで、「それだけ?」と聞くと、まさに「それ以外に何があるのか?」という怪訝な顔をするんですわ。皆さん、どうですかね?

それどころか、いきなり「起業したいんです!」などと言い出す学生（若者）が異常なほど増加していることも不思議で仕方ありません[3]。で、よくよく聞いてみるとただただ起業したいというだけのこと、というのがほとんどです。ハッキリ言います。「本気か?　本当に気はたしかか?」と……。だって起業するって……、それ、ほとんどが失敗しますよ。

色々と働いてきて結果的に自分で会社を興してみた、というのなら分かります。あるいは自分に特別な技量があって、それを皆に提供したい、というのなら分かるのですが、こういうことを言い出す学生のほとんどが、ただ単に「起業＝お金持ち」というじつに単純な等式に自分を当てはめているだけのように思われて仕方ないのです（そんな甘いはずないじゃないか！）。というか事実としてそれだけのことでしょう。要するに働くことの尊さも、意義もすべてすっ飛ばしてお金なのです。はてさて、こんなことでいいのか、というのが僕のすごく率直な感想です。(4)

なにはともあれ、この問いへの回答は、本当は「世のため、人のため」なんじゃないんでしょうか？　そんなの当たり前なんでは（当たり前だったんでは）ないでしょうか？　ところがこの当たり前がいつから当たり前じゃなくなってきたんですね。起業したい、と言い出す学生はこの点をまったく分かっていないのです。それどころか、そうした思考回路が育まれていないのです。それに、近年では「世のため、人のため」なんて言うと、「そんなのは綺麗事だ！」ということにされてしまいます。僕の見立てでは、この回答が「綺麗事」にされてしまったあたりから日本の決定的な凋落が始まったのではないかと思います。

ある年代くらいまでの日本人は何のために働くか、と問われて自分のことばかりを言うことを躊躇したものです。しかし最近はそうではない。この差は本当に決定的な差です。

さて、それで、働くことは生きることですよね。お金をもらう、という意味だけではなくて、「生きる」ということだったハズです。もちろん、現代にあってはお金がないと生きられないのでお金は必要ですよ。お金が必要ではない、重要ではない、ということではなくて、働くことはお金のためだけだったのか、ということです。世のため、人のために尽くして、「よく尽くしていただきました」ということで幾ばくかのお手当（お金）をいただくということだったはずです――ちなみに、これは起業したって同じです。当たり前だけれど……。

要するには、話を戻すと、あなたは、その生まれ落ちた大地のために働きなさい、ということです。

それはその大地の一部として自らを立脚させることです。ひいては、皆のために働きなさい、ということです。そこから遊離してしまうと思考が現実から遊離してしまうのです。その結果が昨今の、やれグローバルであるとか、世界で働くとか[5]、そういう僕にとっては意味不明な言動に繋がっているのではないか、と思います。

結局、自らを育んでくれた大地と社会のために尽くすことが働くことであり、すなわち生きることなのです。ここにキャリアであるとか、自己決定であるとか、浮ついて軽薄な、どこかから輸入してきた学問上の概念などありはしないのです。

無名性と非独自性のただ中へ

僕がよく言う例は昔のお百姓さんです。ほとんどのお百姓さんはまったくの無名のまま歴史の渦に消えていったのです。彼らは、いや、お百姓さんだけじゃなくて、昔の人は町人でも武士でも、グローバルだとか、儲けようだとか、自己決定だとか、キャリアがどうだとか、そんな浮ついた妙な概念など持ち合わせていません。そんな軽薄なよく分からん概念に心を奪われてなどいなくって、ただただ、先祖が土地を耕してきたように、黙々と自らも地面を耕したのです。たったそれだけのことです。武士なら主君に尽くしたのであり、その主君とは、要するには故郷であり社会であり、つまりは自らを育んだ大地だったのです。そう考えてみると本当は人間の本質は何も変わってはいないし、変えてしまってはならないことだったのではないでしょうか。そして、こうした営みは恐ろしく退屈で、無名で、きっと彼（彼女）じゃなくても、誰でもできることで、いくらでも代わりのきくものです（ところが多分、だからこそ僕も含めて逆説的に現代人には絶対にできないんでしょうね）。というか、ここに自分の独自性など、ほぼ入りようがないのです。ただただ淡々と鍬で畑を耕した。たったそれだけの中で本当に何の独自性もなく一生を終えるのです。きっと、先祖が生きた一生とさして代わり映えのしない一生でしょう。ですがね、ここからがなかなか若いと分からないかもしれないのですが、じつは、この無名性、まったくの非独自性のまっただ中にこそ、つまり、その無名性に徹して、自分が消えてしまう層へと埋没すればするほど、なんとも逆説的に彼（彼女）は比類なき輝きを放つのです。

これは難しいかもしれませんね。しかし、四〇歳、五〇歳になった頃に思い出してくれたらいいなあ、なんて甘いことを考えてついつい述べたくなってしまいました。

要するに、繰り返しになるんだけれど、我を捨ててみて、世のため人のためにこそ自らの命を燃やしなさい、ということです。それが、じつは、君を本当の意味で輝かせ、君が君であることの意義を際立たせるからです。逆に言えば、これを実感できたら、君は頑張って働いているんだ、生きているんだ、と言えるのだろうと思います。

4　死ぬことと見つけたり

世界の消滅

さて、あえて最後まで残しておいた問い、問題があります。世界が言葉と同時に出現するのであれば、世界はいかにして消滅するか、ということです。

もうお分かりのことと思いますが、死によって世界は消滅するのです。もちろん、僕が死んだところで世界は消えません。しかし、僕の世界は消えるのです。世界から僕が消えるというより、僕には世界が消えるという方がしっくりきます（もちろん僕の内面の世界ということですが、それ以外にどうにも言葉に捉えられない世界がありえないのであれば、内的世界＝世界、と考えるより致し方なく、これを広げるのが人生であり思考であり、学問であり、ひいては社会に生きることなのだと覚悟を決めて挑んでみるより他ありません）。

名も無き草木のごとく

さらにまた、これも一見すると否定的に聞こえる言葉を述べてみたいと思います。「いかに生きようとも、いかにどうしようとも君は死ぬのです」と。何をどうしようと死ぬのです。恐れる必要もきっとありません。皆が普通に経験してきたことなのだから。やがて君は、そして君の世界は消滅するのです。でも、考えてもみてください。君の命も、僕の命も、きっとさしたるものではありません。先のお百姓さんの話の繰り返しだけれども、しかし、ここに逆説があるのだということです。繰り返しになるけれど、その絶対的な逆説と己の絶対的な無名性に気が付いた時に、とても不思議なことに君の命は、まさしく逆説的にも個別一回性のものとして比類無き輝きを放ち始めることでしょう。この光は電飾のチャラチャラした光ではありません。絶対的な暗闇を照らす炎のごとき光です。

四季折々の草木や虫たちを眺めているうちに、僕もまたその仲間で、その一部にすぎない、ということに気が付いたのがここ一〇年くらいです。実感をもって気が付いたのがここ一〇年です。われわれもまた、やがて名もなき虫のように、名もなき草木のように人知れず消えるのです。きっとその程度のものにすぎません。……どうですか？　とても否定的で悲観的なように聞こえますよね。しかし、なんだか元気になりはしませんか？　とてもの悲しいのだけれど、なぜか、また明日、大地を踏みしめようと思いませんか？　その結果、どこかで野垂れ死んだっていいんです。鯱《しゃちこ》張《ば》っていなくともいいのだし、無理なんてしなくともいいのです。社会は理不尽そのものだけれども、ただ懸命に大地を踏みしめて生きてみればいいのです。そうこうするうちに、だって僕も君も消えてなくなるんだから……。

産み落とされて、われわれは、「私は私である」ということに気が付きました。そして、いつの日か、私は私であったことに改めて気が付いて消えゆくのだとしたらとても自然なことのように思います。そして、とてもよきことのようにも思います。もっとも、これもまた若者が理解することはとても困難ではありましょう。理解したら若者ではないのでしょう。だから、ここもまた、そう覚えておけばいいでしょう。そのうち、また別の視点や道筋から似たような回答をいつか得ることでしょうから。真面目に真摯に生きれば、必ずここで僕が述べている問いに答えなければならない局面がやってきます、必ず！その時に全身全霊を込めて考えてみるべき問いなのでしょう、きっと……。

5　エンディング——謝辞

なんのために生きるのか、あるいは死ぬのか、ということまでゴチャゴチャと述べてきました。それは結局、経済人であれ物理学であれ、理論と世界として論じてきたものであれ、要するには近代なるものがわれわれから生きることも死ぬことも奪ってゆくからです。ということは、近代なるものが意味を奪ってゆくということであり、結果として人が人として思考することを奪ってゆくということであり、すなわち、私が私である所以を奪ってゆくということなのです。そして、いつの間にかわれわれは何をも自覚できない状態になってしまいます。

この近代といかに対決するかが問われています。しかし、答えはありません。

さて、そろそろにいたしましょうか……。

なにやら恥ずかし気もなく自分の死生観まで語ってしまいましたけれど、僕の死生観はまたいくらかは変化することでしょう。年齢によってもいくらかは変わることでしょう。しかし、きっともう根幹は動かないことでしょう。さて、では、君達はいかに生きるのでしょうか……。それは同時にいかに死にますか、という問いでもあり、繰り返しになりますが、それこそがいかに生きますか、という問いなのです。まさしく「私とは何か?」「人間とは何か?」という根本的な問いから諸君の思考が、そしてまた人生が紡ぎ出されます。この点を蔑ろにしては、人は人として思考することもなければ、生きることもできないはずで、ましてや成長することなどないのです。

諸君、よりよく生きたまえ、よりよく死にたまえ、と述べて本講を締めたいと思います。

では、皆さん、どうもありがとうございました。

註

(1) つまり、極論のように聞こえるかもしれませんが、シュレーディンガー方程式もディラック方程式も、あるいはカントの批判哲学もすべては手繰り寄せてゆくと「私は私である」という起点にたどり着くということです。実際に、理屈上そのようにならざるをえません。

(2) 先に議論した定義できずにグルグル回る言葉の連鎖を思い出してください。

(3) 昨今、起業がさかんに奨励されているのですが、若者諸君、よく考えてください。君たちは、大人たちに完全に洗脳されていやしないか? というのも、若者の起業が奨励されたのも、そして「最近の若者は元気がない」「もっと世界に打って出ろ!」などと言われ始めたのも、日本が成長を止めて停滞を始めてからのことなのです。要するに、この大人たちの言葉の裏には「われわれは君たちにもう安定的な職を提供できなくなった」という本音が隠されているのではないか、ということです。

仮にそこまで悪辣ではなくとも、結果的にこの二つの動きは連動しているということは事実です。そして、事実、安定した職はもうほぼなくなりました。代わって出てきたのが自己責任であり、自己決定であり、キャリアなんとかであり……、といった言葉の数々です。普通に生きて、普通に学校を卒業して、とにかく普通に(言い換えればそんなに血のにじむような努力などしなくとも)人並みにちゃんと生きることができる社会を準備しなければならなかったのは大人の方でしょう。その責任を差し置いて、若者たちにもっともらしい説教をするなんてメチャクチャです。そんなに起業すべきなら、外に打って出るべきなら、「まずはオマエが先にやれ！」と言ってやったらいいのです。安全なところから説教をたれるヤツほどいい加減なヤツなのです。

若者よ、考えろ！　もっともらしい言葉に騙されてはならない！

（4）　それどころか、最近では大学が学生の起業を支援するとか、起業の仕方を教えるとか、インターンで会社と連携するとか（で、それで単位を出すとか）までやっていたりします。中にはそれが革新的であるかのように述べる人もいるのですが、その種の「仕事」なんて社会に出たらイヤというほどやらされるのに（やるのに）、なんで大学生のうちから、言ってみれば、そんなことしなくてもいいよ、という社会的なコンセンサスをもらっている時期からその自由を捨ててまでそんなことをしようとするのか僕にはまったく理解不能です。四〇年も五〇年も、あるいは六〇年も卒業後にしなければならないことをたかだか人より（他の学生より）一、二年ほど早くやってみたところで何が違うのでしょうか。やっぱり僕には理解できないのです……。

それから、インターンとして働いている学生諸君に言いたいのだけれど、それ、「やりがい搾取」になってはいませんか？　よく客観的に見つめてみてください。ちゃんと給料が支払われているでしょうか？　インターンとして雇う側も考えてやってください。彼らの経験のなさを利用しないでやってください。年長者が若者を育てなくなった社会はやがて滅ぶのですから……。

（5）　ここで言う「世界」にはほぼ日本は含まれておらず、「世界」＝「日本以外」なのです。あたかも日本以外で働いた方がエライとでも思っているような、あるいは日本以外で働く方が格上だと思っているような、そんな価値判断がここにはあるように思われてなりません。そして、それは戦後の価値観そのものだったのではないでしょうか。

こうした都鄙の差異、というか差別は、先に述べた（第9講義一六二頁参照）古いものと新しいものの二項対立に連なるものでもあります。

あとがき

本書で私が描きたかったこと、論じたかったことは、結局のところ近代が思考を奪ってゆくということに尽きるでしょう。そしてそれは、不思議なことに思考を哲学的に、そして科学的に分析・考察していった際に突き当たる問題でもあります。これらは、互いに独立したものとして考察されるべきものではなく、思想の潮流からしてある種の必然性を持っているのだ、というのが私の大まかな立論です。また、この難問を回避するには思考の源が身体性にあることを再確認してみる必要があるのであり、その物質的・精神的な基盤がボーム流の物理学にあると論じてみたのでした。こうした立論がどこまで妥当であるかは議論のあるところでしょうが、現実にわれわれは思考しなくなっているし、それに伴って安っぽい言葉や概念が巷に氾濫するようになりました。明らかにわれわれの文化と文明は深みと豊穣さを失いつつあります。こうした現状にいかに対抗するかはたしかに難題ではありますが、腰を据えて対峙しなければならない事態であることはたしかでありましょう。そして、本書の議論が、少なくとも、問題の有様を浮き彫りにすることができるのではないかと思います。

まずもって、こうした現状にプラクティカルに対処してみるには、古来よりの智慧たる良識を存分に機能させる他に手段はないでしょう。それには、繰り返しになりますが、自らの寄って立つ足場たる基盤を再確認してみること（本文中の言葉で述べれば身体性をしっかりと確認してみること）以外にありません。そして、その身体には営々たる歴史と文化が刻まれているのです。とりあえずの結論らしきものを述べてみれば、こうしたいくらか平凡なものになってしまいそうですが、平凡の中にこそ本当の真理は潜んでいるのではないでしょうか。

ところで、意図的に出さなかった言葉があります。それは「常識を疑う」ということです。ただし、ここで言う常識とは智慧としての常なる識――すなわち本来（かつ本当）の常識などではなく、昨今の巷に飛び交う流行りの言説であり、よく考えてみるとおかしなことであるにもかかわらず「当たり前」とされている事どもです。それらは、本当は常識などではなく常ならざる識――すなわち非‐常識であることがほとんどだと断じて構わないほどにあらゆるところに狂いが生じています。

とにかく、日頃から当たり前に使っている言葉や概念について疑ってみることです。責任あるテレビ局や新聞社、出版社から報じられている内容についても同様です。中でも、とかく新しいものほど疑ってみるべきです。環境問題などは疑ってみなければならない最たるものでしょう。これらの流行りの常識は、じつは非常識ではないのか、あるいは非常識の下に構築されてはいまいか、とまさしく良識をもって疑ってかかってみるべきなのです。そんなに疑り深いのも問題だ、と言われそうですが、本当にすべてを疑ってかかった方がいいほどに怪しげな事が常識であるかのごとく語られているというのが現状です。そして、そうした問いかけを丁寧に手繰ってゆくと、かならず事の本質が浮かび上がってくるものです。

さらに、もう一つ指摘しておきたいことは、適度なバランス感覚を失うな、ということです。そのバランス感覚こそが良識に繋がるのであり、本来の身体性であり、思考する力なのです。すなわち中庸の徳を涵養せよ、ということです。

ところが、この良識なり中庸なりが二〇〇〇年代に入ってこの方、雪崩を打つように崩れていっています。そして目立って底の浅い言葉が巷を飛び交うようになりました。少なくとも私にはそのように思われます。そして、不思議なことに、こうした現象が目に余るようになってから、徐々に日本の停滞と凋落の傾向が誰の眼にも明らかとなり始め、この五～一〇年に至ってはほとんど加速度的に落ちている（堕ちている）としか言いようのない事態となってきています。

だからこそ、良識たる常識に回帰せよ！　というのが本書のメッセージでもあります。それはいささか反動的であるかに思われることでしょう。しかし、考えてみるに値する反動ではなかったか、といささかの自負も込めて読者のご批判を仰ぎたいと思います。

最後に本書が形になった経緯を記しておきます。

本書は、二〇二一年七月七日（奇しくも七夕の日！）、近畿大学のエレベーターの中でミネルヴァ書房の畑陽一郎氏と偶然に出会ったことから始まります。その時は、挨拶程度のことだったのですが、その後、八月に入って私が何かに憑かれたように一気に本書の草稿を書き上げ、畑氏に連絡をしてみたことが出版への経緯です。それから、私の担当は編集の中川勇士氏へと引き継がれ、中川氏の適切な指摘とほどよいダメ出しと、個性的なキャラクターに励まされ、無事に出版の運びとなりました。本書の出版はひとえに中川氏と畑氏とミネルヴァ書房の皆さんのご尽力の賜物に他なりません。そして、不完全の生煮え状態で、難解そのものである不思議な講義に辛抱強く付き合ったくれた近畿大学の学生諸君（もちろん卒業生も含む！）のおかげです。ここに記してすべての人々への謝辞とするものです。本当にありがとうございます。

それにしても、以前に出版した書物も純粋に私の専門ではない分野（数学）のものでした。本書もまた、いくらか私の本来の専門からは毛色の異なったものになったようにも思います。もっとも、そもそも専門って何？　という想いが以前にも増して強くこみ上げてくるようになってはいるのですが……。

いずれにせよ、もうしばらく思索の旅を続ける必要がありそうです。またいつか、本書で展開したテーマの本を書かなくてはならないという想いが湧き上がってきていることを記し、脱稿としたいと思います。

二〇二二年二月

没落のとある西の町の片隅にて

森川　亮

人名索引

事項索引

サ　行

タ　行

ナ　行

ワ　行

英　数

参考文献

日本語文献

オーウェル、ジョージ、高橋和久訳『一九八四年』(早川書房) 2006年。

岡島裕史『思考からの逃走』(日本経済新聞出版) 2021年。

岡本裕一朗『人工知能に哲学を教えたら』(SBクリエイティブ) 2018年。

――――『答えのない世界に立ち向かう哲学講座――AI・バイオサイエンス・資本主義の未来』(早川書房) 2018年。

カーネマン、ダニエル、村井章子訳『ファスト&スロー あなたの意思はどのように決まるか？ (上・下)』(早川書房) 2014年。

カッシーラー、エルンスト、木田元訳『シンボル形式の哲学 1, 2, 3, 4』(岩波書店) 1989-1997年。

――――、山本義隆訳『アインシュタインの相対性理論』(河出書房新社) 1996年。

――――、山本義隆訳『実体概念と関数概念［新装版］――認識批判の基本的諸問題の研究』(みすず書房) 2017年。

――――、山本義隆訳『現代物理学における決定論と非決定論［改訳新版］――因果問題についての歴史的・体系的研究』(みすず書房) 2019年。

川口マーン恵美『世界一安全で親切な国日本がEUの轍を踏まないために――移民難民　ドイツ・ヨーロッパの現実 2011-2019』(グッドブックス) 2019年。

カント、イマニュエル、原佑訳『純粋理性批判 (上・中・下)』(平凡社) 2005年。

――――、篠田英雄訳『純粋理性批判 (上・中・下)』(岩波書店) 1961-1962年。

クライン、ナオミ、幾島幸子・村上由見子訳『ショック・ドクトリン (上・下)――惨事便乗型資本主義の正体を暴く』(岩波書店) 2011年。

ゴア、アル、枝廣淳子訳『不都合な真実』(実業之日本社) 2017年。

小山慶太『科学と妄想――N線とポリウォーター』早稲田人文自然科學研究28号、

早稲田大学社会科学部学会、1985年。

サール、ジョン・R、土屋俊訳『心・脳・科学』（岩波書店）2015年。

――――、山本貴光・吉川浩満訳『心の哲学』（筑摩書房）2018年。

斉藤幸平『人新生の「資本論」』（講談社）2020年。

佐伯啓思『経済学の犯罪――希少性の経済から過剰性の経済へ』（講談社）2012年。

――――『アメリカニズムの終焉』（中央公論新社）2014年。

――――『経済成長主義への決別』（新潮社）2017年。

――――『近代の虚妄――現代文明論序説』（東洋経済新報社）2020年。

ジェヴォンズ、ウィリアム・スタンレー、小泉信三・寺尾琢磨・永田清訳『経済学の理論』（日本経済評論社）1981年。

シュペングラー、オストヴァルト、村松正俊訳『西洋の没落――世界史の形態学の素描〈第1巻〉形態と現実と』（五月書房）2001年。

――――、村松正俊訳『西洋の没落――世界史の形態学の素描〈第2巻〉世界史的展望』（五月書房）2001年。

施光恒『英語化は愚民化――日本の国力が地に落ちる』（集英社）2015年。

ソシュール、フェルディナン・ド、小林英夫訳『一般言語学講義』（岩波書店）1972年。

――――、町田健訳『新訳 ソシュール 一般言語学講義』（研究社）2016年。

武田邦彦『環境問題はなぜウソがまかり通るのか』（洋泉社）2007年。

――――『環境問題はなぜウソがまかり通るのか２』（洋泉社）2007年。

――――『偽善エコロジー「環境生活」が地球を破壊する』（幻冬舎）2008年。

――――『偽善エネルギー』（幻冬舎）2009年。

堤未果『デジタル・ファシズム――日本の資産と主権が消える』（NHK 出版）2021年。

中野剛志『真説・企業論――ビジネススクールが教えない経営学』（講談社）2017年。

中村和己『コンサルは社会の害毒である』（KADOKAWA）2015年。

バーク、エドマンド、佐藤健志訳『[新訳]フランス革命の省察「保守主義の父」かく語りき』（PHP 研究所）2011年。

バートレット、ジェイミー、秋山勝訳『操られる民主主義――デジタル・テクノロジーはいかにして社会を破壊するか』（草思社）2018年。

パーフィット、デレク、森村進訳『理由と人格——非人格性の倫理へ』(勁草書房) 1998年。

ハイデガー、マルティン、熊野純彦訳『存在と時間(1, 2, 3, 4)』(岩波書店) 2013年。

波頭亮『思考・論理・分析——「正しく考え、正しく分かること」の理論と実践』(産業能率大学出版部) 2004年。

————『論理的思考のコアスキル』(筑摩書房) 2019年。

フェラン、カレン、神崎朗子訳『申し訳ない、御社をつぶしたのは私です。コンサルタントはこうして組織をぐちゃぐちゃにする』(大和書房) 2018年。

古川美穂『東北ショック・ドクトリン』(岩波書店) 2015年。

フライ、ハンナ、森嶋マリ訳『アルゴリズムの時代——機械が決定する世界をどう生きるか』(文藝春秋) 2021年。

フロム、エーリッヒ、日高六郎訳『自由からの逃走』(東京創元社) 1952年。

ペンローズ、ロジャー、林一訳『皇帝の新しい心』(みすず書房) 1994年。

————、中村和幸訳『心は量子で語れるか——21世紀物理の進むべき道をさぐる』(講談社) 1999年。

————、竹内薫・茂木健一郎訳『ペンローズの〈量子脳〉理論——心と意識の科学的基礎をもとめて』(筑摩書房) 2006年。

————、林一訳『心の影 1, 2——意識をめぐる未知の科学を探る[新装版]』(みすず書房) 2016年。

ボーム、デヴィッド、井上忠・佐野正博・伊藤笏康訳『全体性と内蔵秩序』(青土社) 2005年。

————、佐野正博訳『断片と全体』(工作舎) 1985年。

————、高林武彦・井上健・河辺六男・後藤邦夫訳『量子論』(みすず書房) 2019年。

ポラニー、カール、野口建彦・栖原学訳『[新訳]大転換　市場社会の形成と崩壊』(東洋経済新報社) 2009年。

マレー、ダグラス、町田敦夫訳『西洋の自死——移民・アイデンティティ・イスラム』(東洋経済新報社) 2018年。

茂木健一郎『脳とクオリア——なぜ脳に心が生まれるのか』(講談社) 2019年。

————、『クオリアと人工知能』（講談社）2020年。

森川亮『量子論の歴史——その概念発展史と哲学的含意——黒体放射からプランクの量子仮説まで』近畿大学商経学叢、第62巻第1号、2015年。

————、『量子論の歴史——未知なる放射線、その発見の裏面史』近畿大学生駒経済論叢、第13巻第2号、2015年。

————、『鷹揚数学入門——微分積分篇』（学術図書出版社）2020年。

————、『鷹揚数学入門——線形代数篇』（学術図書出版社）2020年。

谷田部英正『美しい日本の身体』（筑摩書房）2007年。

山本七平『「常識」の研究』（文藝春秋）2015年。

————、『「空気」の研究』（文藝春秋）2018年。

ルディー和子『経済の不都合な話』（日本経済新聞出版）2018年。

渡辺京二『逝きし世の面影』（平凡社）2005年。

ワルラス、レオン、久武雅夫訳『純粋経済学要論』（岩波書店）1983年。

外国語文献

Bohm, D. "A Suggested Interpretation of the Quantum Theory in Terms of Hidden Variables Ⅰ & Ⅱ ", *Physical Review* 85, Ⅰ: 166–179, Ⅱ: 180–193.

Bohm,D. & B. J. Hiley," *The Undivided Universe, An ontological interpretation of quantum theory*", Routledge,1993.

Einstein, A.; Podolsky, B.; Rosen, N. (1935-5-15). "Can Quantum-Mechanical Description of Physical Reality Be Considered Complete?". *Phys. Rev.* (The American Physical Society) 47 (10): 777–780.

Michelson, Albert Abraham & Morley, Edward Williams, "On the Relative Motion of the Earth and the Luminiferous Ether", *The American Journal of Science*, 1887.

Turing, A.M. "Computing Machinery and Intelligence", *Mind*, Volume LIX, Issue 236, October 1950, Oxford, pp433–460.

《著者紹介》

森川　亮（もりかわ・りょう）

1969年　岐阜市生まれ。
2008年　京都大学大学院人間・環境学研究科博士後期課程研究指導認定退学。
Theoretical Physics Research Unit, Birkbeck College, University of London で Bohm-Hiley 理論を学ぶ。神奈川大学理学部非常勤講師、山形大学工学部准教授などを経て、
現　在　近畿大学経営学部教養・基礎教育部門准教授。
主　著　『社会科学系のための鷹揚数学入門——微分積分篇』学術図書出版社、2020年。
『社会科学系のための鷹揚数学入門——線形代数篇』学術図書出版社、2020年。
"The Bohm Approach to Quantum Teleportation and the Implicate Order", IRPHY 3(2), 2009.

思考を哲学する

2022年４月10日　初版第１刷発行　〈検印省略〉
2023年３月10日　初版第２刷発行　〈検印省略〉

定価はカバーに
表示しています

著　者　森　川　亮
発行者　杉　田　啓　三
印刷者　中　村　勝　弘

発行所　株式会社　ミネルヴァ書房
607-8494　京都市山科区日ノ岡堤谷町１
電話代表（075）581-5191
振替口座　01020-0-8076

© 森川亮，2022
中村印刷・新生製本

ISBN978-4-623-09392-2
Printed in Japan

例解・論理学入門　A５判・192頁
弓削隆一／佐々木昭則 著　本　体 2200円

よくわかる哲学・思想　B５判・232頁
納富信留／檜垣立哉／柏端達也 編著　本　体 2400円

18歳で学ぶ哲学的リアル〔改訂版〕　A５判・320頁
大橋　基 著　本　体 3200円

インターネットというリアル　四六判・212頁
岡嶋裕史 著　本　体 2500円

国際情報学入門　A５判・308頁
中央大学国際情報学部 編　本　体 3000円

ミネルヴァ書房

https://www.minervashobo.co.jp/